지속가능한 마음, 서로를 포기하지 않으려면

인간·지속 09

지속의 문턱에서 Ⅱ
지속가능한 마음, 서로를 포기하지 않으려면

교회 인가   2025년 8월 14일
초판 인쇄   2025년 8월 20일
초판 발행   2025년 8월 26일

엮은이   가톨릭대학교 인간학연구소
교정교열   정난진
펴낸이   이찬규
펴낸곳   북코리아
등록번호   제03-01240호
주소   13209 경기도 성남시 중원구 사기막골로 45번길 14
        우림라이온스밸리2차 A동 1007호
전화   02-704-7840
팩스   02-704-7848
이메일   ibookorea@naver.com
홈페이지   www.북코리아.kr
ISBN   979-11-94299-56-1 93300

값 22,000원

* 본서의 무단복제를 금하며, 잘못된 책은 구입처에서 바꾸어 드립니다.

인간·지속 09 ◆ 지속의 문턱에서 II

가톨릭대학교
인간학연구소 엮음

지속가능한 마음,
―
서로를
포기하지 않으려면

북코리아

―――――――――――――― 머리말 ――――――――――――――

지속의 문턱에서

    우리는 지금 기후위기, 불평등, 생태파괴와 공동체의 해체라는 복합적 위기 앞에 서 있다. 이 위기들은 단순한 환경문제가 아니라, 인간의 삶과 관계, 가치의 문제이며, 무엇을 지속하고 누구와 함께할지를 묻는, 윤리적 질문이다. 이 총서는 그 질문에 응답하기 위한 신앙과 실천, 사유와 기록의 여정으로 기획되었다.

    『지속의 문턱에서』 시리즈는 2019년부터 6년간 진행된 한국연구재단 인문사회연구소지원사업(교육연계형)「경계-모듈형 CUK 인성교육과정 개발 연구」의 마지막 성과물이다. 이 연구의 1단계(2019~2021)에서는 추상적이고 획일적인 기존 인성교육의 한계를 넘어서기 위해 학습자의 삶에 밀착된 모듈형 교육과정을 개발했다. 그리고 2단계(2022~2024)에서는 가톨릭적 인성과 지속가능발전목표SDGs를 연결하며, 공동체적 연대와 생명 중심의 인성교육 모델을 실천적으로 확장했다. 이 총서는 그 연구의 결실이자, 실천의 기록이다.

8권 『지속가능한 지구, 조용하지만 분명한 목소리』는 지구와 생명의 목소리를 기록한 현장 중심의 르포이다. 멸종, 오염, 기후재난 등의 현실을 통해 지구가 보내는 조용하지만 명확한 경고를 전하며, 공존을 위한 즉각적 행동을 요청한다.

9권 『지속가능한 마음, 서로를 포기하지 않으려면』은 빈곤, 기아, 질병, 교육, 차별, 실업 등 기본권을 박탈당한 이들의 목소리를 중심에 둔다. 가톨릭의 생명존중과 공동선의 가치를 바탕으로, 신앙인이 무엇을 지키고 어떻게 연대할 것인지를 묻는다.

10권 『지속가능한 미래, 이제부터 써 내려갈 이야기』는 소비와 생산, 도시와 문화, 평화와 교육 등 다양한 주제를 통해 지속가능성이 어떻게 사회 속에서 연결되고 실현되는지를 탐구한다. 연대와 상호이해, 협력과 상상력의 전환을 통해 미래는 함께 써 내려가는 이야기임을 제시한다.

'지속의 문턱'에 선다는 것은 단지 위기의 시대에 멈춰 서는 것이 아니라, 경계를 인식하고 그 경계를 넘어설 것인지를 선택하는 순간에 선다는 의미이다. 이 총서는 바로 그 문턱, 곧 '경계' 위에 선 우리 모두에게 묻는다. 우리가 이 문턱을 넘는다면, 그것은 단절이 아니라 연결이고, 포기가 아니라 연대이며, 추락이 아니라 회복이라는 가능성을 향한 실천이 될 것이다. 이는 본 연구의 핵심 개념인 '경계'의 정신과도 깊이 맞닿아 있다. 우리는 이 문턱에서 멈출 것인가, 아니면 함께 넘을 것인가.

끝으로, 6년 동안 본 연구를 지원해준 한국연구재단에 깊이 감사드린다. 함께 이 길을 걸어온 연구자들과 집필진, 실무진, 그리고 묵묵히

곁을 지켜준 이들에게 존경과 감사를 전한다. 이 책은 종착지가 아니라, 우리가 함께 지속할 여정의 시작이다.

―――――― 프롤로그 ――――――

내일을 꿈꿀 수 있는 자들은 누구인가?
가톨릭대학교 인간학연구소 소장 이상민

우리는 내일을 꿈꾸며 산다. 어제 세상을 떠난 이들이 간절히 바라던 내일이 바로 오늘이었다는 사실을 알면서도, 그 어제의 내일을 살아가는 오늘에도 우리는 다시 내일을 꿈꾼다. 아마도 내일이면 조금은 나아질 것이라는 희망, 무언가 해결될 것이라는 기대가 오늘을 버틸 힘이 되기 때문일 것이다.

그렇다면 우리는 어떤 내일을 꿈꾸고 있는가. 생성형 AI가 삶의 방식 자체를 바꾸고, AI 에이전트가 우리의 판단과 선택에 깊숙이 관여하며, 인공지능과의 대화가 일상이 된 지금, 우리는 머지않은 미래에 SF영화에서 보던 장면들을 실제로 마주하게 될지도 모른다는 흥분과 동시에, 한 번도 가보지 않은 길에 대한 두려움을 안고 내일을 기다린다.

그러나 그 내일을 꿈꾸지조차 못하는 이들이 있다. 가난한 이들, 굶주린 이들, 병든 이들, 교육받지 못한 이들, 마실 물이 없는 이들, 일자리를 찾지 못한 이들, 차별받는 이들이다. 생존을 위한 기본권조차 보장받지 못한 이들에게 내일이란 그저 꿈이 아니라 사치일 수 있다. 한쪽에선 음식이 넘쳐 버려지고, 다른 한쪽에선 굶주림으로 고통받는다. 학교에 있어야 할 아이들이 거리나 공장으로 내몰리고, 인간의 존엄이 무너지는 현실은 더 이상 방치할 수 없는 문제다. 그리고 이는 기술만으로 해결할 수 있는 문제가 아니다.

이런 문제는 결국 인간에 대한 사랑과 존중, 나눔과 연대의 실천으로 풀어야 한다. 모두가 그 사실을 알고 있음에도 실천하지 않는 이유는 분명하다. 내 것을 나누고 싶지 않은 마음, 낯선 이들을 위해 나서기 싫은 마음, 누군가 대신하길 바라는 마음 때문이다. 그 마음을 다스리고, 고통받는 이들을 위해 나설 수 있기 위해 우리는 신앙인의 길을 택한다. 가장 낮은 자리에서 인간을 위해 모든 것을 내어주신 그리스도의 모상이 되겠노라 다짐하면서 말이다.

이 책은 그러한 고민에서 출발했다. 지속가능한 발전이 우리의 삶과 가치관에 어떤 방식으로 연결될 수 있을지를 묻는다. 누군가는 말했다. '지속가능'은 자연을, '발전'은 인간을 말한다고. 그렇다면 황폐화되는 자연을 지키고, 인간이 인간답게 성장할 수 있는 길은 무엇일까. 우리는 그 해답이 생명존중, 정의, 나눔, 공동선, 인간다움을 추구하는 가톨릭의 가치에 있다고 본다. 프란치스코 교황의 회칙 『찬미받으소서』에서는 그 해답을 부드럽고도 날카롭게 제시하고 있다.

이 책은 '~하고픈 사람들'의 이야기다. 가난에서 벗어나고픈 사람, 굶주림에서 벗어나고픈 사람, 건강하게 살고픈 사람, 교육을 받고픈 사람, 깨끗한 물을 마시고픈 사람, 안전한 일자리를 원하고, 차별 없는 사회에서 살고픈 사람들. 우리는 이들을 중심으로 UN 지속가능발전목표(SDGs) 중 7개 과제(빈곤 감소, 기아 종식, 건강과 웰빙, 양질의 교육, 깨끗한 물과 위생, 양질의 일자리, 불평등 해소)를 다루며, 이를 가톨릭의 가치와 관점으로 풀어낸다.

첫 번째 글은 조제프 레신스키 신부의 삶을 조명한다. 그는 가난한 사람들을 위해 헌신한 인물이다. 우리는 그의 삶을 통해 빈곤 문제를 단순한 경제 문제가 아닌, 인간 존엄성의 문제로 바라본다. 가난한 이를 위한 교회의 소명, 시대의 징표를 식별하고 복음의 빛으로 해석하는 교회의 역할을 이야기한다.

두 번째 글은 굶주림에서 벗어나고픈 사람들의 이야기다. "이 세상에는 모든 사람을 먹이고도 남을 식량이 있다"는 장 지글러의 말처럼, 기아는 자연스러운 현상이 아니라 인간의 이기심과 무관심이 낳은 결과다. 이 글은 기아를 해결하기 위한 가톨릭교회의 가르침과 실천을 다룬다.

세 번째 글은 건강하게 살고픈 사람들을 위한 이야기다. 가톨릭교회는 중세 시대 종교적 질서를 바탕으로 병원을 설립했고, 그것이 오늘날 의료 시스템의 기초가 되었다. 이 글은 교회가 가난한 이들에게 제공했던 돌봄의 윤리를 토대로, 앞으로 어떤 지속가능한 건강 서비스 모델을 구축해야 하는지를 제안한다.

네 번째 글은 교육을 받고자 하는 사람들의 이야기다. 이 글은 가톨릭 교육이 지속가능발전교육의 한계를 어떻게 극복할 수 있는지를 살핀다. '삶에서 신앙으로, 다시 삶으로'라는 가톨릭 교수법과 프란치스코 교황의 '삶을 살리는 교육'은 가톨릭 교육이 생명을 위한 교육임을 보여준다.

다섯 번째 글은 깨끗한 물을 마시고픈 사람들을 위한 이야기다. 여전히 세계 곳곳에서는 물로 인한 분쟁이 일어나고, 기후위기로 홍수와 가뭄이 반복된다. 이 글은 『찬미받으소서』를 기반으로, 물과 가난의 문제를 연결하고, 모두를 위한 물이 되기 위해 우리가 어떤 행동을 해야 하는지를 말한다.

여섯 번째 글은 안정된 일자리를 원하고픈 사람들의 이야기다. 가톨릭교회는 노동을 인간 존엄성의 표현이자 실현으로 본다. 이 글은 산업재해, 기술로 인한 일자리 감소, 청년 실업 등의 문제를 살피며, 제도와 문화가 어떻게 함께 변화해야 하는지를 제안한다.

일곱 번째 글은 평등하게 살아가고픈 사람들의 이야기다. 이주민, 장애인, 사회적 소수자들이 겪는 차별을 넘어, 그들과 연대하는 신앙인의 자세에 대해 이야기한다. "이방인을 억압하지 말라"는 성경 말씀처럼, 우리는 타인과 어떻게 협력하고 공존할 수 있을지를 고민해야 한다.

과연 우리가 꿈꾸는 지속가능한 미래에는 이들이 함께하고 있는가? 기술과 자본이 이끄는 미래 청사진 속에, 가장 작은 목소리들은 배제되고 있지는 않은가. 우리는 때로 '더 나은 내일'을 말하면서도, 그 내일이 누구에게도 공평하지 않다는 사실을 외면하곤 한다. 진정한 지속가능성은 소수의 안녕이 아니라 모두의 존엄 위에 세워져야 한다. 가난하고, 배고프고, 아프고, 차별받는 이들이 배제된 미래는 결코 정의롭지 않다. 우리가 바라는 지속가능한 세상은, 그런 사람들도 함께 꿈꿀 수 있는 내일이어야 한다.

이 책은 그 가능성을 묻고, 그 희망을 향해 나아가고자 하는 신앙인의 작은 실천이자 고백이다.

── 차례 ──

- **머리말** | 지속의 문턱에서　　　　　　　　　　　　　　　005
- **프롤로그** | 내일을 꿈꿀 수 있는 자들은 누구인가?　　　008

1장　｜　가난을 벗어나고픈 人
조경자 (노틀담수녀회 수도자)

1. 지속가능한 세상을 향한 첫 번째 목표: 모든 형태의 빈곤 종결 ……… 019
2. 가난을 벗어나고픈 사람
   1) 빈곤 퇴치 운동: 조제프 레신스키 신부 …………………… 022
   2) 개발인가, 존엄성인가? ……………………………………… 024
3. 빈곤 퇴치를 위해 요청되는 교회의 새로운 소명
   1) 가난한 이들을 위한 교회가 되기 위하여 ………………… 026
   2) 교회의 사명 ………………………………………………… 028
   3) 시대정신을 찾으라 ………………………………………… 030
   4) 시대의 징표를 탐구하고 '복음의 빛'으로 비추라 ……… 031
   5) 계속되는 공의회 …………………………………………… 033
4. 가난한 교회가 되기 위하여 …………………………………… 040

- **에필로그**　044

2장　　배고픔을 벗어나고픈 人

김석신 (가톨릭대학교 식품영양학과 명예교수)

1. 빵을 나눔이 신을 나눔 To share bread is to share God ········· 051
2. 기아 종식을 위한 전 세계적 노력과 가톨릭교회의 가르침
1) 세계의 지속가능발전목표 2(기아 종식) 추진 실적 ············· 054
2) 한국의 지속가능발전목표 2(기아 종식) 추진 실적 ············· 058
3) 기아 종식을 위한 가톨릭교회의 노력 ······························ 063
4) 기아에 대한 가톨릭교회의 가르침 ·································· 066
5) 기아에 대한 세상의 윤리적 가르침 ································· 077
3. 먹음의 회개와 음식에 대한 윤리와 영성 ··························· 080

- 에필로그　084

3장　　건강하게 살아가고픈 人

심가가 (상명대학교 간호학과 교수)

1. 서론: 건강과 웰빙 그리고 건강 불평등 ····························· 093
2. 본론
1) 건강과 웰빙의 복합적 성격과 역사적 갈등 ······················· 098
2) 코로나19 팬데믹과 글로벌 건강 불평등 ··························· 100
3) 가톨릭교회의 역사적 기여와 협력 사례 ··························· 102
4) 가톨릭 건강 비전과 UN SDGs의 연계 ···························· 103
3. 결론 ··· 106

- 에필로그　111

| 4장 | 교육을 받고픈 人 |

김경이 (가톨릭대학교 대학원 교육학과 교수)

1. 교육이란 무엇인가? ·· 123
2. 지속가능한 교육, 가톨릭교육
    1) 지속가능발전교육 ··· 127
    2) 한국의 교육 상황 ·· 132
    3) 가톨릭 교육, 생명을 위한 교육 ·· 139
    4) 프란치스코 교황의 '삶을 살리는 교육' ······································ 153
3. '생명을 위한 교육'을 향해 ·· 159

• 에필로그 162

| 5장 | 깨끗한 물을 마시고픈 人 |

오현화 (가톨릭기후행동 공동대표 | 대전교구 생태환경위원회 위원)

1. 물의 불균형과 인류의 노력
    1) 물 ··· 171
    2) 물의 불균형 ··· 172
    3) 물을 얻기 위한 인류의 노력 ·· 175
    4) UN 지속가능발전목표SDGs의 여섯 번째 목표
        "모두를 위한 지속가능한 물과 위생 보장" ······························· 176

2. 물의 문제의 근본적인 원인
    1) 물이 많은데 물에 접근하지 못하는 사람들 ······························ 179
    2) 기후위기로 인한 물 문제: 가뭄 ··· 182
    3) 가뭄 해결 방법들 ·· 188
    4) 개발에 의한 물 문제 ··· 194
    5) 모두를 위한 물 ··· 201
    6) 가톨릭교회가 바라보는 물 문제: 『찬미받으소서』를 중심으로 ····· 203

3. 모두를 위한 물 ··· 207

• 에필로그 210

6장	안전한 일자리를 보장받고픈 人
	허인 (가톨릭대학교 경제학과 교수)

1. 서론 ··· 217
2. 우리나라의 산업재해 ·· 223
3. 기술 발전과 일자리 ·· 231
4. 젊은이의 일자리 문제 ······································· 238
5. 노동시장에서 남녀의 차이 ································ 246
6. 결론 ··· 250

• 에필로그 252

7장	평등하게 살아가고픈 人
	최영민 (전 인간학연구소 전임연구원)

1. 평등과 불평등
1) 자유와 평등 그리고 불평등 ···························· 259
2) 목표 10. 국내 및 국가 간 불평등 감소 ·········· 262

2. 인간 존재의 본질
1) 인간, 그 의미 ··· 266
2) 문명의 발달과 인간의 이기심으로 발생한 불평등 ······ 272
3) 변화의 시점 ·· 275
4) 티핑 포인트 ·· 278

3. 연대와 협력
1) 평등하게 살아가고픈 人 ·································· 281
2) 모두를 위한 공동체 ·· 283

• 에필로그 290

1장

가난을 벗어나고픈 人

조경자

노틀담수녀회 수도자

토빗의 유언

토빗 4,7

에드먼드 레이턴, 〈헝가리의 성녀 엘리사벳의 자선〉, 1895

네가 가진 것에서 자선을 베풀어라. 그리고 자선을 베풀 때에는 아까워하지 마라. 누구든 가난한 이에게서 얼굴을 돌리지 마라. 그래야 하느님께서도 너에게서 얼굴을 돌리지 않으실 것이다.

· 1 ·
지속가능한 세상을 향한 첫 번째 목표: 모든 형태의 빈곤 종결

오늘날 우리가 직면한 위기 앞에서 인류는 '지속가능한 세상'으로 나아가는 여정을 찾고 있다. 엄밀히 말하자면 이 위기는 단지 인류에게만이 아니라 지구에 거하는 모든 생명에게 해당하고, 이를 초래한 원인이 바로 인류임을 안타깝게도 이제야 자각하기 시작했다. 또한 전 지구적인 위기 상황을 전환시키고, 이를 해결할 수 있는 존재도 인간임을 이제야 깨닫고 있다.

   과학발전과 함께 인간은 만물의 영장이라는 자만심으로 모든 생명을 지배하며, 불가능한 일이 없는 무소불위의 존재처럼 살아왔다. 그리고 우리 삶의 양식 안에 무분별하게 급속도로 번지고 있는 AI의 파급은 이제 예측할 수 없는 미래를 미래 세대의 어깨에 얹어주며, '성장과 개발'이라는 환상에 빠져 박수 치고 있다. 이 '성장과 개발'의 이면에서는 극대화되는 빈익빈 부익부로 고통을 호소하는 이들이 많지만, 개발이라는 '환상'에 취해 있는 이들에게는 애초에 가난한 이들의 존재가 자신들과 동등한 존재가 아니기 때문에 '지속가능성'을 염두에 둔 미래에 이 가난한 이들의 자리는 없음을 알 수 있다.

유엔과 국제사회는 지속가능발전목표Sustainable Development Goals, SDGs를 통해 전 세계의 빈곤 문제를 해결하고 지속가능발전을 실현하고자 2016년부터 2030년까지 달성해야 할 목표를 세워 실천하기 위해 노력하고 있다. 특별히 SDGs에서는 '사회적 포용'과 '경제 성장', 그리고 '지속가능한 환경'에 대한 문제를 유기적으로 연결된 관계 안에서 바라보며, 인간중심의 가치 지향을 우선시하는 가운데 문제해결의 폭을 확장시켜서 보고, 인간과 연결된 모든 구조와 생명이 지속가능하도록 하는 목표다.

「유엔지속가능발전 보고서 2024」에 따르면, 2030년까지 전 세계의 지속발전가능목표 중 단 16%만이 달성될 것으로 예측하고 있고, 나머지 84%는 제한적으로 진전되거나 오히려 뒤처질 것이라는 전망이다.[1] 각국에서의 지속가능발전목표 달성률을 지속가능발전목표 지수로 나타냈을 때, 목표를 달성하면 100%다. 그 순위를 보면 북유럽 국가가 선두에 있고, 한국은 77.3%로 33위다.

SDGs 17가지 목표 가운데 첫 번째는 바로 '빈곤 퇴치'다. 보고서에 의하면 한국에서 이 목표는 절반 이상 달성되어 유지 중이라고 한다. 빈곤 퇴치를 위한 어떠한 노력이 빈곤을 감소시키고, 감소되는 경향성을 유지하는 것일까? 이 장에서는 '빈곤'에 대한 현 사회문화적 이해와 그리스도교의 가르침 안에서 여기에 적응하고 대응하는 그리스도인의 방향성을 살펴보고자 한다. 그리하여 그리스도인으로서의 가장 본질적인 차원으로 접근하여 그 정체성으로 '주체적' 삶의 태도를 기대할 수 있으며, 이로써 시대정의를 찾아 '교회 됨'을 이루는 지체肢體로서의 우리 자신과 '교회 공동체'를 파악하게 될 것이다.

· 2 ·
가난을 벗어나고픈 사람

1) 빈곤 퇴치 운동: 조제프 레신스키 신부

빈곤에 대한 문제를 살펴보려 할 때, 우리는 한 인물을 떠올릴 수 있다. 바로 조제프 레신스키 Joseph Wresinski(1917~1988) 신부다. 그는 제1차 세계대전이 한창이던 1917년 프랑스 파리의 이민자 가정에서 태어나, 그 자신이 사회의 빈곤층으로 자라게 된다. 이후 1946년 사제가 된 레신스키는 파리 근교의 한 난민캠프의 사제로 임명되었고, 난민이 생활하는 수용소에서 빈곤과 가난의 참상을 목격하게 되면서, 1957년 난민캠프의 수용자들과 함께 빈곤 퇴치 모임을 결성했다. 그리하여 'International Movement ATD Fouth World'라는 비영리 기관을 설립하여 빈곤 퇴치 운동에 적극적으로 나서게 된다.[2]

그리고 1987년 10월 17일, 조제프 레신스키 신부는 절대빈곤 퇴치 운동 기념비 개막 행사를 열었다. 프랑스 파리의 '인권과 자유의 광장'이라고 불리는 트로카데로 광장에 10만 명의 군중이 모였는데, 이 날 모인 사람들은 모두 빈곤으로 고통받던 희생자들이었다. 이 행사 중에 "가난이 있는 곳에 인권침해가 있다. 인권을 보호하는 것은 우리의 의무다"라는 글귀의 기념비를 세워 빈곤이 인권침해이며, 빈곤에 맞서 싸우는 것은 모두의 의무라는 선언을 공식화했다.

레신스키 신부는 자신이 겪어온 가난과 수많은 난민이 겪고 있는 가난 속에서 굶주림을 파생시키는 구조와 그 안에서 묵살되고 있는 인간의 존엄성을 보며 한평생 가난한 이들의 인권을 위해 일하게 된다. 빈민촌에 유치원과 도서관, 성당 등을 지어 인간의 존엄성을 회복하기 위한 구체적인 조치를 취하고자 했다. 또한 난민 수용소에서 함께 지내며 그들의 실상을 보게 된 그에게 빈곤 문제는 배고픔만의 문제가 아니라 인권 문제였고, 모두의 연대 책임이 있음을 알게 되었다. 그는 "가난한 이들에게 필요한 것은 음식과 옷이 아니라 인간의 존엄이다"라고 말했다.

흔히 빈곤 퇴치라고 하면 자연스럽게 먹을 것, 입을 것을 나눠주는 그림을 생각할 수 있다. 그런데 조제프 레신스키 신부에 의하면 그러한 해결책은 오늘 한 끼니를 해결하는 데 그치는 것으로, 빈곤한 이들의 관점이 아니라 분배하는 이들의 관점에 주된 포커스가 있음을 알 수 있다. 가난한 이들을 위한 한 사제의 헌신적인 사랑으로 '빈곤 문제는 곧 인권 문제'라는 의식의 전환이 시작될 수 있었다.

조제프 레신스키 신부가 파리 트로카데로 광장에서 가난한 이들의 인간 존엄을 선언한 지 5년 후, 놀라운 결정이 이루어진다. UN에서 10월 17일을 '세계 빈곤 퇴치의 날'로 지정한 것이다.[3] 그는 "극심한 빈곤은 인류가 해결할 과업이며, 오직 인류만이 그것을 파괴할 수 있다"고 말함으로써 오늘을 살아가는 우리에게도 마땅한 과업으로서 빈곤에 대한 책임을 통감하게 했다.

2) 개발인가, 존엄성인가?

조제프 레신스키 신부는 빈곤 문제를 더 본질적인 차원인 인간 존엄성 문제로 보고자 했다. 인간의 존엄성이라는 것은 "모든 인간이 태어날 때부터 자유롭고 그 존엄과 권리에 있어서 동등하다는 것"으로, 누구나 인간으로서의 존엄과 가치를 누릴 수 있다는 것이다. 이러한 존엄성이 빠진 빈곤 퇴치 과제는 사회구조 안에서 굉장히 위험한 상황을 초래하게 될 것이다. 왜냐하면, 빈곤 퇴치의 대상은 '가난한 처지에 놓여 있는 사람'인데, 이러한 대상이 빠진 빈곤 자체를 박멸시키는 문제 정도로 여길 수 있기 때문이다. 이는 자칫 21세기를 살면서도 상황에 따라 '홀로코스트'를 정당화할 수 있는 위험천만한 여지가 있다.

얼마 전 이른바 '황금시대'를 선포하며 재취임한 트럼프 미국 대통령의 행보는 전 세계를 놀라게 했다. 그는 팔레스타인 가자지구에서 주민을 내보내고 그 지역을 미국 영토로 편입시켜 개발하겠다는 의사를 밝혔기 때문이다. 이미 1948년 이스라엘 건국 이후 고향을 잃은 팔레스타인 주민을 다시 내쫓겠다는 트럼프의 이해할 수 없는 의사 표명은 국제사회 안에서도 비판받기에 마땅하다. 이스라엘과 팔레스타인의 화해와 공존을 위한 길을 모색하기는커녕 오로지 미국의 국익을 위해 '인간의 존엄'은 전혀 신경 쓰지 않고, 부동산 개발업에 빠져 있기 때문이다. 이 '개발'은 누구를 위한 것일까? 트럼프가 취임 이후 첫 번째로 취한 조치는 '이민자 통제와 추방'이었고, 실제로 군대까지 동원해 난민을 추방한다. 또한 그는 인류 공통의 과제 해결을 위한 국제 협력에서 멀어지고자 기후변화 대응을 위한 파리협정과 세계보건기구WHO에서 동시에 탈퇴하며, 모든 국제 원조를 멈추었다. 이런 그가 과연 누구를 위한 개발 공사를 한다는 것인지, 국제사회가 비난하는 것은 당연한 수순이다.

우리는 그 어떤 세기에서도 볼 수 없는 물질의 풍요를 경험하고 있다. 국가의 지도자들과 정책을 만드는 집단은 모든 인간이 존엄함을 지닌 존재임을 말하고, 지배가 아닌 국민을 위한 존중이라고 표현한다. 그런데 아이러니하게도 대부분 국가·사회에서 나타나는 심각한 빈부격차와 그 속에서 아주 빠른 속도로 경제적·심리적·사회문화적으로 다양한 형태의 새로운 가난이 양산되고 있음을 목격하게 된다.

우리 똑똑한 인류는 왜 이런 상황을 마주하게 된 것일까? 인공위성 하나를 우주에 쏘아 올리는 것이 모두의 주목을 받을만한 정말 큰 위업이 될 수 있지만, 사실 거기에 투입되는 천문학적 비용이 기아에 허덕이는 전 세계 인구를 살리고도 남을 것임을 생각한다면, 우리는 자신의 편리와 만족을 위해 가난한 이들의 식탁을 계속해서 훔치고 있는 것일 수도 있다. 개발 혹은 발전으로 일궈온 지난 세기의 모든 과업이 사실상 지구촌의 엄청난 위기를 초래한 것임을 직시한다면, 돌려막기식의 업적은 더 이상 필요 없음을 알아차릴 수 있다. 인류는 이제라도 절벽을 향해 달려가는 무모한 질주를 멈출 수 있어야 한다.

· 3 ·
빈곤 퇴치를 위해 요청되는
교회의 새로운 소명

1) 가난한 이들을 위한 교회가 되기 위하여

빈곤 퇴치를 위해 자신의 온 생애를 바친 조제프 레신스키 신부의 삶은 세상의 절망적 상황에서 중요한 길을 제시하고 있다. 그리고 이렇게 충실한 한 사제의 삶을 통해 자기사명에 충실한 교회의 진정한 모습을 살펴볼 수 있다.

교회는 하느님의 백성

제2차 바티칸 공의회에서는 "교회는 하느님의 백성이다"라고 천명했다. 이 하느님의 백성은 고립된 조직이 아니라, 인류 한가운데에서 인류와 함께 하느님 나라를 향해 순례하는 백성이다. 교회헌장 1장 1항에서는 이렇게 말하고 있다. "교회는 곧 하느님과 이루는 깊은 결합과

온 인류가 이루는 일치의 표징이며 도구다."⁴ 곧, 성사聖事이다. 그래서 교회는 하느님의 백성이면서 하느님과 결합했음을 보여주므로 그 자체로 은총의 교회이지만, 인류를 하느님께로 인도하고 인류의 일치를 도모하므로 그 자체로 도구이기도 하다.

「교회헌장」 5장에서는 교회의 '보편 성화 소명'에 대해 말하고 있다. 우리 스스로도 거룩해져야 하지만, 세상을 거룩하게 해야 한다. 또, 세상을 거룩하게 하는 것은 하느님과 결합하는 것이다. 하느님과 결합하기 위해 '일치'시키는 것이다. "너희는 모두 한 형제자매다." 하느님과 결합하는 일만이 아니라, 인류를 일치시켜야 한다. 나의 거룩한 모습으로 다른 사람들을 하느님께 인도하는 것이 성화 소명이다. 곧 복음화 사명이 성화 소명이다.

인간화와 사회화

복음은 하느님의 기쁜 소식이다. 제2차 바티칸 공의회에서는 "인간은 구원받아야 하고 사회와 세상은 쇄신되어야 한다"고 말하는데, 여기서 인간의 구원은 인간 자신의 품위를 되찾는 것, 예수 그리스도의 삶에 참여하는 것을 의미한다. 곧 인간은 하느님의 모상대로 창조되었고, 예수 그리스도의 삶과 죽음과 부활로 새사람이 되었으며, 성령이 머무는 궁전으로서 그에 걸맞은 삶을 사는 것이다. 이것이 '인간화'다. 곧 참된 인간의 본래 모습대로 인간답게 사는 것이다.

하느님 보시기에 좋았던 만물이 파괴되었기 때문에 사회화로서 결렬된 질서와 어지러운 질서, 그리고 망가진 질서를 제 모습대로 바꾸는 것이다. 곧 쇄신을 말한다. 그래서 제2차 바티칸 공의회의 사목 헌장에서는 "인간은 구원받아야 하고, 사회는 쇄신되어야 한다"고 말한다. 두 사람이 같이 있는 순간부터 거기에는 질서가 있어야 하고, 그 질서에 아름다움이 있다. 그러나 인간의 이기심과 욕심 때문에 관계가 깨지기도 하는데, 그러한 무질서를 바로잡는 일이 참된 인간화와 참된 사회화다.

2) 교회의 사명

교황 권고 『복음의 기쁨』에서 교종 프란치스코는 쓴소리를 하신다. 오늘날의 경제 모델은 사람을 배제하고, 심하게는 죽이기도 하며, 그러면서 '수익'을 살린다는 것이다. 돈은 살리고 사람은 점잖은 방법으로 죽이는 것. 노동비용, 곧 인건비를 줄여서 수익을 살리는 것. 여기에는 '해고'와 '실직'이 따른다. 여기에 승자독식, 약육강식, 무한경쟁이라는 원리가 오늘날의 경제 모델을 휩쓸고 있기 때문에 경쟁에서 낙오되는 사람은 살아남기 어렵다. 노인에게는 돈 들어가는 일이 많아지고, 젊은이에게는 인건비를 많이 줘야 한다. 오늘날 경제는 노인과 젊은이들이 걸림돌이다. 그래서 노인을 위한 일들에 투자하지 않고, 젊은이들의 일자리를 줄인다. 그런데 왜 풍요로움의 정도는 점점 커지는 것일까? 그것은 바로 분배가 왜곡되기 때문이다.

분배의 왜곡을 부추기는 정신이 있다. 먼저 개인주의를 보면, 개인주의는 단지 개인만이 아니라 국가 안에서도 생겨날 수 있다. 국민이 서로 도울 수 있지만, 그 도움의 손길이 국경을 넘어가지 않을 수도 있기 때문이다. 일례로 가난한 국가는 코비드 백신을 구할 수도 없음을 간과할 수 있다. 그리고 이러한 맥락에서 볼 때 난민 문제도 마찬가지라고 볼 수 있다.

이기주의는 개인일 수도 있고, 국가일 수도 있다. 또는 자신이 중심이고 진리이고 기준으로 타인은 상대가 되는 상대주의는 나에게 도움이 되는 사람은 함께 지내자고 하고, 도움이 안 되는 사람은 내다 버린다. 곧 절대적인 진리가 없다고 믿고, 내가 진리이자 중심이라고 믿는다.

또한 실제로 써먹을 수 있는지 없는지를 따져 관계를 맺는 실용주의도 있다. 사람만이 아니라 세상에 대해서도 땅의 값어치가 있는지 없는지에 따라 산업 입국을 이루거나 산업을 발전시킨 이른바 선진국들에서 찾아볼 수 있다. 선진국들은 하늘과 땅, 바다를 망가뜨렸다. 아프리카 대륙을 완전히 망가뜨렸다. 공업폐기물이 제한되자 가난한 나라들에 돈 줄 테니 가져가라고 하는 것이 실용주의의 영향이다. 좋은 것만 취하고 불편한 것은 다른 나라에 맡기는 것이다.

그런데 이러한 정신이 그리스도교에도 들어올 수 있다. 그렇게 되면 인류의 '이정표'로서 그리스도교의 기능이 제대로 작동할 수 없게 된다. 따라서 교황님은 이 나쁜 정신들이 우리 교회 안에 들어와 영향을 받아서 움직이는 것이 아닌지 『복음의 기쁨』에서 묻고 계신다.

교회는 복음화 사명이 있다. 철저하게 다른 사람과 사회, 자연에 하느님의 뜻, 계획, 사랑, 은총, 예수 그리스도를 스며들도록 해야 한다. 이것이 사명이고 임무다. 이 임무를 완수했으면 나날이 성장한다. 부모가 자녀를 키울 때처럼 성장시키는 것이다. 따라서 교황님은 교회가 사명으로서 하느님께서 주신 임무를 제대로 수행하고 있는지를 보라는 것이다. 곧 "시대의 징표를 탐구하라"고 말씀하시는 것이다.

3) 시대정신을 찾으라

시대의 징표를 탐구하는 데는 세 가지 방법이 있다. 첫째는 바로 그 시대에 추구해야 할 시대정신이다. 평화가 심각한 위협을 받고 있을 때, 교회는 시대정신을 '평화'라고 본다. 무력 충돌만이 아니라 심각한 불균형이 불평등을 낳고, 불평등이 심각해지면 다른 정상적인 평화로운 방법으로 개선하지 못할 때 폭력으로 이어질 수 있다. 그중 하나가 '테러리즘'이다. 둘째는 옳은 정신에 투신하는 '선한 정신'이다. 그리고 셋째는 악한 정신을 단호하게 거부하는 것이다.

그래서 교회, 곧 하느님의 백성은 정치나 경제적으로 무슨 일이 벌어지고 있는지 알아야 한다. 거기서 상처받고 고통받는 이들을 돕기 위해서다. 교회가 시대의 징표를 탐구하는 것은 정말 중요한데, 돈과 권력 때문이 아니라 악한 정신이 판치지 않도록 하기 위해서다. 그래야 하느님과 인류를 결합하는 임무를 수행한다고 할 수 있기 때문이다. 신앙생활 안에서 정치, 경제, 문화, 외교에 대한 문제를 소홀히 여겨서는 안 되겠다. 오히려 그것으로 다른 사람들을 일으켜줄 수 있어야 한다.

4) 시대의 징표를 탐구하고 '복음의 빛'으로 비추라

복음의 빛이란 무엇일까? 그것은 인간을 인간답게 하는가? 곧 인간의 존엄과 공동선을 도모하는 경제, 문화, 정치인지 그렇지 않은지를 복음의 빛으로 확인하는 것이다. 예를 들어 경제 모델이 있을 때, 힘없고 약한 사람의 존엄을 보호하는가 아니면 만들어내는가를 보는 것이다. 교회는 도구다. 하느님이 보시기에 좋은 세상, 사회, 자연인지 아닌지, 인간의 공동선에 이바지하는지 아닌지를 보는 것이다.

우리 교회를 다시 돌아보면서 복음의 가치로 일하고 있는지를 돌아보자고 제안하는 책이 교황 권고 『복음의 기쁨』[5]이다. 『복음의 기쁨』은 교회가 자꾸 자기중심적으로 자기보존의 길로 들어서는 것 같다고, 그러지 말자고 호소하는 책이다. 『복음의 기쁨』 27항부터 33항의 내용에서 교종 프란치스코는 "교회를 쇄신해야겠습니다. 교회가 이 모습대로 있어서는 안 됩니다. 이 모습대로 가다가는 힘없고 약한 사람들의 고통 소리, 신음이 더 커집니다. … 교회가 임무를 수행하지 않았기 때문입니다"라고 더는 미룰 수 없는 쇄신을 말씀하신다. 이는 선한 정신(착한 사마리아 사람)의 모범을 교회가 보여야 하고, 그런 선한 사람들과 힘을 합쳐서 인류를 하느님께 인도하고 결합하는 임무에 충실하자고 호소하는 것이다.

교회는 본성상 하느님의 '도구'다. 하느님께서 인간과 세상을 구원하시려 계획하셨고, 계획에 따라 성자 예수 그리스도를 파견하셨고, 그분이 부활하신 다음 성령을 파견하셨기 때문에 이 구원은 유효하고, 지상에서 사명을 받은 하느님의 도구다. 그렇다면, 고통을 받고 있는 이들이 남아 있는 한 교회는 그곳에 가서 하느님의 구원계획에 맞게 사람을 일으켜 세우는 하느님의 도구, 사회에 정의를 세우는 하느님의 도구가 되어야 한다. 이는 제2차 바티칸 공의회의 「교회헌장」에서 밝힌 내용이다. 교종 프란치스코는 공의회 정신에 충실해서 오늘의 우리 교회가 하느님의 도구로서 그 임무를 충실하게 수행하는지 수행하지 않는지를 성찰하시면서 아쉬움을 표현하신다.

교종 프란치스코는 또한 『복음의 기쁨』 27항에서 교회가 자기보전에 지나친 관심을 보이는 것은 아닌지 물으며 우려를 표하신다. 『복음의 기쁨』 187항에서는 교회의 도구로서의 사명에 대해 언급하며, 이 사명을 수행하지 않는다는 또 다른 표지로 '여전히 힘없고 고통스러운 사람들의 숫자가 점점 많아지고 있고, 고통을 겪고 있는 사회 분야들이 점점 확장되고 있다는 것'에 대해 우려하신다. 이 말은 그만큼 교회가 그곳에 가서 임무를 제대로 수행하지 않는 게 아니냐는 것이다. 빛이 환하면 어둠이 그만큼 줄어들어야 하고, 누룩이 활발하면 그만큼 반죽은 부풀어야 하며, 소금이 짠맛이 있을수록 부패하지 않는다는 것이다.

곧 '교회가 소금으로서, 빛으로서, 누룩으로서 그 사명을 다하지 못하는 것 아닌가?'라는 우려가 있었다. 이러한 질문은 교회의 실재인 하느님의 백성 모두에게 해당하는 내용이다. 자신을 관리·보존·유지하는 교회의 관행이나 관성에서 벗어나 길을 나서서 사람들에게 다가가고 사회 안으로 깊숙이 들어가는 교회, 그것을 『복음의 기쁨』에서는 '사목으로의 탈바꿈'[6]이라고 한다.

5) 계속되는 공의회

제2차 바티칸 공의회가 끝났을 때, 신학자 칼 라너는 "공의회는 이제 시작입니다"라고 말했다. 그의 이 말로 참된 공의회는 회의에서 끝나는 것이 아니라, 삶 안에 실현해가는 모든 여정을 포함하는 것임을 기억하게 했다. 그러므로 공의회 이후 교회의 시노드 안에서 계속되는 공의회 여정을 볼 수 있다. 이 공의회의 궁극적인 사목 목표는 인간의 존엄함에 집중하여 인간을 살리고자 했고, 사회를 쇄신하여 공동선을 실현하고자 했다.

교종 프란치스코는 현시대 안에서 제2차 바티칸 공의회가 올바로 기능할 수 있도록 공의회의 교회론을 계속해서 주창하고 있다. 교황 권고 『복음의 기쁨』과 회칙 『찬미받으소서』는 이러한 교종의 방향성을 오롯이 드러낸다. "교회는 누구인가?"라는 교회의 인격적·자기인식적 질문으로 펼쳐진 「교회헌장」을 반영하여 복음의 대상을 새롭게 인식한 오늘날 교회의 관점에서 교회 구성원들을 일깨우는 것이 바로 교황 권고 『복음의 기쁨』이다. 그리고 "교회는 세상 안에서 무엇을 해야 하는가?"라는 질문으로 교회 자신이 수행할 사명을 구체적으로 의식한 「사목헌장」을 반영하여 현시대의 관점에서 복음의 대상을 인간만이 아니라 모든 피조물로 확장하여 알아보고, 회심하고, 다가가도록 돕는 것이 바로 회칙 『찬미받으소서』다. 따라서 교회가 제시하는 이러한 방향성을 가까이하여 따르는 것은 계속되는 공의회의 지평 안에서 걸어가는 교회의 모습을 실현하는 것이다.

교황 권고 『복음의 기쁨』

　교종 프란치스코는 『복음의 기쁨』에서 공의회의 사명을 수행하기 위해 이제 교회가 길을 나서야겠다고 밝히며, 교황청만이 아니라 세계 보편교회와 각 지역교회, 교구, 본당도 그와 같은 모습으로 탈바꿈해야 한다고 호소하고 있다. 『복음의 기쁨』은 교회의 자기성찰을 깊이 다룬 책이다. 그리고 『복음의 기쁨』에는 교종 프란치스코의 의도가 그대로 드러난다. 곧 하느님께서 창조하시고 보시니 참 좋았던 세상, 그토록 사랑하신 세상을 지금 둘러보며, 이 세상이 '기쁨과 희망'의 길을 향해가고 있는지, 아니면 절망의 길을 향해가고 있는지. 혹시 슬픔과 절망의 신음이 계속해서 들린다면, 그것이 들리는 한 교회는 그곳을 향하여 계속 가야 한다. 『복음의 기쁨』은 곧 기쁜 소식이다. 이 것은 이미 기뻐하고 있는 사람만이 아니라, 슬퍼하는 사람들에게 복음의 기쁨을 전하는 것이다. 이 『복음의 기쁨』을 통해 그리스도인 공동체가 자신이 누구인지를 깨닫게 한 후, 프란치스코 교종은 2015년에 회칙 『찬미받으소서』를 선포했다.

교황 회칙 『찬미받으소서』

　교종 프란치스코는 신음하는 모든 피조물을 대신해 인류에게 보내는 편지인 회칙 『찬미받으소서』를 발표했다. 이 회칙은 교회가 하느님의 도구로서 세상에 들어가 보니 가난한 이들의 신음을 듣게 되었음을 말했다. 그는 이 회칙이 신자를 넘어서 선의의 뜻을 가진 모든 이들에게 읽히기를 바랐다. 우리 교회는 마태오 복음에서 말하는 "너희는 아버지와 아들과 성령의 이름으로 세례를 주고, 내가 너희에게 명령한 모든 것을 가르쳐 지키게 하여라"(마태 28,19-20)라는 하느님의 도구로서의 기능, 역할을 사명으로 받았다. 예수님께서 제자들에게 가르치셨고, 그분이 명령하신 것을 가르치고 모범을 보여서 지키도록 하라는 말씀이다. 그래서 교회는 가르치는 교사이며, 모범 된 자세로 자녀를 양육하는 부모, 죄인도 품어 안는 '어머니'이기도 하다. 교회는 '교사이면서 어머니'여야 한다. 『찬미받으소서』 회칙은 사람들에게 복음을 가르치는 것과 교회 자신이 모범을 보이고자 하는 다짐이기도 하다. 그리고 회칙은 계속해서 수많은 이들이 돌려 읽는 편지가 되고 있다.

회칙 『찬미받으소서』는 오늘날 '공동의 집을 돌보는 것에 대하여'를 부제로 삼고 있다. 세상을 인간 중심으로 활용하고, 인간을 이용 가치로 생각하려는 경향성에서 벗어나 프란치스코 성인의 찬가로서 피조물들에 대한 이용 가치를 넘어 피조물 자신들의 찬미를 기억하게 해준다. 이로써 그들과 우리 자신과의 관계성을 깨닫게 하며, 형제요 자매로서의 의미와 서로가 서로를 돌보는 관계성, 그리고 지구라는 이 행성을 '돌보는 삶에 대하여' 말하고 있다.

회칙 『찬미받으소서』는 사회 전반에 연결되어 있는 문제들에 대해 논의하기 위해 대화 좀 하자고 호소하고 있다. 모든 정치와 문화 분야에서 대화를 열어갈 때, 개발을 향하여 마구 달려가던 발을 멈추도록 우리 교회도 대화의 촉진자로서 앞장서겠다는 것이다. 말하자면, 모든 지역교회, 모든 교구, 모든 본당에 생태의 라이프스타일, 경제 모델, 정치 메커니즘을 어떻게 바꿔야 이 난제를 풀어갈 답을 찾아갈 수 있는지 머리를 맞대는 이 과정에 교회와 본당, 지역교회가 나서달라고 호소하는 것이 회칙 『찬미받으소서』의 내용이다.

　회칙 『찬미받으소서』의 첫 장에서는 "공동의 집에 무슨 일이 벌어지고 있습니까?"라는 제목으로 지구를 공동의 집, 가정으로 인식하며, 그 식구들 안에 어떤 일이 벌어지고 있는가로 접근한다. 하늘과 땅 사이에서 벌어지고 있는 일과 거기에서 듣게 되는 신음에 집중하며, 가장 힘없고 가난한 존재에 대한 확장된 시선을 확언한다. 누가 가장 가난한가? 지구 온난화 속에 적응하여 더 이상 수분을 내보내지 않는 식물과 더 이상 충분히 물을 먹지 않는 동물들, 그리고 이제 더 이상의 가망이 없는 듯 자기를 쪼개서 면적을 넓히는 '사막화'로 저항하고 있는 지구의 '땅'이다. 성 프란치스코는 자기 몸의 일부가 부서지고 떨어져 나가는 아픔을 느끼며, 자신을 이러한 땅의 일부로 인식했다. 그는 가난한 대상을 자기 몸으로 느끼는 사람이었다. 가난한 이들에 대한 존엄성을 자기 몸으로 느끼고 어떻게 그들을 존중했는지를 그의 찬가를 통해 알 수 있다. 그리고 이러한 그의 인식은 오늘날을 살아가는 우리 모두에게 귀감이 되고 있다.

대화와 협력

　「사목헌장」은 '우리 교회가 인류를 사랑하는 것을 가장 웅변적으로 드러내는 행위로서 선의의 뜻을 가진 사람과 대화하고 협력함으로써 인간의 존엄함을 증진하고 공동선에 이바지하는 것이다'라고 밝히고 있다. 교종 프란치스코는 공의회의 정신을 아주 충실하게 따르며, 우리가 정치·경제·문화 분야에서 대화와 협력을 통해 인간의 존엄함과 공동선, 생태회복을 위해 노력하도록 이끌어주고 있다. 2015년 회칙 『찬미받으소서』 반포 이후 2021년 교회의 '찬미받으소서 7년 여정'을 시작하고, 그해에 하느님 백성의 시노드 여정을 선포하여 온 백성이 '경청하는 교회'의 모습으로 대화하고 협력할 수 있도록 안내했다.

교회는 '찬미받으소서 7년 여정'이 단지 7년으로 끝나는 것이 아니라 위기에 대응해야 하는 적극적인 응답을 기대하며 '카이로스'의 시간으로 초대하여 이 여정이 계속되게 함으로써 지속가능한 세상을 꿈꾸게 했다. 또한 이 여정에서 온 백성의 친교를 견고케 하는 시노달리타스는 "누가 가장 가난한 사람인가?"를 눈여겨보며, 모든 피조물과 가난한 이들의 울부짖음에 귀 기울이고, '저마다 자기 길에서' 주체적으로 나아가도록 이정표를 제시하고 있다.

교종 프란치스코는 2019년 개최된 주교대의원회의 범아마존 특별회의 후속 교황 권고 『사랑하는 아마존』에서, 아마존에서 영감을 받은 네 가지 꿈을 말씀하신다. 교회는 억압받는 이들 곁에 서서 그들에게 귀 기울여야 함을 말하는 '사회적인 꿈', 아마존, 곧 가난한 이들의 다양성을 돌보도록 하는 '문화적 꿈', 생태환경 보호와 인간 보호를 결합하여 지속가능한 발전이 가능하도록 권고하는 '생태적 꿈', 그리고 아마존의 얼굴을 지닌 교회[7]가 계속되도록 하는 '교회의 꿈'이다. 여기서 '아마존'은 위기에 처한 아마존 자신이면서, 또한 모든 형태의 가난한 이들을 표상한다. 사회적·문화적·생태적 꿈을 꾸는 주체로서의 '교회' 자신의 꿈을 의식한 것이다.

교종은 『사랑하는 아마존』 26항과 27항에서 가난한 이들과 대화하려는 우리 모두에게 이렇게 권고하고 있다.

"대화하고자 한다면, 우리는 그 누구보다 먼저 가난한 이들과 대화해야 합니다. 그들은 설득할 필요가 있는 대화상대가 아니고, 그저 같은 식탁에 앉은 또 다른 초대 손님도 아닙니다. 가난한 이들은 우리의 주요 대화상대입니다. 우리는 먼저 그들에게 배워야 합니다. 정의의 의무로 그들의 말에 귀 기울여야 합니다. 그리고 우리의 제안을 제시하기 전에 그들의 허락을 청해야 합니다."[8]

"대화에서 가난하고 소외되며 배척당한 사람들을 위한 우선적 선택을 중시해야 할 뿐만 아니라 그들을 주역으로 여겨야 합니다. 이는 타인을 저마다의 감정과 선택, 생활방식, 일하는 방식을 가진 '다른 사람'임을 인정하고 존중하는 것입니다. 그렇지 않으면, 결과는 늘 그렇듯 '일부를 위한 일부의 계획' 또는 '배부른 소수를 위한 잠시뿐인 평화나 허울뿐인 서면 합의'에 그치고 말 것입니다. 이러한 경우, '예언자적 목소리'를 드높여야 합니다. 우리는 그리스도인으로서 이 예언자적 목소리가 울려 퍼지도록 부름 받았습니다."[9]

전체 교회가 끊임없는 쇄신의 발걸음을 옮기려 하고 있다. 그러나 그 백성이 듣고 따르는 데는 꽤 많은 시간이 필요해 보인다. 세상의 가난한 이들이, 그들이 처한 현실에서 벗어나도록 하기 위해 교회의 실재인 이 백성은 예수 그리스도처럼 육화될 수 있도록 그들 안으로 끊임없이 들어가야 한다. 그때 우리는 임마누엘, 우리와 함께 계신 예수 그리스도와 함께할 수 있게 될 것이다. 가난한 이들 속으로 들어가 그들의 존엄성에 대한 권리를 옹호함으로써 가난한 이들의 입장에서 빈곤 퇴치에 대한 사회문화적 변화를 가져올 수 있었던 조제프 레신스키 신부의 삶은 오늘날 다양한 형태의 가난한 이들과 피조물을 대면하고 있는 하느님의 백성에게 큰 귀감이 되고 있다.

4.
가난한 교회가 되기 위하여

신학자 이브 콩가르는 그의 저서 『봉사하는 교회 가난한 교회가 되기 위하여』의 말미에 제2차 바티칸 공의회에 참여했던 주교들의 '봉사하는 교회, 가난한 교회'에 대한 발언을 담고 있다. 그중 러그호드의 메르시에 주교가 이렇게 말했다고 콩가르는 전한다. "제2차 바티칸 공의회는 교회가 가난한 상태에 있음을 발견한 최초의 공의회입니다."[10] 이러한 주교의 말은 교회 자신이 세상의 권력을 따르지 않고, 하느님 나라를 향해가는 여정에서 울부짖는 하느님 백성에게로 이미 향했음을 보여준다. 백성 가운데에 있는 자기 존재를 말하고 있는 것, 즉 가난한 하느님의 백성으로 이루어진 교회임을 깨달은 것이다.

교회헌장 9항에서 말하고 있듯이 성부께서는 현세에서 예수 그리스도의 육화 신비를 체험하며, 세상 안에 하느님의 표징으로 드러나는 도구인 교회가 그리스도 안에서 성사[11]가 되도록 부르시고 사명을 주신다. 가난한 이들의 교회는 가난하면서도 행복하기 때문에 "행복하여라, 마음이 가난한 사람들! 하늘나라가 그들의 것이다"(마태 5,3)라고 복음을 선포할 수 있다. 교회 안에서 빈곤 퇴치의 문제는 달성하거나 치워버릴 문제가 아니라, 예수 그리스도를 따르는 여정에서 그분과 함께하고 일치하는 신비로 이끌어주는 지표가 된다. 가난한 이들, 가난한 피조물들 안에 하느님이 계시기 때문이다.

이것을 눈으로 직접 볼 수 있는 사례로 '기후정의 행진'을 들 수 있다. 2019년부터 해마다 9월이면 전 세계의 수많은 이들이 자신들의 자리에서 '기후정의 행진'을 하고 있다. 가난한 이들과 생태계의 가난함을 대변하여 때로는 침묵으로, 때로는 그들의 언어로 노래하고 춤추며 행진하는 수많은 이들의 모습에서 이미 서로서로 기대어 의존하고 함께하는 백성의 모습을 볼 수 있다. 여기에 수많은 형태의 가난한 이들을 볼 수 있다. 피조물의 다양성, 존엄함을 대변하는 이들과 성소수자, 노동자, 사회의 사각지대에 놓인 이들, 장애인들, 농민들과 택배노동자들…. 그런데 신기하게도 모두 다른 처지에서 한목소리로 존엄성 존중과 권리에 대한 요구를 외쳤다. '기후정의 행진'은 그리스도인만의 행진이 아니지만, 여기에 수많은 평신도와 사제들, 수도자들이 모든 형태의 가난한 이들의 길에 동행할 수 있다. 그 길에서 우리는 변화의 교차로를 만날 수 있을 것이라고 믿는다.

그리고 지금은 이미 해군 기지가 들어선 '제주 강정마을'은 또 다른 형태로 가난한 이들의 보금자리가 되고 있다. 주민의 반대를 무릅쓰고 해군기지가 완성되었지만, 여전히 반대를 외치는 이들의 모임은 계속되고 있다. 그런데 무력과 폭력 앞에 선 가난한 이들은 춤과 노래, 그리고 침묵으로 모두를 참여시키고, 모두가 손을 잡게 하는 문화로 대응하는 것을 볼 수 있다. 그리스도인이든 비그리스도인이든 이 공동체에 들어오면 자유롭게 위로받고, 참여할 수 있고, 존중받을 수 있다. 그리고 가난함을 직접 경험한 이들은 '연대'로서 또 다른 가난한 이들의 손을 잡아줄 수 있게 된다.

이러한 움직임은 우리나라 곳곳에서 이미 일어나고 있고, 함께하는 발걸음을 기다리고 있다. 교종 프란치스코는 계속해서 '밖으로 나가는 교회'를 말하고 있다. 사도 바오로는 로마서 8장 19절에서 "사실 피조물은 하느님의 자녀들이 나타나기를 간절히 기다리고 있습니다"라는 말씀으로 교회가 어디로 가야 할지 고민만 하지 말고, 복음의 문자에 사로잡히지 말며, 참으로 가난한 교회가 되기 위해 우리를 간절히 기다리고 있는 이들에게로 용기 있게 나아가야 한다고 가르쳐주고 있다. 가난을 벗어나고픈 사람의 소리에 귀 기울이는 교회는 가난한 이들 안에서 그들과 함께 걷고, 살고, 외치는 교회, 바로 우리다. 바로 그곳에 예수 그리스도께서 함께 계신다.

교회 자신이 '소금으로서, 빛으로서, 누룩으로서 그 사명을 다하지 못하는 것 아닌가?'라는 우려를 하고 있다. 그리고 '사목으로의 탈바꿈'으로서 자기를 관리·보존·유지하는 교회의 관행이나 관성에서 벗어나 길을 나서서 사람들에게 다가가고, 사회 안으로 깊숙이 들어가는 교회를 실현하고자 발을 내디뎠다. 우리는 이 교회 안에서 걸어가고 있다.

이웃 사랑

잠언 3,27-35

²⁷네가 할 수만 있다면 도와야 할 이에게 선행을 거절하지 마라. ²⁸가진 것이 있으면서도 네 이웃에게 "갔다가 다시 오게, 내일 줄 테니." 하지 마라. ²⁹이웃이 네 곁에서 안심하고 사는데 그에게 해가 되는 악을 지어내지 마라. ³⁰너에게 악을 끼치지 않았으면 어떤 사람하고도 공연히 다투지 마라. ³¹포악한 사람을 부러워하지 말고 그의 길은 어떤 것이든 선택하지 마라. ³²주님께서는 비뚤어진 자를 역겨워하시고 올곧은 이들을 가까이하신다. ³³주님께서는 악인의 집에 저주를 내리시고 의인이 사는 곳에는 복을 내리신다. ³⁴그분께서는 빈정대는 자들에게 빈정대시지만 가련한 이들에게는 호의를 베푸신다. ³⁵지혜로운 이들은 영광을 물려받고 우둔한 자들은 수치를 짊어진다.

EPILOGUE

"주님께서 나에게 기름을 부어주시니
주님의 영이 내 위에 내리셨다.
주님께서 나를 보내시어
가난한 이들에게 기쁜 소식을 전하고
잡혀간 이들에게 해방을 선포하며
눈먼 이들을 다시 보게 하고
억압받는 이들을 해방시켜 내보내며
주님의 은혜로운 해를 선포하게 하셨다."
예수님께서 두루마리를 말아 시중드는 이에게
돌려주시고 자리에 앉으시니,
회당에 있던 모든 사람의 눈이 예수님을 주시하였다.
예수님께서 그들에게 말씀하기 시작하셨다.
"오늘 이 성경 말씀이 너희가 듣는 가운데에서 이루어졌다."

- 루카 4,18-21

"극심한 빈곤은 인류가 해결할 과업이며,
오직 인류만이 그것을 파괴할 수 있다."

- 조제프 레신스키 신부

미주

1. https://blog.naver.com/gnhforum/223492189745
2. https://m.blog.naver.com/prkoica/221378534108
3. un.org "International Day for the Eradication of Poverty"
4. Lumen Gentium, 1장 1항.
5. 프란치스코 교황,『복음의 기쁨』. EVANGELII GAUDIUM은 '현대 세계의 복음 선포에 관한 교황 권고'라는 부제로 2013년 11월 24일 그리스도왕 대축일에 프란치스코 교황님께서 발표하셨다.
6. 『복음의 기쁨』, 185항.
7. 프란치스코,『사랑하는 아마존』, 61항, p. 52.
8. 『사랑하는 아마존』, 26항.
9. 『사랑하는 아마존』, 27항.
10. 이브 콩가르,『봉사하는 교회 가난한 교회가 되기 위하여』, 김몽은 역, 가톨릭출판사, 1973, 128쪽.
11. 「교회헌장」, 9항.

참고문헌

가톨릭 성경. CBCK(Catholic Bishop's Conference of Korea) 한국천주교주교회의·한국천주교중앙협의회. https://www.cbck.or.kr/.

이브 콩가르. 『봉사하는 교회, 가난한 교회가 되기 위하여』. 김몽은 역, 가톨릭출판사, 1973.

제2차 바티칸 공의회 문헌. 1965.

프란치스코 교황 담화문. 「가난한 이들의 기도는 하느님께로 올라갑니다」. 2024.

프란치스코 교황. 『복음의 기쁨: 현대 세계의 복음 선포에 관한 교황 권고』. 한국천주교중앙협의회, 2014.

＿＿＿. 『사랑하는 아마존』. 한국천주교중앙협의회, 2020.

＿＿＿. 『찬미받으소서: 프란치스코 교황 회칙』. 한국천주교중앙협의회, 2015.

＿＿＿. 『하느님을 찬미하여라(Laudate Deum)』. 한국천주교중앙협의회, 2023.

프란치스코 교황, 카를로 무쏘. 『희망: 프란치스코 교황 공식 자서전』. 이재협 외 역, 가톨릭출판사, 2025.

Aesop. *Aesop's Fables: Wordsworth Children's Classics*. Wordsworth Editions Ltd., 1994.

https://blog.naver.com/gnhforum/223492189745

https://m.blog.naver.com/prkoica/221378534108

un.org "International Day for the Eradication of Poverty"

희망 메시지

"복음이 진정으로 살아 숨 쉬는 곳에서는 언제나 혁명이 일어납니다. 이는 과시나 수단이 아닌, 구체적으로 생생하게 살아 있는 복음이 빚어내는 온유한 사랑의 혁명입니다. 온유한 사랑이란 추상적 관념이 아닌, 우리 가까이에서 구체적으로 실천되는 사랑입니다. 이웃을 바라보기 위해 눈을 들고, 그들의 마음을 헤아리기 위해 귀를 기울이는 것입니다. 작은 이들과 가난한 이들, 미래를 두려워하는 이들의 부르짖음에 귀를 기울이는 것이며, 우리의 공동의 집이 오염되고 병든 지구가 내는 침묵의 부르짖음까지도 귀담아듣는 것입니다. 그리고 보고 들은 다음에는, 말하는 것에 그치지 않고 행동으로 옮겨야 합니다."

ⓒ 2025 가톨릭출판사. 『희망』, 이재협 외 3인 옮김.

2장

배고픔을 벗어나고픈 人

김석신

가톨릭대학교 식품영양학과 명예교수

인간의 죄와 벌

창세기 3,6

표트르 파울 루벤스, 〈인간의 타락〉, 1628-1629

여자가 쳐다보니 그 나무 열매는 먹음직하고 소담스러워 보였다. 그뿐만 아니라 그것은 슬기롭게 해줄 것처럼 탐스러웠다. 그래서 여자가 열매 하나를 따서 먹고 자기와 함께 있는 남편에게도 주자, 그도 그것을 먹었다.

· 1 ·
빵을 나눔이 신을 나눔
To share bread is to share God

엔젤 F. 멘데즈-몬토야Angel F. Mendez-Montoya(2012)[1]는 굶주림hunger에 대해 이렇게 말한다. 육체적·생존적 차원에서 인간은 먹지 않으면 굶어 죽는 존재다. 그러나 굶주림은 윤리적·정치적 차원도 반영한다. 윤리적·정치적 차원에서의 굶주림은 특정 집단에 대한 권력 박탈을 나타내면서 공동의 비전, 미덕, 애덕이 부족한 사회의 모습을 반영한다. 굶주림은 부정의에서 비롯되고 생명을 선물로 주신 창조주를 거스르는 것, 다시 말해 신의 선물을 독차지하고 나누지 않은 결과다. "기아 종식Zero Hunger" 프로젝트는 그리스도교와 비그리스도교, 곧 온 인류가 "빵을 나눔이 신을 나눔To share bread is to share God"이라는 공통된 신념 안에서 같은 목소리로 표현한 헌신적 행동이다.

기아 종식은 개인의 굶주림을 넘어 전 세계적 굶주림global hunger과 관련된 문제다. 토머스 J. 바세트와 알렉스 윈터-넬슨(2013)은 『세계 굶주림 지도The Atlas of World Hunger』[2]에서, 기아hunger는 "불충분한 식량 섭취와 관련된 신체적 고통과 불편"이고, 기아 취약성hunger vulnerability은 "개인 또는 집단이 현재나 미래에 기아에 처할 가능성"이라고 정의했다. 그들은 기아 취약성과 강한 상관관계를 보이는 변수로서 보건, 문해율(글을 읽고 이해하는 비율), 기술, 성적 평등을 들었고, 일부 조건에서 강한 상관관계를 보이는 변수로 1인당 소득수준, 소득 분배, 1인당 토지를 꼽았으며, 기아 취약성과 약한 상관관계를 보이는 변수로 인구 증가, 환경 건전성 등을 들었다.

우리는 기아와 빈곤, 빈곤과 기아를 흔히 한 쌍으로 취급한다. 데이비드 흄David Hulme(2016)은 자신의 저서 『부자 나라들이 가난한 사람들을 도와야 하는가 Should Rich Nations Help the Poor?』의 요약 설명[3]에서, 부유한 나라가 가난한 나라를 도와야 하는 중요한 이유로 두 가지를 주장한다. 첫째, 윤리적으로 올바르기 때문이다. 인류애는 잘사는 사람들이 기본적인 필요를 충족하지 못하는 사람들을 도와야 함을 의미한다. 또한, 우리의 부는 종종 가난한 사람들에 대한 착취(식민지 자원 착취, 노예와 아편 무역, 불공정한 국제 무역 및 금융 관행 등)로 얻어졌다. 만일 전 세계 부의 1%만 재분배해도 극심한 빈곤을 단번에 근절할 수 있을 것이다. 둘째, 잘사는 사람들이 가난한 사람들을 돕는 것이 지혜롭기 때문이다. 잘사는 나라가 미래에도 계속 번영하고 안정적이기를 원한다면, 먼 곳의 가난한 사람들을 도와야 한다. 그렇게 도우면 국제 이주, 새로운 전염병(예: 에볼라), 조직범죄, 테러리즘, 기후변화 같은 글로벌 문제들을 사전에 막을 수 있기 때문이다.

한편 기아 문제에 관해 장 지글러Jean Ziegler[4]는 다음과 같이 말했다.

"온 인류를 먹이고도 남을 식량이 있는 지금, 기아로 인한 죽음에는 어떠한 필연성도 없다. 한마디로 기아로 죽는 어린아이는 살해당하는 것이다. 우리가 세상을 바꾸지 않는다면 아무도 그 일을 하지 않을 것이다. 다른 사람의 아픔을 내 아픔으로 느낄 줄 아는 생명체, 인간의 의식 변화에 희망이 있다. 인간만이 다른 사람이 처한 고통에 함께 아파할 수 있는 유일한 생물이기 때문이다."

장 지글러는 '밀레니엄 개발목표Millenium Development Goals'의 실패를 언급하면서, '어젠다 2030'의 목표 2 '기아 종식'과 관련된 문서에도 구체적 방안이나 실효성 있는 정책이 거의 없다고 비판했다.

이러한 선행 연구를 토대로 이 장의 본론에서는 지속가능발전목표 2의 추진 실적을 세계와 한국으로 구분하여 살펴본다. 나아가 기아 종식을 위한 가톨릭교회의 노력도 살펴본 후, 기아에 대한 가톨릭교회의 가르침을 교부들의 가르침과 사회 고지의 가르침으로 구분하여 정리해본다. 또한 기아에 대한 세상의 윤리적 가르침과 비교한 다음, 결론에서 목표 달성을 위해 우리가 해야 할 '먹음의 회개'와 음식에 대한 윤리와 영성을 살펴보고, 이어지는 에필로그에서 기아 종식과 관련하여 몇 가지 제언을 덧붙일 것이다.

· 2 ·

기아 종식을 위한 전 세계적 노력과
가톨릭교회의 가르침

1) 세계의 지속가능발전목표 2(기아 종식) 추진 실적

세계의 지속가능발전목표Sustainable Development Goals: SDGs와 목표 2(기아 종식: Zero Hunger) 추진 실적을 유엔의 '지속가능발전목표 보고서 2024'[5]에 근거하여 살펴보겠다.

먼저 SDGs 추진 실적을 살펴보자. 전체 지속가능발전목표 169개 가운데 평가 가능한 135개 목표 중 2030년까지 달성하기에 충분한 진행 상황을 보이는 것은 17%에 불과하다. 거의 절반인 48%는 원하는 궤적에서 중간 수준~심각한 수준의 편차를 보이며, 30%는 미미한 진전을, 18%는 중간 정도의 진전을 보인다. 놀랍게도 18%는 침체 상태에 있으며, 17%는 2015년 기준보다 후퇴한 상태다. 이러한 중간 평가로 미루어볼 때 SDGs 이행을 위해 더욱 강화된 노력이 시급히 필요함을 알 수 있다.

이제 목표 2의 추진 실적을 살펴보자. 목표 2의 핵심은 기아 종식, 영양개선, 식량안보, 지속가능한 농업이다. 2024년에도 여전히 기아와 영양실조가 만연하고 있다는 사실이 목표 2의 달성을 위한 전 세계적 노력을 촉구하고 있다.

(1) 기아 종식

세계적으로 기아 발생은 코로나19 팬데믹 이후 급격히 증가한 상태에서 계속 높게 유지되었고, 3년 동안 거의 변화가 없었다. 영양부족 인구 비율prevalence of undernourishment로 측정한 세계적 기아는 2019년에서 2021년 사이에 급격히 증가한 후, 3년 동안 거의 같은 수준으로 유지되어 2019년에는 인구의 7.5%에, 2023년에는 인구의 9.1%에 영향을 미쳤으며, 그 결과 2023년에는 7억 1,300만~7억 5,700만 명이 기아에 직면했다. 전 세계적으로는 11명 중 1명이, 아프리카에서는 5명 중 1명이 이에 해당한다. 게다가 2023년에는 전 세계 인구의 약 28.9%, 즉 23억 3천만 명이 중간 수준~심각한 수준의 식량 불안에 처해 있을 것으로 추산된다. 이는 2019년보다 3억 8,300만 명이 더 많은 수치다.

(2) 영양개선

5세 미만 아동의 영양실조malnutrition는 여전히 심각한 문제로서, 성장과 발달에 큰 위험을 초래한다. 전 세계적으로 2022년에 5세 미만 아동의 약 22.3%, 즉 1억 4,800만 명이 발육 부진stunting(연령 대비 신장)의 영향을 받았을 것으로 추산되며, 현재 추세에 따르면 2030년에 5명 중 1명(19.5%)의 5세 미만 어린이가 발육 부진의 영향을 받을 것이다. 이와 달리 약 3,700만 명의 아동(5.6%)이 과체중이었고, 4,500만 명(6.8%)이 신체 쇠약wasting(신장 대비 체중)을 경험했는데, 이는 2030년에 도달할 3%의 세계적 목표를 이미 넘어선 심각한 상태다. 발육 부진을 보이는 5세 미만 아동의 4분의 3은 중앙·남아시아(36.7%)와 사하라사막 이남 아프리카(38.3%)에 거주하고, 신체 쇠약의 영향을 받는 아동의 절반 이상은 중앙·남아시아(56.2%)에 거주하며, 약 4분의 1은 사하라 사막 이남 아프리카(22.9%)에 거주한다.

(3) 식량안보

2022년에는 전 세계 국가의 58.1%가 공급망 붕괴 등 갈등의 여파로 인해 중간 수준~높은 수준의 식품 가격에 직면하게 되었다. 이는 2015~2019년 평균 수준인 15.2%에서 거의 4배 증가한 수치다. 특히 우크라이나에서 전쟁이 발발한 후 물류 및 식품 공급망이 막히면서 2022년 상반기에는 식품 및 에너지 가격이 크게 상승했다. 게다가 이 전쟁은 비료 가격에도 상승 압력을 가해 농부의 파종 결정에 불확실성을 더했다. 높은 식품 가격은 특히 중앙·남아시아, 동·동남아시아, 사하라 이남 아프리카 국가에 큰 영향을 미쳤다.

(4) 생산적이고 지속가능한 농업

생산적이고 지속가능한 농업은 현재와 미래 세대의 인간적 욕구를 지속적으로 만족시키는 데 중요하다. 2021년 데이터에 따르면 세계는 생산적이고 지속가능한 농업을 달성하는 데서 중간 정도의 거리에 위치한다(5점 만점에 3.4점). 그러나 지역적 격차가 분명히 있었는데, 유럽과 북미의 최고 점수가 4.1점인 반면, 최빈개발도상국의 최저 점수는 2.6점이었다. 점수와 관계없이 모든 지역은 2030년까지 생산적이고 지속가능한 농업을 위해 지속적이고 협력적인 조치를 시급히 취해야 한다.

소규모 식량 생산자가 농업 식량 생산 시스템에서 필수적인 역할을 하는데도 연평균 소득은 대규모 생산자의 절반에도 미치지 못한다. 이같이 규모에 따른 소득 불평등은 국가와 국가 사이, 남성과 여성 사이에도 존재한다.

농업에 대한 글로벌 정부 지출은 꾸준히 증가하여 2022년 7,490억 달러로 사상 최고치를 기록했다. 농업 지향성 지수로 측정한 GDP 기여도 대비 농업에 대한 정부 지출은 2022년 0.48로 회복되었다. 그리고 2015년부터 2022년까지 개발도상국에 제공된 농업 지원 규모는 123억 달러에서 181억 달러로 47.2% 증가했다.

2) 한국의 지속가능발전목표 2(기아 종식) 추진 실적

(1) 유엔의 SDG 보고서

유엔 미래 정상회의의 '지속가능발전 보고서Sustainable Development Report 2024'[6]에 따르면, 2024년 한국의 전체 SDGs 추진 실적 점수는 77.3점, 순위는 167개국 중 33위로 나타났다. 위 자료에 근거하여 한국의 SDG 목표 2의 지표별 추진 실적을 전 세계 국가들의 빈부 차를 기준으로 살펴보면 〈표 1〉과 같다.

〈표 1〉을 보면 한국의 영양부족 인구 비율prevalence of undernourishment 은 2.5%, 5세 미만 발육 부진 아동 비율prevalence of stunting in children under

표 1. 2024년 SDGs 목표 2의 지표별 추진 실적의 국가별 빈부 차에 따른 비교

지표	한국	세계	고소득 국가	중상 소득 국가	중하 소득 국가	저소득 국가
영양부족 인구 비율(%)	2.5	10.0	2.6	3.7	13.4	28.1
발육 부진 아동 비율(%)	0.9	19.6	3.6	7.8	30.1	35.3
신체 쇠약 아동 비율(%)	0.2	6.8	0.6	2.5	11.8	7.9
비만 인구 비율(%)	7.3	15.6	26.1	17.1	12.2	9.5
인간 영양단계(2~3)	2.3	2.3	2.4	2.2	2.2	2.1
곡물 수확량(톤/헥타르)	6.6	4.4	6.7	5.3	3.6	1.7
지속가능질소관리지표(0~1.41)	0.8	0.7	0.7	0.7	0.8	0.9

출처: The SDGs and the UN Summit of the Future(2024); Sustainable Development Report 2024.

5 years of age은 0.9%, 5세 미만 신체 쇠약 아동 비율prevalence of wasting in children under 5 years of age은 0.2%로서, 기아 종식 목표에 가까운 양호한 상태를 유지하고 있다. 한국의 세 지표는 세계 평균 지표나 중하 소득 국가와 저소득 국가의 지표보다 훨씬 작은 것은 물론, 고소득 국가의 지표보다도 작은 수준이다. 따라서 한국은 기아 종식에 가까워지고 있으며, 중하 소득 국가와 저소득 국가의 기아 종식을 도울 수준에 있음을 알 수 있다.

〈표 1〉에서 체질량지수 30 이상의 한국인 비만율은 7.3%로 나타났는데, 이는 세계 평균이나 고소득 국가의 비만율보다 훨씬 낮음은 물론, 저소득 국가의 비만율보다 낮은 수준임을 보여준다. 그러나 한국인에게 적용하는 비만 기준(체질량지수 25 이상)으로 보면[7] 문제는 달라진다. 2023년 체질량지수 30 기준의 한국인 비만율은 6.2%이지만, 체질량지수 25 기준의 한국인 비만율은 37.2%다. 이는 한국의 전통 식생활이 서구화할수록 비만율이 높아질 가능성이 크다는 것을 시사한다.

이러한 사실은 〈표 1〉의 인간 영양단계human trophic level: HTL[8] 데이터가 뒷받침하고 있다. 인간이 식물성 식품plant food: PF만 섭취할 경우 HTL은 2.0, 동물성 식품animal food: AF만 섭취할 경우 HTL은 3.0, PF 50%와 AF 50%를 섭취할 경우 HTL은 2.5이며, AF 섭취가 10% 증가할 때마다 HTL은 0.1씩 증가한다. 예를 들어 HTL 2.1은 AF 10%, HTL 2.2는 AF 20%, HTL 2.3은 AF 30%, HTL 2.4는 AF 40%이고, 식단의 나머지는 각각 PF가 차지한다.

〈표 1〉에서 HTL 값은 한국과 세계가 2.3, 고소득 국가는 2.4, 저소득 국가는 2.1로서, 식단 중 AF 비율이 각각 30%, 40%, 10%임을 나

타낸다. HTL을 기준으로 176개 국가를 5개 그룹으로 나누는데, 한국은 중앙아메리카, 브라질, 칠레, 남부 유럽, 몇몇 아프리카 국가 및 일본과 함께 그룹 3에 속한다. 이 그룹은 HTL 2.3 부근에서 계속 증가하는 추세를 보인다. 이는 앞서 설명한 것처럼 HTL 값의 증가와 비만율 상승이 직결됨을 알려준다.

그 외에 곡물 수확량cereal yield(ton/hectare)은 6.6으로, 고소득 국가 6.7과 비슷한 수준이며, 저소득 국가 1.7보다는 훨씬 많지만 침체 상태에 있는 것이 문제다. 지속가능질소관리지표sustainable nitrogen management index(0 좋음, 1.41 나쁨)도 0.8로서 다른 국가들처럼 0.7~0.9의 범위에 속하지만 양호하지 않은 상태에서 점점 나빠지는 추세를 보인다.

(2) 한국의 SDG 보고서

한국의 'SDG 이행보고서 2024'[9]에 따르면, 한국은 2022년 1월 「지속가능발전기본법」 제정, 국가 및 지방 차원의 지속가능발전기본계획 수립 및 평가체계 개편 등 SDG 이행을 위한 제도적 메커니즘을 정비했다. 이 자료에 근거하여 한국의 SDG 목표 2 추진 실적을 살펴보면 다음과 같다.

① 기아 종식과 영양개선

SDG 목표 2는 기아 종식, 충분한 양의 식량 공급과 소비, 양질의 영양 공급이 가능한 식량생산 체계의 확보에 있다. 영양부족에 시달렸던 과거와 달리 지금은 소득 증가, 식품산업의 발전, 식품 교역의 확대 등으로 영양 과잉 사회가 되었다. 하지만 소득수준, 식생활 방식 등에 따라 영양을 충분히 섭취하지 못하는 인구가 여전히 있다. 영양부족 인구란 에너지 섭취량이 필요량의 75% 미만이면서 칼슘과 철, 비타민 A, 리보플라빈 섭취량이 평균 필요량 미만인 사람을 가리킨다.

한국에서도 영양부족 인구 비율의 증가 추세가 관찰됨에 따라 취약계층에 대한 식생활 개선 노력이 필요한 것으로 나타났다. 2021년 영양부족 인구 비율은 16.6%인데, 소득수준별로 보면 고소득층의 영양부족 인구 비율이 14.3%로, 저소득층의 20.7%보다 6.4% 낮았다. 영양부족 인구 비율은 연령대와 성별로도 다르게 나타나는데, 특히 65세 이상인 경우에는 14.5%나 늘어났고, 여성의 영양부족 인구 비율이 남성보다 6.6% 더 높았다. 이처럼 영양부족 인구 비율이 늘어난 원인은 인구 고령화, 1인 가구의 증가, 생활 양식의 변화(단식, 부실한 식사 등) 등에 있다. 취약계층의 전반적인 영양 수준을 높이기 위해 식품 섭취의 양적 충족과 함께 질적 수준을 보장할 필요가 있다.

② 식량안보

음식의 안정적 섭취는 음식을 얼마나 충분하고 다양하게 먹는지로 알아볼 수 있으며, 이를 나타내는 지표로 식품안정성 확보가구 비율을 활용한다. 식품안정성 확보가구 비율은 2005년 87.9%에서 점차 늘어나 2021년에는 96.7%에 이르렀다. 이는 식량 불안을 경험하는 가구가 같은 기간 12.1%에서 3.3%로 줄어든 것을 의미한다. 소득수준별로 살펴보면, 고소득층은 99% 이상이나 저소득층은 89.6%로 9.9%의 격차가 있다.

식량 공급 측면에서 한국은 쌀 이외에 주요 곡물의 자급률이 낮은 수준이다. 식품 공급의 안정성을 확보하기 위해서는 경지면적과 농업 인력 등 농업생산 기반의 안정적 확보와 보전이 특히 중요하다. 특히 최근 농업노동력이 고령화되고 있어 농업생산성 확보를 위해서는 농업인력에 대한 관심을 높일 필요가 있다.

③ 생산적이고 지속가능한 농업

농업 노동생산성은 농업에 투입된 노동력 대비 그 결과로 얻은 생산액을 의미하는 것으로, 2022년 기준 시간당 1만 5천 원이다. 이는 2003년 1만 1천 원에서 연평균 1.6%씩 증가한 셈이지만, 2017년 2만 1천 원으로 최고치를 나타낸 후 수년간 감소 추세에 있다. 농업노동력이 고령화되고, 영농규모가 작은 농가가 많아 노동생산성이 정체하거나 낮아질 가능성이 있다.

2003년과 2022년 사이 경지 규모별 노동생산성 변화를 비교해보면, 0.5ha 이상 농가에서는 경지 규모에 따라 연평균 1.2~4.6%의 증가율을 나타내지만, 0.5ha 미만의 소규모 농가에서는 노동생산성이 개선되지 못하고 정체 상태에 있다. 특히 10ha 이상 농가에서 노동생산성 개선 정도가 가장 크므로 대규모 영농 위주로 노동생산성이 크게 향상되었음을 알 수 있다.

한편 식량 확보를 위한 정부의 농업지출은 OECD 평균보다 높다. 농업지향지수는 GDP 대비 농업 부가가치와 정부 총지출 대비 농업지출 간의 상대적 크기를 나타낸다. 농업지향지수가 1보다 크면 정부의 농업지출이 농업의 국내 생산 기여보다 상대적으로 크고, 1보다

작으면 상대적으로 작은 것으로 이해할 수 있다. 2020년 OECD 국가들의 평균 농업지향지수는 0.63인데, 한국은 1.80이다. 농업지향지수가 1 이상인 국가들은 대부분 필수 곡물을 수입에 의존한다.

3) 기아 종식을 위한 가톨릭교회의 노력

"너희가 그들에게 먹을 것을 주어라"(마르 6,37)는 예수의 말씀처럼 '기아 종식Zero Hunger'은 인류의 숙원이다. 그러나 "가난한 이들은 늘 너희 곁에 있다"(마르 14,7)는 말씀처럼, 어떤 부자 나라도 완벽한 '기아 종식'을 이룰 수는 없다. 하지만 이런 상황에서도 우리는 'Zero'에 접근하기 위해 애써야 한다. 전통적으로 가톨릭은 초대 교회 때부터 자선을 중시했으며, 무엇보다 '이웃사랑' 계명에 기반을 두고 국제 카리타스Caritas Internationalis를 중심으로 자선을 실천해왔다.

국제 카리타스는 독일 카리타스에서 시작되었다. 독일의 로렌츠 베르트만Lorenz Werthmann 신부는 시대적 변화와 산업혁명으로 인해 심화되는 사회문제에 대응하고자 1897년 독일 카리타스를 설립했다. 특히 독일 전국의 각 교구와 지역에서 서로 고립된 채 따로따로 활동하는 수많은 가톨릭 자선단체들을 통합하고 체계적으로 조직화하여 효과적이고 효율적으로 '이웃사랑'을 실천했다. 1910년 브레슬라우Breslau에서 개최된 카리타스 총회에 참석한 베르트만 신부는 기조연설에서 "영혼 돌봄이란 가난한 자를 돌보는 혼"이라고 표현하며, "우리는 음식으로만 육신의 굶주림을 채우려는 것이 아니라, 영혼의 굶주림을 진리와 은혜 그리고 하느님과의 화해로 채우고자 합니다"라고 강조했다.[10] 2019년 국제 카리타스 회장인 루이스 안토니오 G. 타글레Luis Antonio G. Tagle 대주교는 유엔식량농업기구FAO 연설에서 다음과 같이 말했다.[11]

> 카리타스는 기술적 솔루션 제공만으로 식량 문제를 해결하지 않는다. 오히려 카리타스의 대응은 통합적이고 사회적이며 생태적인 인간 개발 비전에서 나온다. 카리타스 프로그램은 가장 취약하고 소외된 사람들의 요구에 맞춰 운영된다. 그들은 환경, 인간 건강 및 복지를 돌보고 고용 기회 창출을 장려함으로써 지속가능한 개발을 촉진한다. 그들은 연대, 협력 및 사회적 포용에 기반한 파트너십을 구축하여 빈곤층의 자체 개발 참여를 강화함으로써 사회 정의를 달성하는 것을 목표로 한다.

국제 카리타스 홈페이지(https://www.caritas.org/)에 따르면, 국제 카리타스는 국가별 카리타스(또는 그 교회의 지원을 받는 카리타스 조직) 166개로 구성된 연합체로서, 7개의 지역으로 나뉘어 있다. 카리타스 아프리카는 46개의 조직으로 구성되어 있으며, 카리타스 아시아는 한국 포함 24개의 조직으로 구성되어 있다. 카리타스 유럽은 CAFOD(해외 개발을 위한 가톨릭 기관) 및 CSAN(잉글랜드와 웨일스의 카리타스 사회 활동 네트워크)을 포함한 49개의 조직으로 구성되어 있다. 카리타스 라틴아메리카는 22개의 조직, 카리타스 중동 및 북아프리카는 15개의 조직, 카리타스 북아메리카는 CRS(가톨릭 구호 서비스) 및 CCUSA(미국 카리타스) 등을 포함한 3개의 조직으로 구성되어 있다. 그리고 카리타스 오세아니아는 7개의 조직으로 구성되어 있다.

국제 카리타스는 오늘날의 식량 문제를 해결하기 위해 기아와 식량 부족의 근본 원인을 다루고 있고, 농업 및 농촌 개발에 대한 투자를 촉진하며, 기후변화로 인해 잦아진 극한 날씨에 덜 취약해지도록 공동체를 지원한다.

국제 카리타스 홈페이지(https://www.caritas.org/what-we-do/food/)에는 굶주림과 먹을거리 문제에 대해 다음과 같이 기록하고 있다.

> 복음에서 예수님은 빵 다섯 개와 물고기 두 마리로 수많은 굶주린 이들을 먹이셨다. 이 세상에 음식이 풍부하지만 오늘날 수백만 명이 굶주린 채 잠자리에 든다. 우리는 모든 수준에서 굶주린 이들이 먹을 수 있도록 노력하고 있으며, 기후변화가 가난하고 취약한 사람들의 자급 능력에 미치는 영향에 주목하고 있다. 음식은 모든 사람에게 필수이며, 음식 부족은 건강에 해로울 뿐만 아니라 사람들의 근본적인 존엄성에 깊은 상처를 입힌다. 우리는 모든 사람이 영양가 있고 적합한 음식을 먹을 수 있는 권리를 옹호한다.

한국 가톨릭에도 같은 정신으로 일하는 카리타스가 있다. 2023년 재정 규모 약 120억 원의 한국 카리타스Caritas Korea(https://www.caritas.or.kr/)와 약 100억 원 재정 규모의 서울가톨릭사회복지회Caritas Seoul(https://www.caritasseoul.or.kr/html/dh/intro02_03)가 그것이다. 그 밖에 서울대교구 사회사목국 산하에 한마음한몸운동본부(https://www.obos.or.kr/html/)와 그 산하의 명동밥집, 그리고 우리농촌살리기운동본부(http://

www.wrn.or.kr/)도 'Zero Hunger'와 직간접으로 관련되어 있다.

특히 '찬미받으소서'와 관련하여 세계 가톨릭교회는 '찬미받으소서 주간' 또는 '찬미받으소서 특별 기념의 해'를 통해 생태 현장과 영성을 가톨릭적으로 쇄신해가고 있다. 교황청이 제시한 '찬미받으소서'의 목표는 ① 지구의 울부짖음에 대한 응답, ② 가난한 사람들의 울부짖음에 대한 응답, ③ 생태적 경제, ④ 단순한(지속가능한) 생활 양식, ⑤ 생태 교육, ⑥ 생태 영성, ⑦ 공동체의 능동적 참여와 투신(공동체의 탄력과 권한 강화)이다.

한국 교회도 '찬미받으소서'와 관련하여 '환경소위원회'를 전국위원회로 격상시켜 '생태환경위원회'를 신설했다. 특히 서울대교구 환경사목위원회는 하늘·땅·물·벗 운동을 체계적으로 조직화하고, 2016년 10월 4일 생태사도직 단체로 재창립하여 평신도 사도직 단체로 인준받았다. 하늘·땅·물·벗과 본당의 환경분과가 연대하여 서울대교구 지역사회의 생태사도직을 동반하고 있다. 이들은 '생태적 회개'와 '줄이기', '일상생활에서 생태적 실천'의 세 영역에서 '하늘·땅·물·벗 12대 실천 목표'를 세우고 이를 실현하기 위해 노력하고 있다.

4) 기아에 대한 가톨릭교회의 가르침

(1) 교부들의 가르침

수전 R. 홀먼Susan R. Holman(2010)[12]에 따르면, 가난한 이들과 굶주린 이들을 돌보는 것은 초기부터 그리스도교 '전례'의 일환이었고, 2세기

로마의 주일미사에서는 가난한 이들을 위해 헌금을 걷었으며, 이 기금은 고아, 과부, 병자, 죄수, 낯선 사람들, 그리고 '필요한 모든 이들'을 돌보는 데 사용되었다. 이런 돌봄은 사람들의 교육이나 역량 강화가 아닌 자선 기부 위주로 이루어졌다. 노성기(2011)[13]는 자선에 대한 초기 그리스도교 교부들의 가르침을 다음과 같이 요약 정리했다.

> 자선은 그리스도인의 정체성을 보여주는 대표적인 행동이다. 가난한 이에게 베푼 자선은 하느님께 베푼 것이며, 그 자선은 결국 자선을 베푼 사람에게 되돌아온다. 하느님께서 고스란히 되돌려주시기 때문이다. 부자들이 가난한 이들과 나누지 않는 것은 도둑질이나 강도짓을 하는 것과 같다. 부자들에게 남아 있는 잉여물은 가난한 이들에게는 필수품이기 때문이다. 그 누구도 자선을 실천할 의무에서 면제될 수는 없다. 아무리 가난해도 냉수 한 잔은 대접할 수 있기 때문이다. 부자와 라자로의 비유에서 알 수 있듯이, 부자가 하느님의 구원을 받지 못한 것은 남의 재물을 빼앗거나 간음했기 때문이 아니라 살아생전에 자비를 베풀지 않았기 때문이다. 자선을 실천할 기회는 하느님의 은총을 받을 기회이면서 동시에 구원을 받을 기회다.

여기서는 교부 성 암브로시우스St. Ambrose의 「나봇 이야기On Naboth」 58항과 「성직자의 의무On the Duties of the Clergy」 39항의 가르침을 인용한다.

「나봇 이야기」 58항

가난한 이들에게 베푼 것은 유익하다. 줄어든 만큼 얻을 것이기 때문이다. 가난한 이들에게 준 음식을 당신 자신도 먹는 것이다. 가난한 이들에게 자비를 베푸는 사람은 스스로를 먹이는 것이고, 이 안에는 이미 열매가 들어있다. 자비는 땅에 뿌리지만 하늘에서 싹이 트고, 가난한 이들 안에 심지만 하느님 앞에서 자라난다. 하느님은 "내일 주겠다고 하지 말라"고 말씀하신다. "내일 주겠다"라고 말하지 못하게 하시는 분께서 어떻게 "나는 주지 않겠다"라고 말하도록 허락하시겠는가?

가난한 이들에게 자선을 베푸는 것은 당신 자신의 재산에서 주는 것이 아니라, 원래 그들에게 정당하게 속한 것을 되돌려주는 것이다. 모든 사람에게 사용하라고 주어진 것을 당신이 독점적으로 사용하기 때문이다. 땅은 부유한 이들의 것이 아니라 모든 사람의 것이다. 땅을 가는 이들의 수보다 오히려 갈지 않는 이들의 수가 적다. 그러므로 당신은 빚을 갚는 것이지, 빚지지 않은 것을 주는 것이 아니다. 그러므로 성경은 당신에게 말한다. 가난한 이에게 당신의 영혼을 기울이고, 빚진 것을 갚으며, 온화한 말로 그에게 대답하라.

「성직자의 의무」 39항

더욱이, 당신은 그에게 준 것보다 더 많은 것을 받는다. 왜냐하면 그가 당신의 구원에 대해 빚을 지기 때문이다. 당신이 헐벗은 자를 입히면, 당신 자신을 의로움으로 입히는 것이다. 당신이 낯선 이를 집에 데려오고, 궁핍한 자를 도우면, 그는 당신에게 성도들의 우정과 영원한 거처를 제공해줄 것이다. 이는 결코 작은 보상이 아니다. 당신은 지상의 것을 심고 하늘의 것을 받는다. 욥은 이렇게 말했다. "나는 눈먼 이에게 눈이 되고 다리 저는 이에게 다리가 되어주었지. 가난한 이들에게는 아버지였고 알지 못하는 이의 소송도 살폈지"(욥기 29,15-16).

(2) 가톨릭 사회 고지의 가르침

심현주(2009)[14]는 저서 『그리스도교 사회윤리 기초』에서 '교도권의 사회 고지'를 제2차 바티칸 공의회 이전과 이후로 나누어 일목요연하게 정리했다. 여기서는 이 정리를 토대로 가톨릭 교도권의 사회 고지의 가르침을 간략하게 인용할 것이며, 이와 별도로 베네딕토 16세 교황과 프란치스코 교황의 회칙을 추가하여 설명할 것이다.

〈표 2〉에서 14개의 문헌(사회회칙 12개, 공의회 문헌 1개, 사회교리 문헌 1개)의 가르침을 비교했다. 「지상의 평화」를 시작으로, 14개 문헌 가운데 10개의 문헌이 '선의의 모든 사람 all people of good will'을 반포 대상에 포함함으로써 그리스도인뿐만 아니라 전 세계 모든 사람에게 동참을 호소하고 있다. 특히 세계적 환경 악화를 다루는 회칙 『찬미받으소서』는 '모든 이 every person'를 대상으로 '우리 공동의 집 our common home'에 관해 '모든 이 all people'와 대화하고자 한다(3항).

이제부터 우리의 주제인 굶주림(식량 문제 포함)에 집중하여 이와 직접 관련된 9개의 문헌을 중심으로 설명하되, 필요한 경우 다른 문헌도 언급할 것이다.

표 2. 가톨릭 교도권의 사회 고지의 가르침 비교

저자	문헌명 및 연도	선의의 사람들 포함	굶주림/식량 언급	비고
레오 13세	회칙 『새로운 사태』,[15] 1891년	×	×	첫 사회회칙
비오 11세	회칙 『사십주년』,[16] 1931년	×	×	보조성 원리
요한 23세	회칙 『어머니요 스승』,[17] 1961년	×	○	연대성/굶주림 언급
	회칙 『지상의 평화』,[18] 1963년	○	○	선의의 사람들 포함
제2차 바티칸 공의회	공의회문헌 『사목헌장』,[19] 1965년	○	○	하느님의 백성 언급
바오로 6세	회칙 『민족들의 발전』,[20] 1967년	○	○	전 세계적 차원
	회칙 『팔십주년』,[21] 1971년	×	×	관찰-판단-실천 제시
요한 바오로 2세	회칙 『노동하는 인간』,[22] 1981년	○	×	노동윤리의 본질
	회칙 『사회적 관심』,[23] 1987년	○	○	가난한 이를 위한 선택
	회칙 『백주년』,[24] 1991년	○	×	전체주의 우려
교황청 정의평화위원회	사회교리 문헌 『간추린 사회교리』,[25] 2004년	○	○	사회교리 핵심 정리
베네딕토 16세	회칙 『진리 안의 사랑』,[26] 2009년	○	○	사랑으로 공동선 촉구
프란치스코	회칙 『찬미받으소서』,[27] 2015년	○	○	생태 관련 사회회칙
	회칙 『모든 형제들』,[28] 2020년	○	○	형제애/사회적 우애

『새로운 사태Rerum Novarum』는 가톨릭의 첫 사회회칙으로서, 산업노동자의 빈곤에 관한 사회문제를 다룬다.

『사십주년Quadragesimo Anno』은 전체주의적 이데올로기에 반대하면서 보조성 원리를 강조한다.

『어머니요 스승Mater et Magistra』은 신생국 사회의 발전, 사회 문제의 국제화, 발전 문제와 농업 문제를 언급하면서 연대성 원리를 강조한다. 굶주림/식량과 관련하여 다음과 같이 언급한다.

> "나라에 따라 원시적 농법을 사용하여 국민을 먹일 만큼 충분한 식량을 생산할 수 없는 곳이 있는 반면에, 현대적 농법을 사용하여 경제에 부정적 영향을 미칠 만큼 과잉의 식량을 생산하는 곳도 있다(154항). 따라서 인류는 연대와 형제애로 가능한 한 이러한 불일치를 제거해야 한다(155항). 연대는 모든 이를 공동 가족의 구성원으로 묶음으로써 부유한 국가가 가난한 국가의 굶주림을 무심하게 볼 수 없게 한다(157항)."

『지상의 평화Pacem in Terris』는 '가톨릭 사회론의 인권 헌장'이라고 일컬어지며, 특별히 회칙 11항에서 생명에 대한 인간의 권리를 설명하면서 음식에 대한 권리를 강조하고 있다.

『사목헌장Gaudium et Spes』은 굶주림이나 빈곤에 대해 다음과 같이 언급한다.

"인류가 부, 자원, 경제력의 풍요를 이처럼 누린 적은 없었지만, 세계 시민의 상당수는 여전히 굶주림과 빈곤에 시달리고 있으며(4항), 그들은 더 나은 처지에 있는 사람들에게 요청한다(9항). 모든 사회 집단은 다른 집단의 요구와 합법적 열망, 심지어 인류 전체의 일반적 복지도 고려해야 한다. 모든 사람이 진정으로 인간적인 삶을 사는 데 필요한 모든 것, 예를 들어 음식에 대한 권리가 보장되어야 한다(26항)."

『민족들의 발전 Populorum Progressio』은 사회윤리의 논점을 전 세계적 차원으로 확장하면서 굶주림에 대해 다음과 같이 지적한다.

"오늘날 사회 문제는 전 세계인을 하나로 묶고 있다. 굶주린 나라는 풍요로운 나라에 부르짖고, 교회는 형제의 간청에 사랑으로 답하라고 요청한다(3항). 불균형은 날이 갈수록 깊어져 어떤 나라는 식량을 과잉 생산하는 반면, 다른 나라는 식량이 절실하다(8항). 유엔식량농업기구(FAO)와 가톨릭 국제 카리타스가 전 세계에서 활동하고 있지만(46항), 이러한 노력과 공적 및 사적 기부금, 대출 및 투자 할당만으로는 충분하지 않다. 이것은 단순히 굶주림을 줄이는 문제가 아니라 인간적인 삶을 살 수 있는 인간 공동체를 건설하는 것을 의미한다. 그리스도를 따른다고 공언하는 사람은 모두 그분의 간청에 귀를 기울이기를 바란다. '내가 굶주렸을 때에 먹을 것을 주었다'(74항)."

『사회적 관심 Sollicitudo Rei Socialis』은 '가난한 이들을 위한 선택'과 '죄의 구조'를 다루면서 기아나 빈곤과 관련하여 다음과 같이 언급한다.

"교회는 고통받는 사람들의 비참함을 덜어주어야 하며, 단순히 교회의 '남는 것abundance'만이 아니라 교회의 '요긴한 것necessities'도 사용해야 한다. 이 회칙에서 '가난한 이들을 위한 선택' 또는 '가난한 이들을 위한 우선적인 사랑'은 그리스도교 사랑의 실천에서 그편을 먼저 선택하는 특별한 형태의 우선을 말하는 것으로, 교회의 전통 전체가 이에 관한 증거를 갖고 있다. 이렇게 굶주리고 가난한 이들의 현실적 존재를 무시하는 것은 '부자'가 거지 라자로를 모르는 체하는 바와 다를 것 없다(루카 16,19-31). 이 세상의 재화는 원래부터 모든 사람을 위한 것이다. 사유재산권은 유효하고 필요하지만, 그것이 이 원칙의 가치를 없애지 못한다(42항)."

『간추린 사회교리Compendium of the Social Doctrine of the Church』에서는 굶주림에 대해 이렇게 탄식한다(5항).

"'어떻게 오늘날에도 굶주림으로 죽어가는 사람들이 있다는 말인가?' 음식, 주거, 노동, 교육, 문화와 교통, 기본적인 의료 혜택, 커뮤니케이션과 표현의 자유, 종교의 자유 등은 인간의 권리다(166항). 오늘날에는 가난한 이들에 대한 우선적인 사랑과 거기서 영감을 받아 내리는 결정은 당연히 수많은 굶주리는 모든 이를 대상으로 할 수밖에 없다(182항)."

『진리 안의 사랑Caritas in Veritate』에 대한 심현주의 연구(2010)[29]에 따르면, 교회는 세계화가 던지는 시급한 현안들에 대해 응답하면서, 세계의 공동선을 위해 예수님의 핵심 계명 '사랑'을 사회 참여의 신앙적 동기로 강조한다. 부르심은 자유와 책임을 요구한다. 굶주린 민족이 풍요로운 민족에게 절박한 호소를 하는 것은 자유로운 주체가 다른 자유로운 주체에게 공동 책임의 수용을 촉구하는 부르심이다(17항).

가난한 나라들은 식량 부족으로 대단히 불안정하며, 상황은 더 악화될 수 있다. 굶주림은 라자로와 같이 부자의 식탁에 앉지 못하는 많은 사람 사이에서 수많은 희생자를 낳고 있다. "굶주린 자에게 먹을 것을 주라"(마태 25,35-42)는 것은 보편 교회가 그 창시자이신 주 예수의 연대와 나눔에 대한 가르침에 응답하는 도덕적 의무다(27항).

세계의 기아 종식은 세계화 시대에 지구의 평화와 안정을 지키기 위한 것이다. 물질적 자원 부족보다 사회적 자원 부족이 기아에 더 큰 영향을 끼치며, 가장 중요한 사회적 자원은 제도적 자원이다. 식량 불안정 문제는 장기적 관점에서 해결되어야 하며, 구조적 원인을 제거하고 농업 발전을 촉진해야 한다(27항).

『찬미받으소서 Laudato Si'(이하 'LS'라고 부름)』는 회칙 반포 이래 기후변화 관련 행동의 영성적·윤리적 원천으로서, 세계교회협의회 등 종교인들은 물론 일반인들에게도 적극적으로 환영받았다. 왜 그랬을까? LS를 특별하게 만든 여러 요인을 몰리나와 마구이 페레즈-가리도 Molina & Magui Perez-Garrido(2022)[30]는 다음과 같이 세 가지로 꼽았다.

첫째, 사회적·정치적 환경 때문이다. 2015년에는 기후변화를 둘러싼 논란과 대중의 허위 정보가 상당했는데, 과학자들의 경고에도 국가적 및 국제적 거버넌스는 별다른 조치를 하지 않았다. 이런 시기에 LS가 반포되어 주목받게 된 것이다.

둘째, 종교 지도자인 프란치스코 교황이 생태신학을 기반으로 과학적이고 전체론적 관점에서 다양하게 핵심 문제에 깊이 있게 대처했기 때문이다. 교황 프란치스코는 영적 리더십이 글로벌 지속가능성 의제를 발전시키는 근본적인 역할을 할 수 있음을 보여주었다.

셋째, LS는 객관적 결과를 검증하는 교황청 과학아카데미 및 교황청 사회과학아카데미의 과학적 보고서에 기반을 두고 있기 때문이다. 사회환경 문제에 대한 인식 제고, 환경 이해 증진, 윤리적 성찰 촉진, 정책 지침을 위한 학제 간 대화 촉진 등에서 두 기관은 중요한 역할을 했다.

프란치스코 교황은 2015년 9월 25~30일에 개최된 제70차 유엔총회 연설에서 특히 환경의 중요성을 강조하며 "인류에게는 환경을 파괴하거나 남용할 권리가 없다"고 말했다. 유엔총회는 새로운 글로벌 지속가능발전목표Sustainable Development Goals: SDGs를 채택했다. 다행스럽게, 그리고 엄연히 먹을거리 문제는 SDGs 목표 2에 'Zero Hunger'라는 주제로 자리했다. 기후변화 대처는 인류의 생존을 위한 것이고, 먹을거리 없이는 생존할 수 없기에 기후변화의 핵심에 'Zero Hunger'가 자리할 수밖에 없다.

2015년 11월 30일에서 12월 12일에 개최된 제21차 유엔기후변화협약 당사국총회Conference of Parties: COP21에서 파리협정Paris Agreement(이하 'PA'라고 부름)이 체결되었다. PA의 내용은 지구 평균기온 상승을 산업화 이전 대비 2℃보다 상당히 낮은 수준으로 유지하고, 1.5℃로 제한하기 위해 노력한다는 것이다. PA에서도 식량안보와 기아 종식을 기본적인 우선순위로 확인하고, 기후변화의 부정적 영향에 식량생산 시스템이 특별히 취약함을 인식하며, 식량생산을 위협하지 않는 방식으로 기후 회복력과 저탄소 개발을 촉진한다.

　*LS*가 2015년 SDGs 채택과 PA 체결에 직간접적으로 중요하게 기여했음이 분명하다. 이처럼 2015년은 *LS* 반포, SDGs 통과, PA 체결이라는 세 가지가 동시에 이루어진 뜻깊은 해다. 그러나 9년이 지난 2014년 현재, 실천은 더디고 전망은 어둡다. 2030년까지 달성하겠다던 SDGs는 겨우 17% 달성했고, 2050년까지 지키겠다던 1.5℃는 물론 2.0℃도 달성하기 어렵다. 코로나19, 러시아-우크라이나 전쟁, 이스라엘-하마스 전쟁 등 외적 요인의 영향도 크지만, 트럼프 대통령의 PA 재탈퇴 선언 등으로 세속화되어가는 세계는 공동의 집의 염원에서 점점 멀어져가고 있다.

　*LS*는 우리의 생명 유지에 필수적인 공기, 물, 음식 가운데 기후변화와 관련이 깊은 공기와 물을 주로 다루고, 먹을거리 문제는 음식물쓰레기(50항) 위주로 다루었다. *LS*는 SDGs의 목표 13인 기후행동Climate Action, 곧 기후변화와 그 영향에 맞서기 위한 긴급대응에 집중했다. 만약 먹을거리나 원조에 초점을 맞추어 호소했다면, 전 세계인의 관심을 끌지 못했을 것이다. *LS*는 생태학적 영성과 생태학적 회심, 곧 자연 세계를 향한 우리의 태도와 행동에 획기적인 변화의 필요성을 강조한다(216-218항).

　『모든 형제들*Fratelli Tutti*』은 형제애fraternity와 사회적 우애social friendship에 관한 사회회칙이다. 교황은 정치 위기, 불의의 상황, 천연자원의 불공평한 분배, 가난과 굶주림으로 수백만 아동의 목숨을 앗아간 위기에 직면하여 국제적으로 침묵만 지키는 현실은 결코 용납될 수 없다고 지적한다. 많은 발전이 우리를 매료시켰지만, 이러한 광경 앞에서 참으로 우리는 인간다운 항로(미래)를 발견할 수 없다고 말한다(29항). 기아와 관련하여 가장 기본적인 인권의 세계화를 언급하면서, 세계 정치가 효과적인 기아 근절을 자신의 근본적이고 으뜸가는 목표들 가운데 하나로 삼아야 한다고 말한다.

"금융 투기가 식량을 상품으로 취급하며 식량 가격을 좌우할 때 수백만 명이 굶주림으로 고통받고 죽어가는데도 상당량의 음식이 버려지고 있다. 이는 참으로 부끄러운 일이고, 기아는 범죄다. 음식은 결코 양도할 수 없는 권리다(189항)."

5) 기아에 대한 세상의 윤리적 가르침

서론에서 언급한 장 지글러의 의견처럼 인간의 의식 변화에 희망이 있다. 그러려면 무엇보다 타자의 굶주림에 대한 우리 자신의 윤리적 태도와 자세를 되돌아볼 필요가 있다. 아주 적절하게 나이젤 다우어 Nigel Dower(1996)[31]가 지적한 굶주림에 대한 우리의 윤리적 딜레마를 살펴보자. 그의 논문은 "기아는 왜 존재하는가? 우리가 막지 않아서? 아니면 막을 수 없어서?"라는 질문으로 시작한다. 나이젤 다우어는 "전 세계적 굶주림 종식은 국제기구, 각국 정부, 시민에게 달려있는데, 국제기구의 활동은 각국 정부의 지원에 달려있고, 정부의 활동은 시민의 원의願意에 달려있다"고 지적한다. 한마디로 굶주림 종식은 시민이 타자의 굶주림 앞에서 어떻게 행동하기를 원하느냐에 달려있다는 것이다.

무엇보다 먼저 굶주림에 대한 가치 판단이 필요하다. 나이젤 다우어에 따르면 굶주림은 악evil이다. 굶주림은 인간의 웰빙human well-being을 이루지 못하게 하는 악이고, 긴급한 요구이면서도 음식만 제공하면 피할 수 있는 악이다. 굶주림에 대한 사람들 반응의 저변에 굶주림에 대한 가치 판단이 있다. 굶주림에 대해 시민은 첫째, 굶주림 해소를 위해 도울 의무가 없다는 반응을 보일 수 있고, 둘째, 최선을 다해 도와야 한다는 반응을 보일 수 있으며, 셋째, 도울 의무가 있지만 부담스럽다는 반응을 보일 수 있는데, 굶주림을 '악'으로 보는지, 어느 정도의 악으로 보는지에 따라 반응이 달라질 수 있다.

나이젤 다우어는 도울 의무가 없다는 반응은 경제적 자유주의자economic libertarian들의 반응이라는 것 외에는 더는 언급하지 않는다. 그러나 그레고리 롭슨Gregory Robson(2024)[32]은 "타자에 대한 도움, 곧 원조는 개인적 선택이지 윤리적 의무가 아니"라고 주장하는 로버트 노직Robert Nozick의 사상을 그리스도교의 관점에서 비판했다. 이 시점에서 자유주의자라도, 특히 그리스도교인이라면 그레고리 롭슨(2024)의 비판에 귀 기울일 필요가 있다.

그레고리 롭슨은 사유재산의 목적과 가치에 대한 그리스도교의 생각과 공동선의 중요성을 강조하면서, 교황 레오 13세(1891)의 회칙 『새로운 사태Rerum Novarum』를 예로 들었다. 회칙에서 교황은 사유재산을 소유하고 관련 계약을 맺을 자유가 중요한 이유는 자신의 합리적 본성을 완전하게 하는 삶의 계획을 세울 자유가 중요하기 때문이라고 말했다. 더욱이 그레고리 롭슨은 "최소 국가를 넘는 국가는 사람들의 권리를 침해한다"는 노직의 주장이 가톨릭의 보조성 원리를 위반한다고 지적했다.

최선을 다해 돕겠다는 사람들은 물론, 도울 의무는 인정하지만 부담스럽다는 사람들에게도 굶주림과 자선 행위에 대한 합리적 기준이 필요하다. 나이젤 다우어는 굶주림에 대한 현시대의 윤리적 가르침을 칸트의 의무론적 접근, 피터 싱어의 공리주의적 접근, 아리스토텔레스의 기능적 혹은 복지적 접근, 헨리 슈에Henry Shue의 인권적 접근, 롤스의 정의론적 접근 등으로 구분하여 설명한다. 비록 이 이론들이 완전할 수는 없지만, 굶주림과 자선 행위에 대한 기준을 제공한다고 볼 때 긍정적이다.

· 3 ·

먹음의 회개와 음식에 대한
윤리와 영성

2024년 현재, 세계의 지속가능발전목표 가운데 2030년까지 달성 가능한 것은 17%에 불과하고, 여전히 기아와 영양실조가 만연하여 목표 2의 달성도 요원한 실정이다. 따라서 SDGs 이행과 목표 2를 달성하기 위해서는 전 세계적으로 시급하고도 집중적인 노력이 필요하다. 2024년 한국의 전체 SDGs 추진 실적 점수는 77.3점, 순위는 167개국 중 33위로 나타났다. 저소득층이나 고령층 등의 취약계층을 중심으로 영양부족 인구 비율이 증가했으며, 이를 개선하기 위해서는 취약계층의 음식 섭취의 질적 수준을 보장할 필요가 있다.

　가톨릭은 초대 교회 때부터 자선을 중시했으며, 굶주림 문제를 해결하기 위해 국제 카리타스(166개 국가 카리타스로 구성)를 중심으로 실천해 왔다. 카리타스는 기아와 식량 부족의 근본 원인을 찾아 통합적이고 사회적이며 생태적인 인간 개발 비전으로 핵심 문제에 대응하며, 한국 카리타스도 이와 같은 정신으로 활동하고 있다.

초기 그리스도교 교부들은 자선이 그리스도인의 정체성을 보여주는 대표적인 행동이라고 가르쳤다. 성 암브로시우스St. Ambrose는 「나봇이야기On Naboth」에서 "가난한 이들에게 자선을 베푸는 것은 원래 그들에게 정당하게 속한 것을 되돌려주는 것이다"라고 강조했다.

가톨릭은 회칙 『새로운 사태Rerum Novarum』부터 사회문제를 개인윤리가 아닌 사회윤리 차원에서 보기 시작했고, 『지상의 평화Pacem in Terris』부터 회칙 반포 대상을 그리스도인에서 '선의의 모든 사람all people of good will'으로 확대함으로써 전 세계 모든 사람에게 동참을 호소하고 있다.

그리고 『어머니요 스승Mater et Magistra』, 『지상의 평화Pacem in Terris』, 『사목헌장Gaudium et Spes』, 『민족들의 발전Populorum Progressio』, 『사회적 관심Sollicitudo Rei Socialis』, 『간추린 사회교리Compendium of the Social Doctrine of the Church』, 『진리 안의 사랑Caritas in Veritate』, 『찬미받으소서Laudato Si'』, 『모든 형제들Fratelli Tutti』에서 굶주림과 식량 문제를 다루고 있다.

2020년의 회칙 『모든 형제들』에서 교황은 가난과 굶주림으로 수백만 아동이 목숨을 잃는데도 국제적으로 침묵만 지키는 것은 용납할 수 없다고 지적한다. 기아와 관련하여 가장 기본적인 인권의 세계화를 언급하면서, 세계 정치가 효과적인 기아 근절을 자신의 근본적이고 으뜸가는 목표들 가운데 하나로 삼아야 한다고 말한다. 한쪽은 굶주림으로 죽어가고, 한쪽은 음식을 버리는 것은 참으로 부끄러운 일이다. 기아는 범죄이고, 음식은 권리다.

기아 종식은 국제기구, 각국 정부, 시민에게 달려있고, 국제기구의 활동은 각국 정부의 지원에 달려있으며, 정부의 활동은 시민의 원의願

意에 달려있다. 한마디로 타자의 굶주림에 대한 우리 자신의 윤리의식에 달린 것이다. 윤리적 가르침은 칸트의 의무론적 접근, 싱어의 공리주의적 접근, 아리스토텔레스의 기능적 혹은 복지적 접근, 헨리 슈에 Henry Shue의 인권적 접근, 롤스의 정의론적 접근 등에서 배울 수 있다.

크리파 등(Crippa et al, 2021)[33]은 2015년 전 세계 식량 시스템이 전체 온실가스 배출의 34%(3분의 1)를 차지한다고 보고했다. 따라서 화석 연료 배출이 즉시 중단된다 해도 전 세계 식량 시스템은 파리협정의 목표 달성을 방해할 것이다. 아쉽게도 이 연구 결과는 『찬미받으소서』 반포 이후인 2021년 발표되었기에 교황청의 두 연구기관(과학아카데미 및 사회과학아카데미)은 몰랐을 것이다. 오히려 『찬미받으소서』 발표가 이 연구를 촉진했을 수도 있다.

이러한 '경고성 통계'는 지속불가능한 식량 시스템이 인간의 건강과 환경 지속가능성 모두에 위협을 가하고 있음을 강조한다. 간단히 말해, 우리가 음식물을 생산하고 소비하는 방식이 사람과 지구 모두에게 글로벌 위험을 초래한다는 것이다. 그런데도 식량 시스템의 온실가스 배출량 감축의 중요성은 덜 주목받아왔는데, 이는 아마도 이러한 배출이 인류를 먹여살리는 데 불가피한 환경 비용인 것처럼 보이기 때문일 것이다. 따라서 우리는 『찬미받으소서』에서 요구하는 '생태적 회개'뿐 아니라, SDGs 목표 2 달성을 위해 '먹음의 회개'도 필요하다는 것을 깨닫게 된다.

값비싼 음식을 탐식하는 것보다 오히려 내 문화에 알맞고 사람의 도리, 즉 윤리에 걸맞은 음식을 먹는 것이 음식의 멋이고, 인간의 멋이다. 인간의 존엄성dignity은 음식을 제대로 품위 있게 먹을 때 지켜진다.

역으로, 이렇게 먹을 때 지구도 지킬 수 있고 가난한 이웃도 살릴 수 있다. 이 지점에서 음식에 대한 '윤리'와 '영성'이 중요해진다. 특히 전 세계 인구의 1/3을 차지하는 가톨릭인과 동료 그리스도인이 깊이 성찰해야 할 부분이다. "SDGs 목표 2, 기아 종식을 넘어 Beyond SDGs Goal 2, Zero Hunger!" 이제 음식에 대한 윤리와 영성이 우리 가톨릭인의 목표가 되어야 한다.

가난한 이의 호소

집회 4,1-6

[1]애야, 가난한 이의 살길을 막지 말고 궁핍한 눈들을 기다리게 하지 마라. [2]배고픈 사람을 서럽게 하지 말고 곤경에 빠진 사람을 화나게 하지 마라. [3]화난 마음을 더 이상 괴롭히지 말고 없는 이에게 베푸는 일을 미루지 마라. [4]재난을 당하여 호소하는 이를 물리치지 말고 가난한 이에게서 네 얼굴을 돌리지 마라. [5]애걸하는 이에게서 눈을 돌리지 말고 그에게 너를 저주할 빌미를 주지 마라. [6]그가 비참한 삶 속에서 너를 저주하면 그를 만드신 분께서 그의 호소를 들어 주시리라.

EPILOGUE

이 시점에서 음식의 존재 의미를 다시 살펴볼 필요가 있다. 굶주림이 해결된다고 인간이 저절로 행복해지지는 않는다. 흔히 생각하는 음식의 양, 맛, 영양, 안전성만으로는 인간의 행복을 논하기 어렵다. '피지스physis'로서의 음식에 사로잡힌 상태는 '노예'에 가깝다.

음식은 공동체 안에서 만들고, 팔고, 먹는 공동체적인 것이다. 따라서 '피지스'로서의 음식보다 '노모스nomos'로서의 음식을 중시할 때, 다시 말해 음식이 공동체의 문화와 윤리를 지닐 때, 음식은 맛과 함께 멋을 지니게 되고, 그런 음식을 먹는 인간도 행복해질 수 있다. 음식을 멋있게 먹는 사람은 삶을 멋있게 사는 사람이다.

음식은 공동체의 역사와 문화 안에 존재하므로 로컬local 속성을 띤다. 최근 전 세계적 글로벌global 문화가 로컬local 문화에 파고들면서 '글로컬glocal'이라는 용어가 등장했다. 글로컬은 로컬보다 글로벌에 우선순위가 있다는 뜻이다. 그렇게 하다 보면 로컬 음식문화가 파괴되거나 존립하기 힘들어진다. 그런데 음식은 한 민족의 정체성을 나타내므로 글로벌보다 로컬에 우선순위를 두어야 한다. 곧, '로벌lobal' 음식문화라고 불러야 옳다.

음식윤리는 원래 개인이나 소공동체에 적용되는 미시윤리다. 이것이 국가 정도의 범위에 적용되면 중형윤리가 된다. 하지만 현시대에 우리가 언급하는 음식윤리는 전 세계적으로 적용되어야 하는 거시윤리다. 전 세계적 교역 대상인 음식을 거시적으로 다루지 않으면 음식으로 인해 생기는 'Zero Hunger' 같은 과제들을 해결할 수 없기 때문이다.

'지속가능한 발전Sustainable Development'이 우리의 주제이지만, 지속가능성은 자연을 대상으로 하고 발달은 인간을 대상으로 한다. 즉, 서로 다른 목표를 지닌다. 따라서 어느 쪽에 무게중심을 둘 것인가는 각국 국민과 위정자들의 선택에 달려있다. 지속가능 5 vs. 발전 5일 수도 있고, 지속가능 7 vs. 발전 3일 수도 있으며, 지속가능 3 vs. 발전 7일 수도 있다. 만약 "우리나라 먼저My country first!"를 주장한다면 지속가능 0 vs. 발전 10을 택하는 셈이다. 어느 것을 선택할 것인가?

미주

1. Angel F. Mendez-Montoya, *Theology of Food: Eating and the Eucharist*, Chichester: Wiley-Blackwell, 2012, pp. 39-44.

2. 토머스 J. 바세트, 알렉스 윈터-넬슨, 『세계 굶주림 지도: 당신이 몰랐던 기아의 진실』, 장상미 역, 동녘, 2013, 11-25쪽, 272-280쪽.

3. David Hulme, *Should Rich Nations Help the Poor? Summary*, Polity Press, 2016. https://www.jica.go.jp/Resource/jica-ri/news/topics/l75nbg000004zk80-att/should_rich_nations_summary20160829.pdf

4. 장 지글러, 『왜 세계의 절반은 굶주리는가』, 유영미 역, 갈라파고스, 2017, 12-37쪽.

5. United Nations, *The Sustainable Development Goals Report 2024*, 2024. https://unstats.un.org/sdgs/report/2024/The-Sustainable-Development-Goals-Report-2024.pdf

6. The SDGs and the UN Summit of the Future, *Sustainable Development Report 2024*, 2024. https://s3.amazonaws.com/sustainabledevelopment.report/2024/sustainable-development-report-2024.pdf

7. 통계청 지표누리 국가발전지표, 「비만율」, 2023. https://www.index.go.kr/unify/idx-info.do?idxCd=4239

8. Sylvain Bonhommeaua, Laurent Dubrocab, Olivier Le Papec, Julien Bardeb, David M. Kaplanb, Emmanuel Chassotb, and Anne-Elise Nieblas, "Eating up the world's food web and the human trophic level," *PNAS*, 110(51), 2013: 20617-20620.

9. 통계청 통계개발원, 「한국의 SDG 이행보고서 2024」, 2024. https://kostat.go.kr/board.es?mid=a90107000000&bid=12317&act=view&list_no=430091&tag=&nPage=1&ref_bid=

10. 이정인, 「로렌츠 베르트만 신부(Lorenz Werthmann)와 카리타스의 역사적 설립배경과 과정」, *The Journal of Caritas Social Welfare Research*, 17/2(2022): 63-86.

11. Cardinal Luis Antonio G. Tagle, Archbishop of Manila, President of Caritas Internationalis, *FAO speech: The Problem of Food Loss-Challenges from the Catholic Social Teaching and Responses from Caritas*, 2019. https://www.medbox.org/document/fao-speech-the-problem-of-food-loss-challenges-from-the-catholic-social-teaching-and-responses-from-caritas

12 Susan R. Holman, "Patristic Christian views on poverty and hunger," *Journal of Lutheran Ethics*, 10(6), 2010: 1-4.

13 노성기, 「자선에 대한 교부들의 가르침」, 『신학전망』 175, 2011, 278-305쪽.

14 심현주, 『그리스도교 사회윤리 기초』, 분도출판사, 2009, 67-78쪽, 117-119쪽.

15 The Holy See, *Rerum Novarum*, 1891. https://www.vatican.va/content/leo-xiii/en/encyclicals/documents/hf_l-xiii_enc_15051891_rerum-novarum.pdf

16 The Holy See, *Quadragesimo Anno*, 1931. https://www.vatican.va/content/pius-xi/en/encyclicals/documents/hf_p-xi_enc_19310515_quadragesimo-anno.pdf

17 The Holy See, *Mater et Magistra*, 1961. https://www.vatican.va/content/john-xxiii/en/encyclicals/documents/hf_j-xxiii_enc_15051961_mater.html

18 The Holy See, *Pacem in Terris*, 1963. https://www.vatican.va/content/john-xxiii/en/encyclicals/documents/hf_j-xxiii_enc_11041963_pacem.html

19 The Holy See, *Gaudium et Spes*, 1965. https://www.vatican.va/archive/hist_councils/ii_vatican_council/documents/vat-ii_const_19651207_gaudium-et-spes_en.html

20 The Holy See, *Populorum Progressio*, 1967. https://www.vatican.va/content/paul-vi/en/encyclicals/documents/hf_p-vi_enc_26031967_populorum.html

21 The Holy See, *Octogesima Adveniens*, 1971. https://www.vatican.va/content/paul-vi/en/apost_letters/documents/hf_p-vi_apl_19710514_octogesima-adveniens.html

22 The Holy See, *Laborem Excercens*, 1981. https://www.vatican.va/content/john-paul-ii/en/encyclicals/documents/hf_jp-ii_enc_14091981_laborem-exercens.pdf

23 The Holy See, *Sollicitudo Rei Socialis*, 1987. https://www.vatican.va/content/john-paul-ii/en/encyclicals/documents/hf_jp-ii_enc_30121987_sollicitudo-rei-socialis.pdf

24 The Holy See, *Centesimus Annus*, 1991. https://www.vatican.va/content/john-paul-ii/en/encyclicals/documents/hf_jp-ii_enc_01051991_centesimus-annus.pdf

25 The Holy See, *Compendium of the Social Doctrine of the Church*, 2004. https://www.vatican.va/roman_curia/pontifical_councils/justpeace/documents/rc_pc_justpeace_doc_20060526_compendio-dott-soc_en.html

26 베네딕토 16세 교황, 『진리 안의 사랑: 교황 베네딕토 16세의 회칙』, 한국천주교주교회의, 2009.

27 프란치스코 교황, 『찬미받으소서: 프란치스코 교황 회칙』, 한국천주교중앙협의회, 2015.

28 프란치스코 교황, 『모든 형제들: 프란치스코 교황 회칙』, 한국천주교주교회의, 2021.

29 심현주, 「진리 안의 사랑과 가톨릭 사회론」, 『신학전망』 168, 2010, 2-28쪽.

30 M. Carmen Molina and Magui Perez-Garrido, "*LAUDATO SI*' and its influence on sustainable development five years later: A first look at the academic productivity associated to this encyclical," *Environmental Development*, 43, 2022: 100726.

31 Nigel Dower, "Global hunger: moral dilemmas," in *Food Ethics*, Ben Mepham (ed.), London: Routledge, 1996, pp. 1-17.

32 Gregory Robson, Christianizing Nozick, *The Independent Review*, 29(2), 2024: 289-302.

33 M. Crippa, E. Solazzo, D. Guizzardi, F. Monforti-Ferrario, F. N. Tubiello, and A. Leip, "Food systems are responsible for a third of global anthropogenic GHG emissions," *Nature Food*, 2, 2021: 198-209.

참고문헌

노성기. 「자선에 대한 교부들의 가르침」. 『신학전망』 175, 2011: 278-305.

베네딕토 16세 교황. 『진리 안의 사랑: 교황 베네딕토 16세의 회칙』. 한국천주교주교회의, 2009.

심현주. 「『진리 안의 사랑』과 가톨릭 사회론」, 『신학전망』 168, 2010: 2-28.

_____. 『그리스도교 사회윤리 기초』. 분도출판사, 2009.

이정인. 「로렌츠 베르트만 신부(Lorenz Werthmann)와 카리타스의 역사적 설립배경과 과정」, The Journal of Caritas Social Welfare Research, 17(2), 2022: 63-86.

장 지글러. 『왜 세계의 절반은 굶주리는가』. 유영미 역, 갈라파고스, 2017.

토머스 J. 바세트, 알렉스 윈터-넬슨. 『세계 굶주림 지도: 당신이 몰랐던 기아의 진실』. 장상미 역, 동녘, 2013.

프란치스코 교황. 『모든 형제들: 프란치스코 교황 회칙』. 한국천주교주교회의, 2021.

_____. 『찬미받으소서: 프란치스코 교황 회칙』. 한국천주교중앙협의회, 2015.

프란치스코 교황, 카를로 무쏘. 『희망: 프란치스코 교황 공식 자서전』. 이재협 외 역, 가톨릭출판사, 2025.

통계청 지표누리 국가발전지표. 「비만율」. 2023. https://www.index.go.kr/unify/idx-info.do?idxCd=4239

통계청 통계개발원. 「한국의 SDG 이행보고서 2024」. 2024. https://kostat.go.kr/board.es?mid=a90107000000&bid=12317&act=view&list_no=430091&tag=&nPage=1&ref_bid=

Aesop. *Aesop's Fables: Wordsworth Children's Classics*. Wordsworth Editions Ltd., 1994.

Bonhommeaua, S., Dubrocab, L., Le Papec, O., Bardeb, J., Kaplanb, D. M., Chassotb, E., and Nieblas, A. "Eating up the world's food web and the human trophic level," *PNAS*, 110(51), 2013: 20617-20620.

Cardinal Luis Antonio G. Tagle, Archbishop of Manila, President of Caritas Internationalis. *FAO speech: The Problem of Food Loss-Challenges from the Catholic Social Teaching and Responses from Caritas*. 2019. https://www.medbox.org/document/fao-speech-the-problem-of-food-loss-challenges-from-the-catholic-social-teaching-and-responses-from-caritas

Crippa, M., Solazzo, E., Guizzardi, D., Monforti-Ferrario, F., Tubiello, F. N., and Leip, A. "Food systems are responsible for a third of global anthropogenic GHG emissions," *Nature Food*, 2, 2021: 198-209.

Dower, N. "Global hunger: moral dilemmas," in *Food Ethics*, Ben Mepham (ed.), London: Routledge, 1996, pp. 1-17.

Holman, S. R. "Patristic Christian views on poverty and hunger," *Journal of Lutheran Ethics*, 10(6), 2010: 1-4.

Hulme. D. *Should Rich Nations Help the Poor? Summary*. Polity Press, 2016. https://www.jica.go.jp/Resource/jica-ri/news/topics/l75nbg000004zk80-att/should_rich_nations_summary20160829.pdf

Mendez-Montoya, A. F. *Theology of Food: Eating and the Eucharist*. Chichester: Wiley-Blackwell, 2012.

Molina, M. C. and Perez-Garrido, M. "*LAUDATO SI*' and its influence on sustainable development five years later: A first look at the academic productivity associated to this encyclical", *Environmental Development*, 43, 2022: 100726.

Robson, G., Christianizing Nozick, *The Independent Review*, 29(2), 2024: 289-302.

The Holy See. https://www.vatican.va/

The SDGs and the UN Summit of the Future. *Sustainable Development Report 2024*. 2024. https://s3.amazonaws.com/sustainabledevelopment.report/2024/sustainable-development-report-2024.pdf

United Nations. *The Sustainable Development Goals Report 2024*. 2024. https://unstats.un.org/sdgs/report/2024/The-Sustainable-Development-Goals-Report-2024.pdf

희망 메시지

"가난한 이들, 성모님께서는 가난한 이들의 목소리에 귀 기울이십니다. 가난하고 힘없는 이들의 어머니이시기 때문입니다. 성모님께서는 주님께서 그들을 들어 높이신다는 것을 아십니다. 무엇이 진정 중요한지를 알고 계십니다. 지상 생활 중에 큰 고통을 겪으시면서도 끝까지 섬김의 자세를 잃지 않으셨습니다."

ⓒ 2025 가톨릭출판사, 『희망』, 이재협 외 3인 옮김.

3장

❖

건강하게 살아가고픈 人

심가가

상명대학교 간호학과 교수

많은 병자를 고치시다

마태 15,31

니콜라 푸생, 〈소경의 눈을 고쳐주신 예수님〉, 1650

그리하여 말 못하는 이들이 말을 하고 불구자들이 온전해지고 다리 저는 이들이 제대로 걸으며 눈먼 이들이 보게 되자, 군중이 이를 보고 놀라 이스라엘의 하느님을 찬양하였다.

1

서론:
건강과 웰빙 그리고 건강 불평등

현대사회에서의 건강은 단순히 질병이 없는 상태를 의미하지 않는다. 제2차 세계대전 이후 채택된 세계보건기구WHO(1946)[1]는 건강을 신체적·정신적·사회적으로 양호한 상태, 곧 '웰빙well-being'을 포함하는 다차원적 개념으로 규정했다. 이는 인간 존재의 다양한 측면이 서로 밀접히 연결되어 있다는 점을 강조하며, 건강을 개인적 차원뿐만 아니라 공동체적 차원에서 이해해야 한다는 중요한 시사점을 제시한다. 특히, 가톨릭교회는 건강에 대해 신체적·정신적·사회적·영적 차원을 포괄하는 종합적인 정의를 제시하며 중요성을 강조했다.[2]

건강과 웰빙은 모든 이에게 중요한 주제이지만, 그 정의와 추구 방식은 고정적이지 않다. 누군가에게는 특정한 건강 증진 활동이나 생활 방식이 큰 이익을 가져다줄 수 있지만, 다른 이에게는 오히려 해가 될 수 있다. 이는 건강과 웰빙이 단순한 물리적 상태를 넘어 사회적·경제적 및 문화적 요인에 의해 복잡하게 영향을 받는 개념임을 보여준다. 더 나아가 의료 기술과 공중보건의 눈부신 발전에도 건강 불평등은 여전히 심각한 문제로 남아 있다. 국가와 지역 간, 그리고 사회 경제적 배경에 따른 건강서비스 접근성에서 큰 격차가 나타나기 때문이다. 건강과 웰빙은 단순히 개인적 문제에 그치지 않고, 공동체 내에서의 지속가능한 발전 및 사회정의와도 깊이 연관되어 있음을 시사한다.

가톨릭교회는 오랜 기간 건강과 웰빙 영역에서 중요한 역할을 담당해왔다. 중세 시대 종교적 질서에 의해 설립된 병원들은 오늘날 의료 시스템의 기반이 되었으며, 가난한 이를 돕는 교회의 윤리적 모델을 형성했다. 당시 의료 시스템은 현대처럼 기술적 기반을 갖추지 못했으나, 교회는 인간의 존엄성을 존중하고 자비를 실천하는 데 중점을 두었다. 이러한 가톨릭의 전통은 현재까지 이어져 오늘날 전 세계 가톨릭 병원과 의료 기관 네트워크는 최첨단 의료 기술과 신앙인으로서의 돌봄을 결합하여 공동체와 세계에 기여하고 있다. 특히, 교회는 신체 건강을 돌보는 것을 인간 존엄성의 존중으로 보았으며, 가톨릭 관련 의료 기관들은 단순히 치료를 넘어 예방적 관리와 재활을 중시하는 접근법을 채택했다.[3] 또한, 정신건강과 관련하여 교회의 전통은 심리상담과 사목적 돌봄을 통해 불안, 우울 같은 감정적·심리적 문제를 지지하고 치료하는 데 기여했다. 이러한 접근은 그리스도 신앙인의 공동체 의식과 소속감을 형성하여 현대사회에서 외로움과 정신적 고통을 겪고 있는 사람들에게 회복과 평안을 제공하는 것으로 나타난다. 더불어, 가톨릭교회에서 건강에 대한 가장 독특한 요소 중 하나는 '영적 건강'에 대한 깊은 관심이다. 영적인 건강은 인간과 하느님과의 관계를 바탕으로 하는 삶의 의미와 내적 평화를 찾는 방식으로, 교회의 건강 비전에서 중요한 축을 차지한다. 프란치스코 교황의 회칙『찬미받으소서 Laudato Si'』[4]에서는 인간과 자연, 하느님과의 연관성을 강조하며, 인간의 영적 건강과 환경 돌봄이 서로 연결되어 있음을 주장하고 있다. 이러한 통합적 건강에 대한 관점은 단순히 개인적 치유를 넘어 전체 공동체와 지구 생태계의 회복을 목표로 한다.

건강과 웰빙을 지속하기 위해서는 건강 형평성을 유지해야 한다. 건강 형평성 Health Equity은 인구집단 사이에서 불공평한 건강 격차와 형평성을 다루는 개념[5]이며, 개인 간 또는 집단 간에 건강의 격차가 있는 상태를 건강 불평등 Health Inequality[6]이라고 한다. 비형평성이나 격차는 이러한 불평등이 잘못되었다는 도덕적 판단을 포함하는 개념으로, 그 차이를 줄이려는 노력이 필요하다는 의미가 있다.

최소한의 건강을 보장받고 건강에 대한 보호를 요구할 권리가 건강권 Right to Health이라면, 건강 불평등은 정당하게 행사할 수 있는 힘(권리)의 차이를 나타내는 것이다.[7]

건강은 단순히 개인의 책임이라고 생각하기 쉽지만, 의료자원 부족 문제를 넘어 교육 수준, 소득 수준, 물리적 거리, 제도적 장벽 등 다양한 사회적 요인과 밀접한 관련이 있다. 일부 지역에서는 의료서비스를 충분히 이용하지 못해 높은 사망률과 심각한 장애를 겪는 경우가 빈번한 반면, 다른 지역에서는 의료 과잉 소비로 인해 또 다른 사회적 문제가 발생하기도 한다. 가톨릭교회는 이러한 건강 불평등을 인식하고 해결하기 위해 역사적·윤리적 전통에 기반하여 다양한 활동을 하고 있다. 대표적으로 무료 급식소 운영, 쉼터 제공, 무료 의료 봉사 같은 다양한 프로그램을 통해 저소득층과 소외된 이들을 지원하고 있다. 교회의 이러한 실천은 사회정의 원칙과 연대, 보조성Subsidiarity의 정신을 통해 이루어진다. 교회는 지역사회의 자율성을 존중하면서도 필요한 경우 국가 및 국제적으로 공정한 자원 분배를 촉구하여 지속가능한 건강 정책 수립에 동참하고 있다.[8]

가톨릭교회의 건강에 대한 접근 방식은 국제연합UN이 제시한 지속가능발전목표SDGs의 기본 원칙과 깊은 연관성을 보여준다.[9] 특히, 지속가능발전목표의 세 번째 항목인 '모든 사람을 위한 건강과 웰빙 보장'은 의료서비스의 질적 향상과 보편적 접근성 확대를 통한 건강 불평등 해소를 핵심과제로 설정하고 있다. 이는 의료서비스의 질적 향상과 보편적 접근성 확대를 통한 건강 불평등 해소를 주요 목표로 설정하고 있으며, 의료서비스의 형평성과 효율성을 동시에 추구하는 것을 강조한다. 이러한 목표는 사회적 약자와 취약계층을 포함한 모든 구성원이 참여하는 포용적 거버넌스의 실현을 통해 달성될 수 있다고 보고 있다.[10] 여기서 언급되는 포용적 거버넌스란 지속가능한 의료 환경 구축을 위해 정부, 시민사회, 의료계 등 다양한 이해관계자의 적극적인 협력과 참여를 강조하는 체계적 접근 방식을 의미하며, 이는 현대 의료 시스템의 핵심적인 운영 원리로 자리 잡고 있다.[11]

교황 프란치스코는 생전에 국제사회의 노력과 맥을 같이하며, 인간의 근본적인 존엄성을 기반으로 한 의료서비스 모델을 제시했다. 그는 단순한 질병 치료를 넘어서, 인간 생명의 존엄성과 가치를 최우선으로 고려하는 총체적 접근 방식을 강조했다. 더불어 교황은 전 세계 모든 인류가 기본적인 건강권을 보장받아야 한다고 역설하며, 이를 위한 범지구적 차원의 연대와 실천을 강력히 촉구했다. 이러한 그의 제안은 국제사회의 의료 복지 발전에 중요한 윤리적 지침이 되었다. 이러한 접근은 의료서비스의 보편적 접근성 확대와 질적 향상을 통해 모든 인류의 건강한 삶을 보장하고자 하는 가톨릭교회의 기본 입장을 명확히 보여주고 있다.

따라서 현대사회에서 건강과 웰빙의 개념은 단순히 서로의 관계나 공동체적 차원을 넘어서 환경적 요인도 포괄하는 통합적인 접근으로, 오늘날 복잡한 건강 문제를 해결하는 데 핵심적인 요소가 된다. 건강과 웰빙은 개인의 질병과 치료라는 의미를 넘어서 인간의 존엄성을 위한 사회적 지원 구축, 공동체 구성원끼리의 관계, 그리고 자연환경과의 조화로운 관계를 포함하는 광범위한 개념으로 확장되어야 한다.[12] 가톨릭교회가 수 세기 동안 발전시켜온 건강에 대한 통합적 모델은 현대사회가 직면한 건강과 웰빙 관련 문제를 해결하는 데 매우 중요한 통찰을 제공한다.[13] 이러한 교회의 접근 방식은 건강의 의미를 더욱 깊이 이해하는 데 도움을 주며, 더 나아가 미래사회를 설계하는 데 중요한 지침이 된다.[14] 그것을 기반으로, 가톨릭 신앙은 전통적 가치와 현대사회의 새로운 요구사항을 균형 있게 조화시키며, 더욱 건강하고 지속가능한 사회를 위한 인류 전체의 새로운 비전을 구축할 수 있을 것이다.[15]

2

본론

1) 건강과 웰빙의 복합적 성격과 역사적 갈등

- **경쟁 메커니즘:** 노동자 착취를 극대화하려던 산업자본주의와 이를 완화하려는 교회의 인도주의적 노력 사이의 대립을 보여줌.
- **가톨릭교회의 역할:** 윤리적 기준 수립과 약자의 권익 보호를 위한 사회적 영향력 행사

세계보건기구WHO는 건강을 모든 인간의 기본적 권리이자 사회가 추구해야 할 이상으로 정의[16]하고 있으나, 이러한 이상적 개념은 현실 세계에서 경제적 이해관계와 지속적으로 충돌하며 심각한 갈등을 야기해왔다. 역사적으로 살펴보면, 건강에 대한 접근성은 경제적·정치적 권력관계에 따라 제한되거나 보장되는 양상을 보여왔으며, 이는 특히 취약계층에 치명적인 영향을 미쳤다.[17] 19세기 산업혁명 시대에

이러한 문제는 더욱 심화되었다. 유럽 전역에서 진행된 급격한 도시화와 산업화 과정으로 노동자의 건강권이 심각하게 위협받았다.[18] 영국 맨체스터의 방직공장 노동자의 상황은 당시의 비인간적 노동 환경을 단적으로 보여주는 대표적인 예시다.[19] 노동자는 하루 평균 12~16시간의 과도한 노동에 시달렸고, 비위생적이고 위험한 작업 환경에 무방비로 노출되었으며, 어린 소녀들도 이러한 착취적 노동 환경에 내몰렸다.[20] 극심한 노동 착취와 열악한 작업 환경은 심각한 건강 문제를 초래하여 노동자는 폐, 근골격계 질환 및 각종 직업병에 시달렸으나, 적절한 의료서비스를 받지 못한 채 일터를 떠났다.[21] 당시 자본가 계급은 노동자를 단순히 이윤 창출의 도구로만 간주하여 노동자의 건강은 전혀 고려하지 않았다.

가톨릭교회는 이러한 비인도적 상황에서 적극적인 개입을 통해 해결책을 모색했다. 특히 성 빈첸시오 드 폴 사제가 주도한 의료 구호 활동은 주목할 만하다.[22] 교회는 유럽 전역에 병원과 무료 진료소를 설립하여 빈곤층과 노동자에게 필수적인 의료서비스를 제공했으며,[23] 이러한 가톨릭 기관의 의료 시설들은 당시 미비했던 공공의료 체계의 공백을 메우는 데 중요한 역할을 수행했다. 가톨릭교회의 의료 활동은 단순한 치료와 돌봄의 행위를 넘어 건강권을 보호하는 데 의미를 지닌다.[24]

이와 같이 교회는 의료 지원과 더불어 노동자 권리 보호를 위한 윤리적 담론을 제기했다. 비록 교회의 자원은 한정적이었고 산업자본주의의 구조적 문제를 근본적으로 해결하기에는 한계가 있었으나, 이러한 노력은 오늘날 노동조합 운동의 발전과 노동자 권익 신장으로 이

어지는 중요한 토대가 되었다.[25]

2) 코로나19 팬데믹과 글로벌 건강 불평등

- **경쟁과 갈등의 메커니즘:** 코로나19 팬데믹이라는 세계적 위기 속에서 시장 논리와 윤리적 요구 간의 충돌 발생
- **가톨릭교회의 역할:** 의료 정의와 형평성을 옹호하며 글로벌 의료 불평등에 경종을 울림.

코로나19 대유행이 전 세계를 강타하면서 국제 의료자원 분배의 심각한 불균형 현상이 명백히 드러났다. 세계보건기구WHO의 2021년 보고서에 따르면, 소위 '백신 민족주의' 현상이 발생하여 전 세계 인구의 작은 비율만 차지하는 선진국들이 전체 백신 공급량의 70%를 선점하는 결과를 초래했다.[26] 이는 국제보건협력체계의 근본적인 한계와 문제점을 여실히 보여주었으며, 개발도상국들은 극히 저조한 백신 접종률로 인해 심각한 어려움을 겪어야 했다.[27] 이러한 불평등한 상황은 개발도상국의 의료 현장에서 더욱 두드러지게 나타났다.

대표적인 사례로, 브라질에서는 의료 종사자들이 기본적인 개인보호장비조차 제대로 갖추지 못한 열악한 환경에서 환자들을 치료해야 했으며, 2021년이 되어서도 의료진과 그들의 가족조차 백신 접종을 받지 못하는 상황이 지속되었다.[28] 이러한 현실은 개발도상국의 의료 서비스 접근성 문제를 더욱 악화시켰으며, 국가 간 보건 불평등을 한

층 심화시키는 결과를 초래했다. 이와 같은 위기 상황에서 가톨릭교회는 백신의 공정하고 윤리적인 분배를 위해 적극적인 목소리를 내기 시작했다. 특히 프란치스코 교황은 코로나19 백신이 특정 국가나 집단의 소유물이 아닌 '인류 공동의 자산'이라는 점을 강조하며, 생명 존중의 윤리와 분배의 형평성 원칙에 입각한 백신 공급을 강력히 주장했다.[29] 이러한 입장을 실천하기 위해 교회는 구체적인 행동에 나섰다.

카리타스를 비롯한 국제 구호단체들과 협력하여 아프리카와 아시아 지역의 의료 시설에 코로나19 진단 장비를 지원하고, 백신 보급을 위한 재정적 지원을 실시했다.[30] 다만 백신 우선 접종 대상자 선정과 관련된 교회의 입장은 각국 정부의 정책과 때로는 충돌을 일으키기도 했다. 그럼에도 교회는 백신이 영리 기업들의 독점적 이윤 추구 대상이 되어서는 안 되며, 의료적 필요성에 따라 공정하게 분배되어야 하는 공공재라는 기본 입장을 고수했다.[31] 이러한 가톨릭교회의 꾸준한 노력은 궁극적으로 지역사회의 백신 접종률을 높이고, 의료 취약계층에 대한 의료서비스를 개선하는 데 실질적으로 기여했다. 이는 가톨릭교회가 보여줄 수 있는 사회연대의 모범적인 실천 사례로 평가받고 있으며, 향후 국제보건협력의 새로운 방향을 제시하는 중요한 선례로 인정받고 있다.[32]

3) 가톨릭교회의 역사적 기여와 협력 사례

- **경쟁과 갈등의 메커니즘**: 나병 환자를 돌보는 데 있어 제한된 자원과 사회적 낙인 사이의 갈등
- **가톨릭교회의 역할**: 인간 존엄성을 지키기 위한 헌신과 자비의 상징으로 기능했으나, 현대적 의료서비스 제공으로 보기에는 한계가 있음.

가톨릭교회는 역사적으로 의료 서비스가 부족했던 시기에 건강 증진과 돌봄을 제공하는 데 중요한 역할을 수행해왔다. 특히 중세 시대부터 현대에 이르기까지, 교회는 질병과 빈곤이 단순한 경제적 문제를 넘어 개인의 존엄성에까지 영향을 미친다는 점을 인식하고, 전염병 대응과 건강 불평등 문제에 직면한 소외된 환자들을 위한 돌봄 체계 구축에 앞장서왔다.

중세 유럽에서 나병(한센병)은 사회적 낙인과 공포의 대상이었다. 나병으로 고통받던 환자들은 가족과 지역사회에서 배척되어 극심한 소외를 겪었다.[33] 이때, 가톨릭교회는 나병 환자들을 위해 정상적인 삶을 유지할 수 있도록 체계적인 '나환자촌leper colony'을 설립 운영하여 환자들에게 기본적인 의료서비스와 영적 돌봄을 제공했다. 또한, 환자들의 인간 존엄성을 보호하기 위해 노력했고, 지역사회와의 연계를 통한 지원 체계를 구축했다.[34] 특히, 14세기 프랑스 파리 근교의 나환자촌은 그 당시 혁신적인 돌봄 모델을 제시한 것으로 평가받고 있다. 비록, 현대적 의미에서의 질병 치료보다는 격리와 종교적 회복(기도와 속죄)을 통해 고통을 줄이려고 했다는 점에서 교회의 역할이 제한적이

었으나, 사회적 보호와 인도주의적 돌봄은 선구적인 사례로 평가되고 있다.[35]

21세기에도 가톨릭교회는 전염병 대응에서 두드러진 역할을 했다. 2014년 서아프리카에서 발생한 '에볼라' 대유행 당시 현지 의료 체계는 질병 확산을 막기에 역부족이었지만, 서아프리카 지역에서 운영되고 있던 수많은 가톨릭 의료 기관들은 에볼라 환자 긴급 의료서비스를 제공하고, 치료의 최일선에서 기능하며 국제보건기구WHO 및 국제기구들과의 협력 네트워크를 구축했다.[36] 이는 종교 기관이 단순히 질병 치료를 제공하는 것을 넘어 현지 의료 시스템 재건과 윤리적 리더십을 발휘한 사례로 평가받는다. 이와 같이 교회는 소외된 계층에 대한 지속적인 관심과 지원을 통해 의료선교와 돌봄을 실천했으며, 시대별 의료 위기 상황에 적극적으로 대응했다. 이 같은 그리스도 신앙의 가치와 건강에 대한 통합적 접근은 가톨릭교회 역사적 의의를 담고 있으며, 공동체 연대는 국제적 협력 네트워크를 구축할 수 있는 원동력이 되었다.[37]

4) 가톨릭 건강 비전과 UN SDGs의 연계

가톨릭교회가 추구하는 건강과 웰빙의 이상은 UN 지속가능개발목표 Sustainable Development Goals: SDGs와도 밀접히 연결된다. UN SDG 3(Good Health and Well-being)은 모든 사람에게 건강한 삶과 웰빙을 촉진하는 것을 목표로 하고 있으며, SDG 10(Reduced Inequalities)은 국가 간과 국가 내

불평등을 줄이는 데 초점을 맞춘다. 또한, SDG 1(빈곤 퇴치)은 취약계층에 대한 무상 의료서비스 제공 등으로 가톨릭교회의 활동은 SDGs의 목표와 부합한다.[38]

가톨릭 국제보건기구 Catholic Relief Services, Caritas Internationalis 같은 단체는 SDG 3의 유니버설 헬스케어 제공 목표를 직접 지지하는 활동으로 취약 지역에서 의료서비스가 부족한 사람들을 대상으로 병원과 진료소를 운영하여 의료 격차를 해소하고자 노력한다. 또한, 의료 교육 및 보건 교육, HIV/AIDS 교육, 말라리아 예방 캠페인, 영양 개선 등과 같은 양질의 교육을 통해 건강 관련 정보와 지식을 보급하고 예방적 건강 증진 프로그램 등을 통해 질병 예방을 강화하고 건강 인식을 고취한다.

전 세계적으로 건강 불평등을 줄이기 위해 저소득층과 소외계층 지역 의료서비스의 접근성을 향상시키고, 차별 없는 의료서비스를 제공하여 의료 격차를 해소하기 위해 노력하고 있다. 이는 UN SDG 10과 밀접히 연결된다.

더불어, 가톨릭교회의 보건 활동은 아프리카 대륙의 여러 빈곤 지역에서 두드러진다. 케냐의 가톨릭 병원들은 농촌 지역에서 여성과 어린이, 특히 산모 사망률 감소와 아동 보건서비스를 제공하여 SDG 3.1(산모 건강 개선) 및 SDG 3.2(영유아 사망률 예방)와 긴밀히 연관된다. 콩고민주공화국의 가톨릭 국제보건기구는 분쟁으로 인해 의료서비스가 부족한 지역에서 응급 의료서비스와 영양 지원을 제공하며 주민의 웰빙을 증진한다. 이는 UN SDG 10의 불평등 감소 목표와도 그 맥락이 일치한다.

이와 같이 오늘날에도 지속가능성 논의 속에서 가톨릭교회는 중요한 역할을 계속하고 있다. 이는 물리적 서비스를 넘어 윤리적 관점에서도 기여하고 있다. 2020년 UN SDG 보고서는 글로벌 건강 격차를 줄이기 위해 종교 단체와의 협력이 절실하다고 강조했으며, 교회는 이러한 초국가적 협력을 지원하는 핵심 파트너로 인식되고 있다. 이러한 활동은 특히 보조금이나 자금 지원만이 아닌, 인력 활용과 지역 문화 통합을 통해 지역 맞춤형 환경 개선을 이루는 데 기여한다. 교회와 UN SDGs의 상호 연계는 교회의 역사적 전통과 현대사회의 요구가 효과적으로 결합된 모습을 보여준다.[39]

따라서 교회는 빈곤층과 소외지역을 대상으로 지속가능한 건강서비스 모델을 구축하여 건강과 웰빙 증진, 그리고 평등을 향한 글로벌 목표에 기여해야 한다.

3

결론

가톨릭교회는 모든 구성원이 도움을 주고받는 체계를 강조하고, 보편교회로서 공동체 중심으로 함께 이루어나간다. 프란치스코 교황은 "모든 이가 존엄한 삶을 영위할 수 있도록 하는 것이 교회의 사명"이라고 강조했다.[40]

- 건강 불평등 문제해결을 위해 교회는 자선 활동을 넘어 공정하고 형평성 있는 의료 시스템 구축을 적극적으로 추진하며, 이를 통해 모든 이들이 건강관리 시스템의 혜택을 공유할 수 있도록 장려한다.
- 보건소, 병원 등을 설립·지원하여 소외계층에게 의료서비스를 제공하며, 전통적 교회의 가르침에 따라 의료적 자원과 사회적 보호를 가장 필요로 하는 구성원에게 가톨릭 의료 기관이 우선 진료할 수 있는 시스템을 구축한다.[41] 이를 통해 취약한 이들의

삶의 질을 개선하며, 더욱 공정한 사회를 구현하고자 한다.
- 교회는 신앙의 공동체 내에서 영적 연대(기도와 미사)를 통해 구성원 간의 영적 유대감을 강화하며, 이를 통해 서로의 어려움을 나누고 사회적 약자에 대한 지속적인 관심을 촉진하여 그리스도 공동체를 강화해야 한다.
- 교회는 정부, 민간 기관, 기타 이해관계자 간의 대화와 화해를 촉진하고 구조적 문제를 해결할 수 있는 공동의 장을 마련한다.[42]
- 의료서비스 제공을 위해 교구별 의료봉사단을 운영 및 지원하고,[43] 세계적으로 가난한 지역에서 건강 프로그램을 운영하고 있는 카리타스CARITAS 같은 국제 가톨릭 단체와 협력하여 글로벌 헬스케어 프로그램을 개발하고, 이러한 지속가능한 지원 모델을 확장해야 한다.[44]
- 교회는 생명의 존엄성과 건강권에 대한 그리스도의 가르침을 전파하고, 신앙의 믿음과 기도를 통한 내적 평화 증진을 돕는 영적 지원 역할을 지속적으로 수행해야 한다.[45]
- 가톨릭교회는 의료윤리 관련 지침을 제시하여 다양한 교육을 진행할 수 있도록 지원하고, 이러한 영적·윤리적 지원은 영적 연대를 강화하여 공동체의 결속으로 이어질 수 있다.[46]
- 국제적 협력 및 연대를 강화해야 한다. 가톨릭교회는 정부 및 비정부기구NGO를 포함한 다자간 협력을 통해 글로벌 보건 자원의 공정한 분배를 지원한다. 특히 글로벌 차원의 건강 증진 정책 및 전략을 수립하는 데 있어 교회는 인간 중심의 접근 방식을 기반으로 적극적으로 참여할 것을 권장한다.[47]

- 평신도는 전문성을 기반으로 직접적인 봉사활동에 참여한다. 의료인 평신도의 의료 봉사 참여와 재능기부를 활성화할 수 있도록 적극적인 홍보와 지원이 필요하다.
- 교회는 각 본당의 지역사회 건강관리 교육을 통해 건강관리의 중요성을 인식시키고, 예방 가능한 질병에 대한 정보를 전파하여 효과적으로 대응할 수 있도록 돕는 교육 활동을 실시한다. 교육은 모든 계층에게 동등하게 제공되며, 특히 교육 여건이 열악한 지역에서는 더욱 중요하게 요구된다.
- 본당 중심의 의료인 평신도들이 건강 모니터링 같은 직접적인 참여를 격려하여 소외계층을 돌보는 활동을 한다. 이러한 활동으로 각 교구 중심의 건강관리 시스템을 구축하여 건강 지원 네트워크를 형성한다. 이 건강 지원 네트워크는 의료 사각지대를 발굴하여 건강 불평등을 해소하는 데 도움이 된다. 또한, 건강 불균형 문제는 단순히 자원의 부족뿐만 아니라 잘못된 인식에서 비롯되기도 하므로 사회적 약자에 대한 인식을 개선하기 위한 캠페인을 진행한다.[48]

교회는 궁극적으로 건강과 관련된 차별적 문제를 해결하기 위해 평화와 조화를 중심으로 하는 건강관리 정책 및 시스템을 추구하며, 이를 통해 지속가능한 해결책을 모색한다.

1) 제도적인 접근 방법으로 글로벌 의료 자원의 공정한 분배를 위해 의료 분배 시스템을 구축하고, 보편적 의료보장UHC 실현을 위한

정책을 제안한다.

- 지속가능한 방식을 통해 건강 불균형 문제와 자원 배분의 불공정을 완화하고자 노력한다. 이 과정에서 교회는 생태적 정의와 자원의 공정한 분배를 강조하며, 이는 교황 프란치스코의 회칙 『찬미받으소서 Laudato Si'』[49]에서 다루어진 중심 내용과도 부합한다. 더 나아가 교회는 지속가능한 방식으로 의료 자원을 관리하고, 지역 공동체와의 연대를 강화하기 위한 방안을 실질적으로 채택한다.

- 가톨릭 신앙은 물질적 부를 넘어 참된 가치(영적 건강, 사랑, 자비)를 실현하는 것을 지향한다. 이를 위해 교회는 지속가능발전목표 SDGs 중 건강 관련 목표를 달성하기 위한 '보편적 의료보장 UHC'과의 협력을 강화하고 지속가능한 의료 자원 관리 체계를 수립할 수 있다.[50]

2) 가톨릭교회는 건강 불균형 문제를 해결하기 위해 사회 연대와 보조성의 원칙을 근간으로 하는 실천적 접근법을 모색하고 있다.

- 교구별 의료지원센터를 설립하여 커뮤니티 중심의 의료 네트워크를 구축하고, 국제 의료선교 활동을 확대하여 국제 의료협력 네트워크를 구축한다.

- 지역 특성과 의료 취약계층 맞춤형 의료서비스를 제공한다. 이를 위해 의료서비스의 접근성을 제고하고, 지역 정부와의 파트너십을 강화하여 지역 특유의 요구를 충족한다.[51]

- 교회는 실현 가능한 해결책으로 지역 공동체를 기반으로 하는

의료 네트워크와 지원 대상을 구축한다. 가톨릭교회가 지원하는 병원, 진료소, 자선 단체들은 지역 공동체 중심 접근의 선구적 역할을 담당하며, 지역사회의 직접적 참여를 유도하고 협력을 강화하는 데 초점을 맞춘다.

- "모두를 위한 건강Health for All"을 위해 지역 정부 단체와 파트너십을 추진한다. 평화로운 갈등 해소를 위한 가톨릭교회 교육 프로그램(가톨릭 사회교리 기반 워크숍, 평화 캠페인 등)을 통해 계층 간 이해와 연대를 촉진해야 한다.

주님의 가르침

시편 19,8-11

⁸주님의 가르침은 완전하여 생기를 돋게 하고 주님의 법은 참되어 어수룩한 이를 슬기롭게 하네. ⁹주님의 규정은 올발라서 마음을 기쁘게 하고 주님의 계명은 맑아서 눈에 빛을 주네. ¹⁰주님을 경외함은 순수하니 영원히 이어지고 주님의 법규들은 진실이니 모두가 의롭네. ¹¹금보다, 많은 순금보다 더욱 보배로우며 꿀보다 생청보다 더욱 달다네.

EPILOGUE

생명과 신체의 건강은 하느님께서 맡겨주신 값진 재산이다.
우리는 타인의 필요와 공동선을 참작하면서 이 재산을 분별 있게
돌보아야 한다. 시민의 건강을 돌보려면 성장하고 성숙할 수 있게 해주는
생활 여건, 곧 의식주, 보건, 기초 교육, 직업, 사회복지 등이
갖추어지도록 사회가 도와야 한다.

- 가톨릭교회 교리서, 2023, 821쪽

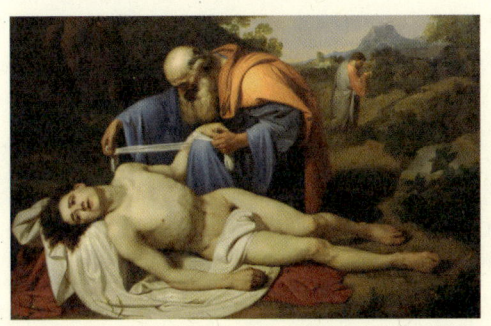

루이지 샬리에로, 〈착한 사마리아인〉, 1854

[35] 너희는 내가 굶주렸을 때에 먹을 것을 주었고, 내가 목말랐을 때에 마실 것을 주었으며, 내가 나그네였을 때에 따뜻이 맞아들였다. [36] 또 내가 헐벗었을 때에 입을 것을 주었고, 내가 병들었을 때에 돌보아 주었으며, 내가 감옥에 있을 때에 찾아 주었다.' [37] 그러면 그 의인들이 이렇게 말할 것이다. '주님, 저희가 언제 주님께서 굶주리신 것을 보고 먹을 것을 드렸고, 목마르신 것을 보고 마실 것을 드렸습니까? [38] 언제 주님께서 나그네 되신 것을 보고 따뜻이 맞아들였고, 헐벗으신 것을 보고 입을 것을 드렸습니까? [39] 언제 주님께서 병드시거나 감옥에 계신 것을 보고 찾아가 뵈었습니까?' [40] 그러면 임금이 대답할 것이다. '내가 진실로 너희에게 말한다. 너희가 내 형제들인 이 가장 작은 이들 가운데 한 사람에게 해준 것이 바로 나에게 해준 것이다.'

- 마태 25,35-40

미주

1. World Health Organization, Constitution of the World Health Organization, 1946.
2. 마마크 콥 외, 『헬스케어 영성 1: 건강과 영성의 전통』, 용진선 외 역, 가톨릭대학교출판부, 2016, 12쪽, 78쪽.
3. 윤석주, 「가톨릭 호스피스 완화의료에 관한 병원민족지」, 서울대학교 석사학위논문, 2020.
4. 교황 프란치스코의 「Laudato si'」(2015) 66항, 70항.
5. 조성일, 「건강형평성」, 『대한의사협회지』 58(12), 2015: 1104-1107. doi:10.5124/jkma.2015.58.12.1104
6. 권정옥·이은남·배선형, 「건강불평등에 대한 개념분석」, 『간호행정학회지』 21(1), 2015: 20-31.
7. 더메디컬, "건강 불평등, '건강권'의 차이에서 시작된다", 더메디컬, 2023년 3월 15일. https://www.themedical.kr/news/articleView.html?idxno=852
8. Pontifical Council for Justice and Peace, Compendium of the Social Doctrine of the Church, 2004.
9. Transforming our world: the 2030 Agenda for Sustainable Development, 2015.
10. 김진현, 「의료서비스 이용에서의 차이가 주관적 건강상태의 불평등에 미치는 영향」, 『한국사회복지조사연구』 46, 2015: 1-24쪽.
11. 한국보건사회연구소, 「'모든 사람의 건강'을 위한 건강정책거버넌스 개선 방안: 아동·청소년 건강정책을 중심으로」, 2023.
12. Pope Francis, *Laudato Si': On Care for Our Common Home*, Vatican Press, 2015, 6장 218항.
13. Catholic Health Association, Catholic Healthcare and the Sustainable Development Goals, 2019, 3항 34절.
14. World Health Organization, Global Health and Catholic Church Partnership Report, 2021.
15. World Bank, Universal Health Coverage and Faith-based Organizations, 2024.
16. WHO, "Constitution of the World Health Organization," 1948.
17. Szreter, S., "The Importance of Social Intervention in Britain's Mortality Decline,"

	1988.
18	Thompson, E. P., "The Making of the English Working Class," 2016.
19	Engels, F., "The Condition of the Working Class in England," 2003.
20	Nardinelli, C., "Child Labor and the Factory Acts," 1980.
21	Kirby, P., "Child Labour in Britain, 1750-1870," 2017.
22	2장 5절: 성 빈첸시오 드 폴의 활동과 가톨릭교회의 개입.
23	Stark, R., *The victory of reason: How Christianity led to freedom, capitalism, and Western success*, Random House, 2005.
24	6장 218항: 가톨릭 의료 제도의 역할과 사회적 책임에 대해 언급, 건강권 보호와 의료 활동의 중요성 강조.
25	Leo XIII, Rerum Novarum: On Capital and Labor, 1891.
26	World Health Organization, "Global COVID-19 Vaccine Distribution Report," Geneva: WHO Press, 2021.
27	Lancet Commission on COVID-19, "Global Health Inequities during the COVID-19 Pandemic," *The Lancet*, 397, 2021: 10286.
28	Silva, M. et al., "Healthcare Workers and COVID-19 in Brazil: The Visible Effects of an Invisible Virus," *Journal of Global Health*, 2021.
29	Vatican News, "Pope Francis: COVID-19 Vaccines Must Be Accessible to All," Vatican City State, 2021, p. 2.
30	Caritas Internationalis, "Annual Report: COVID-19 Response in Developing Nations," Rome: Caritas Publications, 2021, 3장 5항.
31	Pontifical Academy for Life, "Vatican COVID-19 Commission: Vaccine for All," Vatican City State, 2021, 2장 4항.
32	Caritas Internationalis. Global vaccine campaign: Ensuring access for the poor and marginalized, 2021.
33	Rawcliffe, C., *Leprosy in Medieval England*, Woodbridge: Boydell Press, 2008.
34	Miller T. S. and Nesbitt, J. W., *Walking Corpses: Leprosy in Byzantium and the Medieval West*, Cornell University Press, 2023.
35	Touati, F. O., Maladie et société au Moyen Âge: la lèpre, les lépreux et les léproseries dans la province ecclésiastique de Sens jusqu'au milieu du XIVe siècle, De Boeck

Université, 1998, 751쪽.

36　Cahill, L. S., The Catholic Church and the global Ebola response: Lessons learned from emergency medical care and international cooperation, 2015, 2장 3항.

37　The pastoral role of the Catholic Church in healthcare ministry: A historical and ethical perspective, 1장 2항.

38　UN SDGs, Sustainable Development Goals Progress Report, 2020.

39　위와 같음.

40　프란치스코 교황, 『모든 형제들: 프란치스코 교황 회칙』, 한국천주교주교회의, 2021, 1장 2항.

41　〈새로운 헌장〉 91항.

42　「보건의료백서」(2024) 3장 "교회와 사회의 협력" 3.2절 "대화와 협력의 장 마련".

43　「의료선교보고서」 2024의 '국내 의료봉사' 또는 '교구별 의료봉사단' 관련 장(보통 2장 또는 3장, '국내사업' 파트).

44　2장(인도주의적 대응 및 협력, 2.1, 2.1.5, 2.1.6), 3장(지속가능한 개발, 글로벌 협력, 3.2, 3.3, 3.4).

45　「생명의 복음」 2~3항.

46　한국천주교주교회의, 「생명윤리지침」, 2024, 서론과 1장(생명윤리의 기본 원칙).

47　John Paul II, Encyclical Letter Sollicitudo Rei Socialis, Vatican Press, 1987. 「Sollicitudo Rei Socialis」(1987)의 38~39항, "인간 존엄성이 모든 개발 정책의 중심이 되어야 한다."

48　Sisson N, Starke J. Promotores de Salud in Montana: An Analysis of a Rural Health Care Intervention Rooted in Catholic Social Teaching and its Place in Medical Curricula. Linacre Q. 2022 Feb; 89(1): 21-35. doi: 10.1177/00243639211059346. Epub 2022 Jan 17. PMID: 35321492; PMCID: PMC8935425

49　Pope Francis, *Encyclical Letter Laudato Si': On Care for Our Common Home*, 4장 (Integral Ecology) 82항, 139항.

50　UN, "SDGs Progress Report," 2024.

51　WHO, "Health Equity Report," 2024.

참고문헌

교황청 보건사목평의회. 『새로운 헌장』. 바티칸시티: 교황청 보건사목평의회, 2023.

교황청 생명학술원. 『생명의 복음』. 바티칸시티: 교황청 생명학술원, 2023.

권정옥·이은남·배선형. 「건강불평등에 대한 개념분석」. 『간호행정학회지』 21(1), 2015: 20-31.

김진현. 「의료서비스 이용에서의 차이가 주관적 건강상태의 불평등에 미치는 영향: 의료서비스 이용수준의 매개효과를 중심으로」. 『한국사회복지조사연구』 46, 2015: 1-24.

마크 콥 외. 『헬스케어 영성 1: 건강과 영성의 전통』. 용진선 외 역, 가톨릭대학교 출판부, 2016.

윤석주. 「가톨릭 호스피스 완화의료에 관한 병원민족지」. 서울대학교 석사학위논문, 2020.

정연 외. 「'모든 사람의 건강'을 위한 건강정책거버넌스 개선 방안: 아동·청소년 건강정책을 중심으로」. 한국보건사회연구원, 2023.

조성일. 「건강형평성」. 『대한의사협회지』 58(12), 2015: 1104-1107.

프란치스코 교황. 『모든 형제들: 프란치스코 교황 회칙』. 한국천주교주교회의, 2021.

한국가톨릭의료협회. 『의료선교보고서』. 서울: 한국가톨릭의료협회, 2024.

한국천주교주교회의. 『보건의료백서』. 한국천주교주교회의 출판부, 2024.

_____. 『생명윤리지침』. 서울: 한국천주교주교회의, 2024.

홍윤철. 「건강 불평등 줄일 새로운 전략이 필요하다」. 더메디컬, 2023.05.17. https://www.themedical.kr/news/articleView.html?idxno=852

Aesop. *Aesop's Fables: Wordsworth Children's Classics*. Wordsworth Editions Ltd., 1994.

Cahill, L. S. "The Catholic Church and the global Ebola response: Lessons learned from emergency medical care and international cooperation." *Journal of Global Health Studies*, 3(2), 2015: 45-60. https://doi.org/[example DOI]

Caritas Internationalis. Annual report: COVID-19 response in developing nations. Rome: Caritas Publications, 2021.

Caritas Internationalis. *Global Health Report*. Vatican City: Caritas Internationalis, 2024.

Caritas Internationalis. Global vaccine campaign: Ensuring access for the poor and marginalized, 2021. Retrieved from https://www.caritas.org

Catholic Church. Pontificium Consilium de Iustitia et Pace. Compendium of the Social Doctrine of the Church (No. 5). USCCB Publishing, 2004.

Pontifical Council for Health Pastoral Care. (2018). The pastoral role of the Catholic Church in healthcare ministry: A historical and ethical perspective. Vatican City: Pontifical Council for Health Pastoral Care.

Catholic Encyclopedia. St. Vincent de Paul. New Advent, 1912. https://www.newadvent.org/cathen/15434c.htm

Catholic Health Association. Catholic healthcare and the sustainable development goals. Catholic Health Association, 2019.

Catholic Online. (2009, September 23). Open letter to Catholics and Catholic organizations. Retrieved from https://www.catholic.org/news/politics/story.php?id=34474

Encyclical, P. Rerum novarum. Quadragesimo anno, 1891.

Engels, F. "The condition of the working class in England". *American Journal of Public Health*, 93(8), 2003: 1246-1249.

Francis, P. Laudato si. Vatican City: Vatican Press, May, 24, w2, 2015.

Francis, Pope. *Laudato si': On care for our common home*. Vatican Press, 2015.

John Paul II. *Sollicitudo rei socialis* [Encyclical letter]. Vatican Press, 1987.

Kirby, P. *Child labour in Britain, 1750-1870*. Bloomsbury Publishing, 2017.

Lancet Commission on COVID-19. Global health inequities during the COVID-19 pandemic. The Lancet, 397(10286), 2021: 1711-1712. https://doi.org/10.1016/S0140-6736(21)00998-8

Leo Xiii, P. Rerum Novarum-Encyclical Letter of Pope Leo XIII on the Conditions of Labor, 1891.

Miller, T. S. and Nesbitt, J. W. Walking corpses: *Leprosy in Byzantium and the medieval West*. Cornell University Press, 2023.

Nardinelli, C. "Child labor and the factory acts." *The Journal of Economic History*, 40(4), 1980: 739-755.

Pontifical Academy for Life. Vatican COVID-19 Commission: Vaccine for all. Vatican City State, 2021.

Rawcliffe, C. *Leprosy in medieval England*. Boydell Pr, 2006.

Sayed, Z. "Transforming our world: The 2030 agenda for sustainable development." *Ethics & Critical Thinking Journal*, 2015(3), 2015.

Silva, M. et al. "Healthcare workers and COVID-19 in Brazil: The visible effects of an invisible virus." *Journal of Global Health*, 11, 2021: 05008. https://doi.org/10.7189/jogh.11.05008

Stark, R. *The victory of reason: How Christianity led to freedom, capitalism, and Western success*. Random House Inc., 2005.

Szreter, S. "The importance of social intervention in Britain's mortality decline c. 1850-1914: a re-interpretation of the role of public health." *Social history of medicine*, 1(1), 1988: 1-38.

Thompson, E. P. The making of the English working class. Open Road Media, 2016.

Touati, F. O. Maladie et société au Moyen Âge. La lèpre, lépreux et léproseries dans la province ecclésiastique de Sens jusqu'au milieu du XIVe siècle (No. 11). De Boeck Université, 1998.

United Nations. *SDGs progress report*. United Nations, 2024.

United Nations, Department of Economic and Social Affairs. (2020). The Sustainable Development Goals report 2020. https://www.un.org/en/desa/sustainable-development-goals-report-2020. The Sustainable Development Goals report 2020. United Nations, 2020. https://www.un.org/en/desa/sustainable-development-goals-report-2020.

Vatican News. Pope Francis: COVID-19 vaccines must be accessible to all. Vatican City State, 2021.

World Bank. Universal health coverage and faith-based organizations. World Bank, 2024.

World Health Organization. Constitution of the World Health Organization, 1946. Retrieved from https://www.who.int/about/governance/constitution

World Health Organization. (1948). Constitution of the World Health Organization. Geneva: Author. https://www.who.int/about/governance/constitution.

World Health Organization. (2021). Global health and Catholic Church partnership report. Geneva: World Health Organization.

World Health Organization. (2024). *Health equity report*. Geneva: World Health Organization.

World Health Organization. (2021). Violence against women prevalence estimates, 2018: Global, regional and national prevalence estimates for intimate partner violence against women and global and regional prevalence estimates for non-partner sexual violence against women. Geneva: World Health Organization. https://www.who.int/publications/i/item/9789240022256

희망 메시지

"'공동체'라는 말은 그 의미가 무엇이든 우리에게 따스함을 전해 줍니다. 기업이나 사회는 나쁠 수 있지만, 공동체는 결코 그렇지 않습니다. 공동체는 언제나 선善입니다. 공동체는 우리가 자신감과 안정감, 확신을 얻는 데 필요로 하는 모든 것을 담고 있기 때문입니다."

ⓒ 2025 가톨릭출판사.『희망』, 이재협 외 3인 옮김.

4장

교육을 받고픈 人

김경이

가톨릭대학교 대학원 교육학과 교수

지혜는 찾기 쉽다

지혜 6,12-17

렘브란트, 〈성전 안의 시메온〉, 1669

지혜는 바래지 않고 늘 빛이 나서 그를 사랑하는 이들은 쉽게 알아보고 그를 찾는 이들은 쉽게 발견할 수 있다. 지혜는 자기를 갈망하는 이들에게 미리 다가가 자기를 알아보게 해준다. 지혜를 찾으러 일찍 일어나는 이는 수고할 필요도 없이 자기 집 문간에 앉아 있는 지혜를 발견하게 된다. 지혜를 깊이 생각하는 것 자체가 완전한 예지다. 지혜를 얻으려고 깨어 있는 이는 곧바로 근심이 없어진다. 지혜는 자기에게 맞갖은 이들을 스스로 찾아 돌아다니고 그들이 다니는 길에서 상냥하게 모습을 드러내며 그들의 모든 생각 속에서 그들을 만나준다. 지혜의 시작은 가르침을 받으려는 진실한 소망이다.

1.

교육이란 무엇인가?

교육은 인간 생명과 불가분의 관계에 있다. 교육 없이 인간이 생존하고 성장할 수 있을까? 인간이 유전적으로 직립할 수 있는 신체 구조를 가졌다 해도 서게 되고 걷는 과정에는 이를 촉진하는 환경과 연습이라는 학습적 요소가 작용한다. 교육 없이, 과연 오늘날 과학 기술의 결과를 많은 이들이 활용하는 시대가 전개될 수 있었을까?

'교육'이라는 의미의 education 어원에는 논쟁이 있다. 그것은 사람들 안에 이미 있는 잠재력과 지혜를 '끌어내는' 것을 의미하는 라틴어 educere로부터 비롯된 것인가? 아니면 사람들을 기다리고 있는 새로운 지평과 지식의 세상으로 '안내하는', '이끄는' 것을 의미하는 라틴어 educare로부터 시작된 것인가?[1] 사실 교육은 두 가지 모두를 포함하는 활동이다. 안으로부터within 이끌어내는 것과 없는 것without으로부터 중재하는 것 모두를 포함하는 활동이다. 그런데 두 어원에는 공통점이 있다. 모두 삶에 의미 있는 관여를 내포한다는 점이다.

'교육'은 학교교육으로 대표되는 형식교육만을 의미하지 않는다. 학교 외에도 교육 프로그램을 운영하는 다양한 기관이 있다. 그뿐만 아니라 삶의 다양한 경험과 우연한 사건을 통해서도 사람들은 배우고 성장한다. 인간의 성장을 돕는 교육은 잠재적 역량을 개발함과 동시에 사회적 존재로서 인간을 형성하는 데 작용한다. 교육은 개인의 지적·정서적·도덕적 영역에서 발달을 돕는 활동 과정일 뿐 아니라 사회를 유지하고 지속하며 발전을 촉진한다. 교육을 통하지 않고 개인이 성장하기 어렵듯이 교육 없이 사회의 발전도 기대하기 어렵다.

교육은 문화를 반영한다. 문화란 사람들이 공유하는 비가시적 영역인 신념과 가치로부터 가시적 영역인 상징, 행동 양식과 제도 등을 포함한다. 특정 시대의 교육은 동시대의 신념과 가치 그리고 여러 환경적 요소 등의 상호작용 결과물이다. 현재의 교육 문화는 과거로부터 지속되어온 문화의 흔적이자 산물이기도 하다. 이 시대의 교육에 대한 생각, 기대, 제도 등은 과거와 현재의 결합물이라 할 수 있다. 변화하는 시대 환경에 따라 문화로서의 교육도 변화를 거듭한다. 그런데 오늘날 한국 교육에는 변화를 넘어 전환되어야 할 부분이 있다. 특히 '좋은 교육'이 무엇인가라는 질문을 초점으로 우리의 교육을 보면 교육의 의도, 교육의 방향 등과 같이 교육에 대한 사고방식에서 전환이 필요한 부분이 보인다.

모든 사람은 '좋은 교육'에 대한 바람을 갖고 있다. 그렇다면 '좋은 교육' 또는 '양질의 교육'이란 무엇인가에 대한 숙고가 필요하다. 이에 이 장에서는 '좋은 교육'에 대한 비전을 제시할 수 있는 가톨릭 교육에 대해 고찰하고자 한다.

가톨릭 신학과 철학 그리고 교육학을 학문적 배경으로 하여 가톨릭 교육을 연구·교육하는 보스턴 칼리지의 토마스 그룸Thomas Groome은 그의 저서 『생명을 위한 교육』[2]에서 "가톨릭 그리스도교는 전체 교회 역사에 걸쳐 교육에 대한 깊은 헌신을 보여주었다"라며 가톨릭 교육의 특징과 비전을 소개하고 있다. 가톨릭은 그 시작에서부터 교육을 하느님의 구원 사업으로 표현한다.[3] 예수 그리스도를 토대로 하는 가톨릭 교육은 신앙공동체를 중심으로 전개되었지만, 그 영향이 신앙공동체에 국한되지 않는다. 356년 세상을 떠난 안토니오 성인은 가톨릭의 수도원 제도를 창시한 인물이다. 교육에서 수도원은 어떤 의미를 갖는 곳인가? 신앙과 이성이 만나는 공간으로서 가톨릭 교육 시스템의 원형이라 할 수 있는 곳이다. 수도원은 그리스와 로마의 문화로부터 고전적인 교육과정을 만들고 그것을 그리스도교화했다.[4] 수도원의 교육 시스템은 11~12세기 유럽 고등교육 출현을 가능하게 했다. 당시 대학에 교수와 시설을 제공한 주체가 교회였고, 학생 대부분도 성직자였다. 그리고 오늘날 가톨릭 학교는 전 세계 200여 개 나라에 있으며, 유치원에서부터 대학에 이르기까지 1억 5천만 명이 넘는 학생에게 제공되는 방대한 네트워크를 가진 교육기관이다. 가톨릭 교육은 오늘날 세계에서 가장 큰 단일 교육 시스템을 구성하고 있다.[5]

가톨릭 학교교육을 포함하는 가톨릭 교육은 오랜 기간 변화의 과정을 거치면서도 지속성을 갖고 유지되어왔다. 예수 그리스도를 토대로 하는 가톨릭 교육은 교육으로서 연속되어야 할 가치를 담으면서도 시대의 변화가 요구하는 새로움을 갖고 지속되고 있다. 가톨릭 교육은 이 시대의 단면이라고 하는 개인주의, 좌절감을 주는 소비주의, 기회의 결핍, 폭력과 절망의 유혹, 유대와 지평의 상실, 사랑할 수 있는 능력의 한계[6]를 넘어설 것을 지향한다.

이 글에서는 가톨릭 교육에 대한 고찰을 통해 지속가능발전교육과 양질의 교육에 대해 시사점을 도출하고자 한다. 이를 위해 먼저 지속가능발전교육이라는 맥락에서 한국의 교육 상황을 탐색하고, 가톨릭 교육의 방향과 특징에 대해 살펴본다. 이를 통해 생명을 위한 교육인 가톨릭 교육이 지속가능발전교육의 맥락에서 '양질의 교육'에 대한 사고방식, 교육의 의도와 방향성을 제시해줄 수 있다는 점을 밝히고자 한다.

· 2 ·
지속가능한 교육, 가톨릭교육

1) 지속가능발전교육

1984년 UN 산하의 특별위원회로 발족한 세계환경개발위원회World Commission on Environment Development: WCED는 1987년 「우리 공동의 미래 Our Common Future」 보고서에서 "미래 세대가 그들의 필요를 충족시킬 능력을 저해하지 않으면서 현재 세대의 필요를 충족시키는 발전"을 '지속가능발전'이라고 했다.[7] "인간의 생산과 소비를 유지하는 지구 자연계의 능력에는 한계가 있으므로 현재의 경제 정책이 지속되면 빈곤, 인구 성장, 지구온난화와 기후변화, 환경 파괴 같은 문제가 발생할 것이다"라고 보았다. 그 어느 시대보다 급격한 속도로 변화하는 사회 그리고 과학 기술의 발전 과정에서 이 담론은 주목받게 되고 공감을 얻었다.

세계 각국이 이 제안에 호응하는 가운데 우리나라는 2008년 「지속가능발전법」을 제정했다. 지속가능발전을 보장하는 법적 장치를 마련한 것이다. 이 법에서 제시하는 지속가능발전이란 "현재 세대의 필요를 충족시키기 위해 미래 세대가 사용할 경제·사회·환경 등의 자원을 낭비하거나 여건을 저하시키지 않고 서로 조화와 균형을 이루는 것을 뜻하는 지속가능성 개념에 기초하여 경제의 성장, 사회의 안정과 통합 및 환경의 보전이 균형을 이루는 발전"이다. 이는 미래를 위해 현재를 훼손하지 않겠다는 점, 즉 미래와 현재의 발전을 모두 보장하는 것이 가능하다는 점을 전제로 한다.

지속가능발전 담론은 지속가능발전교육Education for Sustainable Development(이하 'ESD')이라는 담론을 낳았다. 2005년 유네스코UNESCO는 ESD를 모든 사람이 지속가능한 미래를 위해 책임을 수용할 수 있도록 새로운 비전을 제시하는 역동적 개념으로 교육 목표와 이념, 삶의 태도와 가치, 생활 양식 등을 전환하는 패러다임으로 정의했다. 이후 ESD는 "모든 연령대의 학습자들이 기후변화와 환경문제, 생태 다양성의 손실, 빈곤, 불평등과 같이 상호 연결되어있는 글로벌한 과제를 풀어가는 지식과 기술, 가치, 태도를 갖추도록 돕는 교육"으로 개념화되었다.[8] 이원영(2024)에 의하면 이는 양질의 교육을 통해 지속가능한 미래 발전과 사회 변화를 위해 요구되는 가치, 행동, 삶의 방식을 배울 수 있도록 하는 교육이다.[9] 지속발전가능이라는 비전이 현실화되기 위해서는 각 분야에서 실천이 수반되어야 하고, 이를 가능하게 하는 수단으로서 교육에 주목한 것이다. 즉, 지속가능발전에 대한 이해와 이를 실행하는 기술 그리고 가치와 태도에 따른 실천이 없다면 지속가능발전은 선언적 의미만 담은 담론으로 남겨지게 된다. 그래서 지속가능발전을 위한 실천이자 도구적 시스템으로서 교육에 주목한 것이다.

2002년 12월 UN 총회는 2005~2014년을 「지속가능발전교육 10년 Decade of Education for Sustainable Development: DESD」으로 설정하면서 교육적 노력을 통해 환경적 온전함, 경제적 자립 그리고 현재와 미래 세대를 위한 정의로운 사회라는 지속가능한 미래로 나아가기 위해 현재와 다른 변화된 형태를 장려하게 될 것이라는 기대를 표출했다. DESD[10]가 제시하는 지속가능발전교육의 기본 비전은 "모든 사람이 교육의 혜택을 받고 지속가능한 미래와 사회 변혁을 위해 필요한 가치, 행동, 삶의 방식을 배울 기회를 갖는 것이다(UNESCO, 2005: 6). 지속가능발전을 위한 교육모델의 내용은 첫째, 새천년 발전 목표는 교육이 중요한 압력 및 지표가 되는 일련의 유형적이고 측정 가능한 개발 목표를 제공한다. 둘째, 모두를 위한 교육Education For All은 모든 사람에게 양질의 교육 기회를 제공하는 방법에 중점을 두고 있다. 셋째, 모든 형태의 구조화된 학습을 위한 핵심 학습 도구를 홍보하는 데 집중한다. 그리고 DESD는 모든 상황에서 학습을 특성화해야 하는 일련의 기본 가치, 관계 프로세스 및 행동 결과를 촉진하고자 했다. DESD에서 제시하는 교육적 노력을 시도하기 위해서는 구체적인 추진 전략이 필요했기 때문에 양질의 기초교육에 대한 접근성 향상, 기존 교육 프로그램의 방향성 재조정, 대중의 이해와 인식 개발, 그리고 훈련 제공 등의 주요 추진 전략을 함께 제시했다.

이후 DESD는 「ESD 국제실천프로그램The Global Action Programme on ESD: GAP」(2015-2019)으로 이어졌다. 지속가능발전을 향한 진보를 가속

화하기 위해 모두가 지속가능발전에 필요한 지식, 기술, 가치, 태도를 배울 수 있도록 교육과 학습의 방향을 재설정하고 모든 영역의 교육과 학습에서 ESD를 강화했다. GAP는 정책 개선, 학습환경 개선, 교육자 역량 강화, 청소년 참여기회 확대, 지역사회 역량 강화 영역에서 실천의 우선순위를 제시했다. 각 영역의 내용에서 주목할 점으로 정책 개선에서는 정책과 운영 주체 간의 통합에 주안점을 둔다. 학습환경 개선에서는 교육 내용과 방법 및 시설 등 모든 수준과 상황에서 ESD에 대한 접근이 전체 기관을 통틀어 이루어져야 한다는 점과 통합을 강조한다. 교육자 역량 강화에서는 교육자가 변화의 주체가 되어야 하며, 이를 위한 역량 강화에 주목한다. 청소년 참여 기회 확대에서도 변화의 주체로서 청소년의 역할을 지지하며 이에 필요한 역량 강화를 강조한다. 지역사회 역량 강화에서는 지역 네트워크 구축과 지역에서 상호학습 기회 제공의 필요성을 지적한다. 실천 영역이 구분되고 있지만 통합적 접근, 네트워크와 협력, 참가자의 주체적 역할 그리고 이를 위한 역량 개발이 공통적으로 강조되었다.

2015년 70차 유엔 총회는 '세계의 변혁: 지속가능발전을 위한 2030 의제'를 채택했고 이 의제 안에 사람, 지구, 번영, 평화, 파트너십에 기반한 17개 목표와 169개 세부 목표를 담았다. 이 가운데 네 번째 목표(이하 SDGs 4)는 양질의 교육, 즉 "포용적이고 공평한 양질의 교육 보장과 모두를 위한 평생 학습 기회 증진"이다. 교육은 SDGs 4에서만 한정되지 않고 다른 의제와도 관련이 있다. SDGs 4로서 교육의 초점은 이전 MDGs(새천년개발목표)에서 강조했던 교육과는 다르다. MDGs에서의 교육은 인간 개발 관점에서 문맹 타파와 교육에 대한 접근성 보장에 초점을 두었지만, SDGs 4에서는 교육을 공공재이자 기본적인 인권이며 다른 권리의 실현을 보장하기 위한 기본권으로 정의했다(이원영, 2024). 포괄적이고 공평한 양질의 평생 학습 기회를 보장하는 교육으로 접근하면서 모든 수준에서 사람들의 삶을 개선하는 데 초점을 두는 것으로 변화했다.

2020년 유네스코는 「지속가능발전교육 2030 로드맵Education for Sustainable Development: A roadmap」을 발표하고, 2021년 5월 지속가능발전교육 2030 회의에서 베를린 선언문을 채택했다. 실천을 위한 5개 영역은 GAP와 동일하다. 교육은 사고방식mindset과 세계관의 긍정적인 변화를 일으키는 원동력이라는 점을 언급하며 지속가능발전을 달성하는 데 있어 교육의 핵심적 역할을 계속해서 강조하고 있다.[11]

이상과 같이 전개되어온 지속가능발전교육에 대한 논의에서 두 가지 상반된 관점을 확인할 수 있다. 첫째는 비판적 관점이 있다. 그것은 지속가능발전교육이 생태철학 원칙을 배제하고 사회적·경제적 문제를 우선적으로 다루는 지속가능발전을 위해 단지 도구적으로만 접근한다는 점이다. 이는 교육뿐 아니라 '지속가능발전' 담론 자체에 대한 비판과 관련이 있다. 즉, 지속가능발전은 서로 다른 지향을 추구하는 것이어서 현실적으로 두 가지를 모두 달성하는 것은 불가능하다는 입장으로 지속가능발전 담론 자체에 회의적인 입장과 연결된다. "'지속가능성'과 '발전'이 과연 양립될 수 있는가?"라는 문제를 제기하는 것이다.[12] 그러면서 ESD가 학습자들에게 지속가능발전에 대한 생각과 지속가능발전이 강조하는 가치를 비판적으로 성찰하면서 창의적이고 책임 있게 시민을 기르지 않고 있다는 점을 지적한다.[13] ESD를 비판하는 관점에서는 대부분의 ESD 접근이 사회 위기의 근본 원인인 지배적 패러다임을 재생산한다고 본다. SDGs를 포함하여 현재 제안된 기후위기의 대안들은 현실적으로 작동할 가능성이 없으며, 실제로 작동하지 않고 있다는 것이 엄연한 현실이라는 것이다.[14]

반면 지속가능발전에 대해 공감하면서 통합적 접근을 위해 학교 교육과정 전반에 지속가능발전교육을 반영하기도 한다. 교과에 반영하기 위한 방안들을 강구하는 연구도 많이 수행되고 있다. 인성교육의 맥락에서 접근한 연구를 예로 들면, 고아라·남영숙(2023)의 연구는 지속가능발전교육에서 인성적 요소를 분석하여 지속가능발전교육이 인성교육과 연계될 수 있다고 제안한다. 연계가 가능하다고 보는 근거는 자기존중, 성실, 정직, 용기, 지혜, 자기조절, 배려, 민주 시민성, 세계 시민성 등의 교육 요소가 인성교육과 지속가능발전교육 모두에서 발견된다는 점이다. 또한 추구하는 교육의 목표에서 유사성이 있고, 연계하는 경우 교육적 효과를 기대할 수 있다는 점을 들고 있다(고아라·남영숙, 2023).[15] 지속가능발전교육에 대해 이러한 점을 염두에 두고 한국의 교육 상황에 대해 살펴보고자 한다.

2) 한국의 교육 상황

2022 개정 교육과정은 개정 방향을 "디지털 대전환, 기후 생태환경, 인구 구조 변화의 가속화, 미래사회의 불확실성 증대 등 교육 내외적 변화를 학교 교육과정에 반영하여 학생이 포용성과 창의성을 두루 갖

춘 주도적인 사람"으로 성장하는 데 중점을 두었다. 교육과정의 방향을 설정하면서 "사회의 불확실성, 확대되는 복잡성과 다양성, 상호 존중과 공동체 의식 함양, 학생 맞춤형 교육, 다양한 교육 주체의 참여, 교육과정 자율화 및 분권화 등 미래사회를 살아갈 학생들이 주도적으로 자신의 삶을 이끌어가는 능력을 개발하고 함양하는 것"을 강조한다.[16] 교육과정 총론에서 지속가능한 미래에 대응하기 위해 교육과정 구성과 추구하는 인간상 및 핵심 역량에서 기후 생태환경 변화에 대한 대응 및 지속가능발전 등 공동체적 가치를 함양하는 생태전환교육을 강조하고 있다.

한편 AI를 교육 분야에 적극적으로 활용하기 위한 정책들이 마련되고 있다. AI 활용에 대해 다음과 같은 기대를 갖고 있기 때문이다. "AI 디지털교과서는 인공지능 기술을 활용하여 학습자 개인의 학습 성향과 수준을 인식하고 이에 맞춰 콘텐츠를 동적으로 조정한다. 학습자의 반응을 실시간으로 분석하여 개인화된 학습 경로를 제공하고, 학습자가 필요로 하는 콘텐츠를 추천한다. 또한 학습 진단 및 분석, 맞춤형 학습 지원, 수업 설계 및 맞춤 처방 지원 등의 핵심 기능을 통해 학습의 효율성을 극대화한다. 이를 통해 학생 한 명 한 명의 학습 방식과 속도, 이해도에 맞춰 교육 콘텐츠를 제공함으로써 모두를 위한 맞춤 교육을 실현한다."[17] 그러나 사회성 및 비판적 사고 저하, 기계적 학습에 의존, 개인 정보 및 데이터 보완, 디지털 격차, 준비 미흡 등의 비판이 제기되고 있다.

한국의 교육 현황 가운데 교육 여건은 각종 지표를 중심으로 살펴볼 수 있다. OECD 보고서에 의하면 한국 학생 1인당 공교육비 지출은

2021년 기준으로 1만 5,858달러다. 이는 전년 대비 12% 증가한 수치로 OECD 평균보다 높다. GDP 대비 공교육비 비율은 2021년 기준 5.2%로서 이 또한 OECD 평균보다 높다. 심각한 수준의 출산율 감소도 영향을 미친 결과이기 때문에 단순히 수치만으로 평가할 수는 없겠지만, 2022년 기준 교사 1인당 학생 수는 초등학교 15.8명, 중학교 13.1명, 고등학교 10.5명이다. 이는 2021년 대비 초등학교 0.3명, 중학교 0.2명, 고등학교 0.2명 감소한 것으로 고등학교의 경우 OECD 평균보다 낮다. 2022년 우리나라의 학급당 학생 수는 초등학교 22.0명, 중학교 26.0명으로 2019년 대비 초등학교 1.0명, 중학교 0.1명 감소했다.

그렇다면, 교육 접근과 참여 및 진학은 어떨까? 취학률은 모든 연령대에서 OECD 평균보다 높다. 청년층의 고등교육 이수율은 2023년 만 25~34세의 경우 69.7%다. 이는 OECD 국가 중 1위다. 2022년 연령별 취학률은 만 3세 95.7%, 만 4세 95.2%, 만 5세 96.8%, 만 6~14세 98.7%, 만 15~19세 84.9%로 각각 OECD 평균보다 높다. 또한 2022 OECD 국제 학업성취도 평가 결과[18]에 의하면, 한국 학생의 학업성취도 평가 점수는 OECD 평균보다 높다. 이러한 내용만 놓고 보면 한국의 교육은 변화하는 교육 환경에 적극적으로 대처하며 교육 변화를 선도하는 측면이 있는 것으로 보인다.

그러나 다른 측면이 있다. 2021 한국 어린이·청소년 행복지수 국제 비교에서 주관적 행복지수는 조사 대상 국가 22개국 가운데 22위다.[19] 교육의 질적 조건과 과정은 학교의 물리적인 환경 및 시설 수준만으로는 측정하기 어렵다. 교육은 심리적인 상호작용을 통해 이루어지기 때문이다. 따라서 학교생활 만족도 같은 학생들의 주관적 평가를 통해 학교교육의 질을 가늠할 필요가 있다.[20] 관련 자료를 보면 학생들의 학교생활에 대한 만족도는 2024년 57.3%로 2년 전보다 6.2%p 증가했는데 남자 59.6%, 여자 54.8%로 남학생의 만족도가 여학생보다 높다.[21] 학교교육에 대한 학부모의 만족도는 학생들의 학교생활 만족도와는 다른 관점에서 학교교육의 질을 가늠할 수 있게 해준다. OECD가 교사 전문성, 학생 성취수준, 교육 방법, 면학 분위기, 학생 관리, 학생에 대한 정보제공, 교육활동 등에 대한 학부모의 만족도를 측정한 결과, 한국 학부모들의 만족도는 4점 만점에 2.86점으로 중간보다 약간 높은 수준이다(2022년 기준). 학생과 마찬가지로 학부모 역시 만족도가 높지 않음을 보여준다. 다른 나라와 비교하면 이를 쉽게 확인할 수 있다. 한국 학부모의 만족도는 OECD 평균보다 0.1점 이상 낮다. 한국의 학교교육이 학생과 학부모의 요구에 좀 더 관심을 갖고 기존의 교육내용과 교육활동을 개선하려는 노력이 필요하다는 지적이 있다.[22]

학업 부담과 입시경쟁, 사교육에 대한 높은 의존도 등도 계속되는 문제로 제기되고 있다. "자녀 교육이 성공했다는 의미가 무엇인가?"라는 질문에 대해 응답자들은 "자녀가 인격을 갖춘 사람이 되었다"(27.0%), "자녀가 하고 싶은 일이나 좋아하는 일을 하게 되었다"(26.1%), "자녀가 좋은 직장에 취직했다"(23.6%), "자녀가 경제적으로 잘산다"(16.5%), "자녀가 원하는 대학에 들어갔다"(6.9%)의 순서로 나타나지만, 현실에서는 다르게 체감된다. 여전히 우선적 관심은 원하는 대학에 들어가는 데 더 우선순위를 두는 것으로 보인다.[23] 일부 지역과 사람들에게 국한되는 문제라고 할 수도 있겠지만, 초등학교 입학

전 유명한 영어학원에 들어가기 위해 치르는 '7세 고시'나 24개월을 대상으로 한 입시전문학원 등 극단적이기까지 한 선행 사교육 상황[24]이 전개되고 있다. 이러한 사교육 현상은 특정 지역과 특정인들에게 국한된 문제이고 대다수 사람은 그렇게 하고 싶다 해도 할 수 없는 상황이라는 의견이 있을 수 있다. 그러나 실제 관여하는 사람은 극히 소수라 하더라도 이 때문에 교육 전반에 엄청난 영향을 미치는 입시 정책이 늘 도망다니는 실정이라면 이야기는 달라진다. 사교육은 '공교육의 그림자'다. 어디든 따라간다는 의미다. 그런데 공교육이 자신의 그림자인 사교육의 모습에 화들짝 놀라서 계속 변화한다. 그림자의 모습이 원래 의도했던 공교육과 다르기 때문이다. 그래서 우리의 교육은 늘 혼돈스럽다.

급격한 변화를 특징으로 하는 지금의 시대에서 교육은 단지 학교교육 기간에만 국한되는 것이 아니다. 전 생애에 걸쳐 이루어져야 하는 활동이고, 많은 이들이 평생 과정으로 학습에 참여하고 있다. 2024년 평생교육통계조사 주요 지표[25]에 의하면 학교 부설, 원격 형태, 사업장 부설, 시민사회 단체 부설, 언론기관 부설, 지식인력 개발 형태, 시·도평생교육진흥원, 평생학습관에 해당하는 5,145개의 평생교육기관이 운영되고 있다. 이들 기관에서 운영하는 프로그램 총수는 26만 9,373개이며 참여하는 학습자는 1,696만 7,826명이다. 2023년 조사 기준으로 한국의 성인 인구 가운데 평생학습에 참여하는 비율은 33.1%다. 교육 유형을 형식교육, 비형식교육 그리고 무형식학습으로 구분할 때 이 비율은 형식과 비형식 교육의 경우에 해당한다. 학습자의 자발적 혹은 우연한 활동이나 참여를 통해 무언가를 새롭게 배우거나 알게 되는 경험을 '무형식학습'이라고 하는데, 오늘날 많은 이들이 쉽게 접하고 있는 유튜브 등을 활용해서 정보를 습득하는 경우를 포함하여 무형식학습에 참여하는 성인 학습자는 전체 학습 참여 인구의 70.9%에 이른다.[26]

교육이 개인의 삶이나 사회와 밀접한 관련이 있다는 점은 곧 개인적 차원과 사회적 차원에서 교육이 매우 중요한 도구적 기능을 한다는 것을 의미한다. 한 사회가 특정한 영역에서 발전을 계획한다고 해도 이를 행할 사람이 없다면 계획을 실천할 수 없다.

그런데 여기에서 이런 질문을 제기할 수 있겠다. 교육은 과연 도구적 기능만 수행하는가? 도구가 기능을 적절하게 수행하지 못해서 결과도 적절하지 못하다면 도구는 변형되거나 폐기된다. 이는 마치 문서 작성 프로그램이 유용성과 활용 적합도가 낮아서 효율적으로 기능하지 못하면 수정하거나 폐기하는 것과 같다. 어떤 제도나 문화를 도구적 관점으로만 접근한다면 그것은 결과 혹은 성과와 관련하여 도구의 유용성을 판단하여 수정하거나 폐기하게 된다. 즉 교육을 도구로서만 본다면 교육의 성과와 관련하여 판단하게 된다는 것인데, 그 성과를 무엇으로 보느냐에 따라 교육이라는 도구는 변형될 수밖에 없다.

그렇다면 우리 사회는 교육에서의 성과를 무엇으로 보는가? 무엇에 역점을 두고 있는가? 어떤 교육이 이루어지고 있는가? 오늘의 한국 교육에 대해 어떤 평가를 내릴 수 있을까? 지금의 교육이 지속되는 데 문제는 없는 것일까? 과연 지속되어야 할 '양질의 교육'이 이루어지고 있는가?

한국 사회에서 교육 기회는 이미 보편화되어 있다. 그렇다면 '좋은 교육'을 위한 조건도 마련되었을까? 그리고 이를 교육 환경의 외적인 측면만으로 평가할 수 있을까? 어린이와 청소년을 위한 '좋은 교육'은 그들 세대뿐 아니라 그들의 다음 세대에까지 영향을 미친다. 교육과 사회는 영향을 주고받으며 어떤 측면이든지 서로의 결과를 심화시켜나간다. 세계은행의 세계개발지표의 2016년 자료에 의하면, 10명 중 9명의 어린이가 초등교육을 마쳤지만 전 세계적으로 4명 중 3명만 중학교를 마쳤는데 저소득 국가의 상황은 더 나쁘다. OECD의 지속가능개발목표의 네 번째 목표는 포괄적이고 공평한 양질의 교육을 보장하고 모든 사람을 위한 평생학습 기회를 증진하는 것이다. 이 목표에 따른 첫째 목표는 2030년까지 모든 여아와 남아가 무상으로 공평하게 양질의 초등 및 중등 교육을 마쳐 관련성 있고 효과적인 학습성과를 거두도록 하는 것이다. 그러나 현재 진행 속도로는 많은 국가가 이 목표를 달성하지 못할 것이라는 평가가 있다.

이러한 점에 비추어볼 때, 한국의 교육 상황은 매우 좋다. 그러나 개인의 삶과 국가의 상황이 거주하는 지역 공간과 국가적 경계 안에서만 이루어지는 것은 아니다. 가톨릭의 사회교리 원칙에는 연대성과 보조성이 포함된다. 사회교리란 사회·경제 생활에 관한 교회의 가르침을 의미한다. 교회가 사회문제나 경제문제에 전문가는 아니지만 이들 문제가 인간의 삶에 깊은 영향을 미치고, 또한 신앙인은 결국 삶에서 신앙을 실천하는 존재이므로 사회와 경제문제에 무관심할 수 없다. 확산되고 있는 '무관심의 사회화'를 극복하기 위한 노력이 필요한 시점이다. 이런 맥락에서 교육에 대해 그리고 양질의 교육에 대해 다시 성찰할 필요가 있다. 그리고 '양질의 교육', '좋은 교육'이라는 관점에서 우리의 교육을 되돌아볼 필요가 있다.

3) 가톨릭 교육, 생명을 위한 교육

지속가능발전교육에 대한 비판 가운데 하나가 교육을 도구적으로 접근한다는 점에 있다. 이런 경우 비판적 사고, 성찰적 활동, 창조성 등을 간과할 수 있다는 염려를 하게 된다. 지속가능발전교육에서도 교수 학습의 혁신을 강조하고 비판적 사고, 성찰적 활동, 창조성 등을 강조하고 있는데, 어찌 된 일일까? 그것은 지속가능발전교육 현장에서 더욱 근본적인 가정에 대해 질문하지 않는다는 의미일 것이다.

이런 관점에서 가톨릭 교육은 생명을 위한 교육으로서 지속가능발전교육에 제기되는 한계를 극복하면서도 지속가능발전 담론이 지향하는 공동선을 추구하는 방향과 함께할 수 있는 교육이라고 본다. 근거를 제시하기 위해 우선 가톨릭 교육의 특성에 대해 살펴보겠다.

(1) 교육의 궁극적 목적은 무엇인가?

교육을 통해 우리는 무엇을 알 수 있게 되고, 할 수 있게 되고, 어떤 사람이 되어간다. 그런데 과연 궁극적인 교육의 목표는 무엇일까? 토마스 그룹은 교육을 존재론적 일로 본다. 교육은 존재를 형성시키는 일, 즉 그들이 어떤 사람이 될 것인지, 어떻게 살아갈 것인지를 형성시켜주는 일로 본다. 무엇을 할 수 있도록 가르치지만, 그 또한 어떤 사람이 될 것인지를 위한 것이기도 하다. 그러므로 교육자는 무엇을 가르치는가에 상관없이 사람들을 가르치고, 잘 가르치면 가르칠수록 전인 형성에 좋은 영향을 미치게 된다. 이때의 전인 형성이란 이성적·정의적·실천적 차원 모두에서 영향을 미친다는 의미다.

그룹은 교육에 대해 이렇게 말할 수 있는 근거를 밝히기 위해 그리스 철학자 플라톤을 인용한다. 플라톤은 교육을 학습자의 영혼을 변화시키는 가장 중요한 촉매제가 된다고 했다.[27] 또한 인간다워지고 인간답게 행동하게 되는 인간화 교육의 결과는 지혜이며, 지혜로운 삶을 살게 된다고 한다. 플라톤의 제자인 아리스토텔레스는 교육이란 지식을 전달하는 차원을 넘어 인격을 형성시키는 것으로서, 사람들은 앎을 통해 자신의 '존재' — 자신이 누구이며, 어떻게 살 것인가? — 를 형성하게 된다고 했다.[28] 플라톤과 아리스토텔레스 모두 교육의 궁극적인 목적은 덕을 갖춘 삶을 통해 인생의 행복을 만들어가는 것이라고 했다.[29]

공생활을 시작하신 예수님은 하느님 나라를 위해 어떻게 살아야 하는지를 가르치셨다(마르 1,14-15). 가르침은 사랑과 연민, 평화와 정의, 거룩함과 자유에 대한 것이었는데, 궁극적인 의도는 모든 사람이 생명의 충만함을 얻도록 하기 위함이었다. "나는 양들이 생명을 얻고 또 얻어 넘치게 하려고 왔다."(요한 10,10)

토마스 그룹은 학부모, 교사 등 모든 가톨릭 교육자들에게 가톨릭 교육의 영적 비전, 가톨릭 교육 철학을 소개하기 위한 책의 제목을 『생명을 위한 교육*Educating For Life*』이라고 했다. 그는 교육자들이 '모든 이를 위한 생명의 교육'이라는 비전을 공유하기를 희망했다.[30] 생명을 위한 교육은 인간화를 추구하는 모든 교육에 적용 가능하다고 보았다. 그렇다면 왜 생명을 위한 교육일까? 그 이유를 『생명을 위한 교육』에 제시된 가톨릭 교육의 특성을 통해 살펴보겠다.

(2) 가톨릭 교육의 실체적 특성

가톨릭 교육의 특성 가운데는 다른 그리스도교 종파에서도 중시하는 것들이 있다. 그러나 어떤 특성을 가톨릭 교육의 특성이라고 할 때는 가톨릭 안에서 강조되는 형태와 정도가 다르다.[31] 그룹은 우리의 정체성을 성찰하고자 할 때 "다른 사람들이 우리를 보는 것처럼 자신을 보라"는 격언을 인용하면서 침례교 신학자가 외부에서 바라보는 특성이야말로 가톨릭이 갖는 뚜렷한 특성이라 주장한다. 첫째이자 가장 기본이 되는 것은 가톨릭의 긍정적인 인간론이다. 이는 인간 조건에 대한 박애적 혹은 자애적 이해로서 다른 특성과 연결된다. 둘째, 성사성에 대한 확신이다. 이는 일상적인 매일의 삶에서 언제나 '더 나은' 것이 발견될 수 있다는 확신을 말한다. 셋째, 가톨릭의 관계와 공동체에 대한 강조인데, 이는 인류가 "서로를 위해 존재한다"는 확신으로 이어진다. 넷째, 가톨릭의 역사와 전통에 대한 헌신이다. 가톨릭은 우리의 앞선 세대들이 전해준 그리스도교 신앙의 성경과 성전을 비롯한 지혜, 예술, 학문의 유산들을 존중한다. 다섯째, 가톨릭은 지혜로운 합리성을 존중한다. 삶의 지혜와 책임을 장려하는 성찰적인 앎의 방식을 존중한다는 의미다.

토마스 그룹은 위의 다섯 가지 특성에 가톨릭의 세 가지 실체적 특성을 더한다. 그것은 삶의 거룩함을 추구하는 영성, 하느님 나라의 정의와 사회적 가치를 위해 일한다는 점, 모든 사람을 환대하는 가톨릭의 보편성 등이다. 이러한 특성은 가톨릭 신앙의 가르침 안에서 중요하게 가르쳐지는 것이며, 신앙인의 삶에서 실천되어야 할 것이기도 하다. <표 1>은 토마스 그룸의 『생명을 위한 교육』에 담긴 가톨릭의 실체적 특성과 이를 교육에 반영할 때 고려할 수 있는 사항 가운데 일부를 정리한 것이다.

표 1. 가톨릭의 실체적 특징과 교육에 대한 시사점

특징		내용
학습자에 대한 관점: 가톨릭 인간론	인간은 어떤 존재인가?	• 하느님의 모상을 지닌 본질적으로 선하고 존엄한 인간 • 하느님의 영 안에서 살며 육체와 영혼의 합일체로서 인간 • 하느님의 동반자이면서 언제나 하느님의 은총을 필요로 하는 인간 • 공동체 안에서 동반자로서의 인간 • 자유, 권리, 책임을 가진 인간 • 되어가는 존재, 알아가는 존재, 창조해가는 존재로서 인간 • 자기 '본성' 안에 새겨진 신적 법을 가진 인간 • 역사를 만들 수 있는 주체적인 행위자로서 인간 • 사랑으로 창조되고 사랑하기 위해 창조된 인간 • 영원성의 운명을 지닌 인간
	교육에 대한 적용	• 학습자에 대한 긍정적 접근, 학습자에 대한 기대와 사랑, 학습자를 행위 주체로 받아들이고 교육하기 • 인간의 모든 소질 계발하기 • 인간의 자유·권리·책임을 증진하는 데 헌신하기
	교육 실천을 위한 헌신	• 학습자들의 관심에서 시작하고 새로운 흥미 창출 • 학습자들의 삶과 관련된 그리고 삶을 위한 교육과정 마련, 학습자들이 성찰할 수 있는 질문을 하고 성찰로 이끄는 활동 마련하기 • 학습자들을 도전하게 하기 • 흥미 유발 방법 강구, 가르치는 것에 대해 열정 갖기 • 다양한 교육 방법 사용하기 • 가능하다면 학습자 자신의 생성력을 요구하는 다양한 과제 부과하기 • 학습자들이 의미를 부여하도록 돕기
세상에 대한 관점: 가톨릭 우주론	세상에 대한 이해	• 하느님께서 만드셨던 것(과거), 만드시는 것(현재), 만들어지도록 하시는 것(미래)은 그 어떤 것도 본질적으로 악하지 않고 선함. 세상을 은혜롭고, 의미 있으며, 가치 있다고 보는 태도 • 모든 것 안에 계신 하느님 • 일상적인 삶을 통해 우리에게 다가오심
	교육에 대한 적용	• 심미적 의식과 찬미 의식 높이기 • 삶이 의미 있고 가치 있다는 감각 권장하기 • 세상 가운데 그 이상의 것에 대해 민감해지기 • 상상력 펼치기
	교육 실천을 위한 헌신	• 관찰하기 • 몰입하기 • 생각과 느낌을 자신만의 고유한 방식으로 표현하기

특징		내용
사회에 대한 관점: 가톨릭 사회론	사회에 대한 이해	• 서로를 위해 창조된 인간 • 인간은 오직 공동체를 통해서만 참된 인간이 될 수 있음. • 공동선에 기여해야 할 책임이 있음. 우리 자신만이 아니라 타인의 행복에 대해서도 관심을 기울이고 노력해나갈 때 참으로 우리 자신이 되고 하느님의 사람이 될 수 있음
	교육에 대한 적용	• 협력해서 일해나가는 것 가르치기 • 공동선에 기여하는 시민 양성 • 민족과 인종의 장벽을 넘어 나와 다른 사람에게 개방적이 되고, 연대를 구축하도록 가르치기 • 생명의 공동체 안에서 가르치고 배우기
	교육 실천을 위한 헌신	• 대화 • 협동적 배움, 상호지원
지식에 대한 관점: 가톨릭 인식론	지식에 대한 이해	• 지성은 하느님의 선물이며, 이해를 추구하는 신앙 • 가톨릭 인식론은 앎의 과정에서 정신, 의지, 육체, 감정을 모두 포함하는 전인적 차원을 중요시함 • 정신은 이성, 기억력, 상상력 등의 내적 구조를 이용하여 정보를 성찰함. 정신의 세 가지 능력이 함께 작용할 때, 사람들은 비판적·역사적·창조적으로 생각할 수 있게 됨
	교육에 대한 적용	• 이론과 실천의 통합 • 참된 것을 알고 실천하는 것에 대한 깊은 열정과 그런 방식으로 다른 사람들도 교육하려는 깊은 열정 격려하기 • 스스로 생각하게 하기(대화, 삶의 의미에 대해 생각하도록 하기)
	교육 실천을 위한 헌신	[참여를 촉진하도록 질문하기] • 삶을 바라보고 묵상하며 표현하도록 하는 질문 • 삶에 대한 비판적 성찰을 위한 질문 • 전통에 대해 성찰하는 질문 • 개인적 내면화를 위한 질문 • 의사결정과 선택을 위한 질문

특징		내용
전통에 대한 관점: 가톨릭의 역사와 전통에 대한 이해	전통에 대한 이해	• 가톨릭은 계시신학, 인간 역사는 계시의 매개체 • 역사는 하느님이 인간과 대화하는 표준적인 매개체 • 전통을 생명의 원천으로 존중, 전통에 헌신하는 것 장려 • 성경과 성전은 하느님의 자기계시가 축적된 상징
	교육에 대한 적용	• 보존: 전통을 오래된 지혜로 존중하기, 전통을 보존하고 전달하기 • 해방: 전통을 인간화하는 방식으로 가르치고 배우기 • 기념: 생명을 기념하는 방식으로 전통을 가르칠 필요가 있음
	교육 실천을 위한 헌신	• 전통에 대한 비판적 성찰 • 전통과 접촉(삶과 관련하여 만나게 하기) • 전통의 텍스트와 학습자 사이 격려 • 삶에 대한 비판적이고 창의적인 내면화로의 초대
정의에 대한 관점	정의에 대한 이해	• 그리스도교의 정의는 "모든 사람이 마땅히 받아야 할 몫"을 포함할 뿐 아니라 그것을 넘어서기 • 현대 교회에서 정의는 사회적 가르침의 핵심 • 정의는 곧 이웃 사랑. 사랑은 정의를 요구
	교육에 대한 적용	• 정의를 위해 교육할 책임이 있음 • 정의에 대한 개인적 열정 필요 • 성공을 다시 정의하고 작은 노력도 가치 있다는 것 기억하기
	교육 실천을 위한 헌신	• 봉사 경험 제공 • 봉사 경험 성찰과 공유

특징		내용
영성에 대한 관점	영성에 대한 이해	• 영성이란 하느님과 의식적인 관계를 맺기 시작하라고 부추기는 갈망 • 하느님께 대한 거룩한 갈망 • 영적 성향은 존재 깊숙한 곳으로부터 나옴. 하느님의 영 • 인간은 육체와 영혼의 결합체 • 영혼은 인류 안에 깃든 하느님의 생명
	교육에 대한 적용	• 사람들을 영적인 존재로 존중 • 침묵을 교육에 적용
	교육 실천을 위한 헌신	• 학습자의 내면을 표현하도록 격려 • 일상적인 것에 경외심을 갖도록 격려 • 학습자 개인의 정서를 탐색하고 평가하도록 격려 • 무엇을 가르칠 것인가를 선정할 때 영혼의 돌봄 고려 • 영적 식별과 의사결정 격려
개방성· 보편성에 대한 관점	개방성에 대한 이해	• 보편적인 사람이 되는 것이 인간의 종교적 소명에 필수 • 가톨릭의 보편성은 모든 사람의 복지, 권리, 정의를 위한 헌신과 모든 이를 향한 변하지 않는 사랑을 수반함.
	교육에 대한 적용	• 포용과 환대의 공동체를 만들고 그 안에서 학습자 만나기 • 세계 시민 의식 기르기 • 평생학습 실천
	교육 실천을 위한 헌신	• 호기심 자극 • 돌보는 환경 마련 • 지속적인 학습을 하게 하는 도구 제공

(3) 가톨릭 교수법과 교수자의 헌신

① 가톨릭 교수법

가톨릭 교수법이란 가톨릭의 실체적 특성을 교육에 적용한 교수법을 의미한다. 토마스 그룹은 이를 "삶에서 신앙으로, 다시 삶으로"[32]라고 명명했다.

"삶에서 신앙으로, 다시 삶으로"의 접근은 가톨릭의 신앙고백적 상황에서 교육뿐 아니라 비신앙고백적 상황의 교육에도 적용 가능한 교수활동이다. 즉 지성head, 마음heart, 실천hand을 통합하는 접근이다. 이는 루카복음서의 엠마오로 가는 두 제자에게 나그네의 모습으로 나타나신 예수님이 보여주신 교육적 접근이기도 하다. 토마스 그룹은 이 접근을 소개하면서 시대에 걸친 지혜이며 교회의 정신이 반영된 방식이라고 한다.

교수법으로서의 특징은 참가자들이 자신의 사회문화적 실재에 기초하여 자신만의 고유한 역사적 상황에 대해 비판적으로 성찰하는 참여적이고 대화를 활용하는 교육방식이다. 또한 공동체와 함께 신앙공동체의 전통, 역사, 공동체의 이야기를 주제로 대화하고 하느님 나라를 지향하는 신앙교육의 접근이다. 그러나 신앙교육뿐 아니라 다양한 교육 상황에 모두 적용 가능하며, 지속가능발전의 여러 주제를 사회적 이슈와 함께 다룰 때도 적합하다.

"삶에서 신앙으로, 다시 삶으로"는 하나의 방법이 아닌 접근이라고 표현하는데, 그 이유는 유연하게 적용할 수 있다는 점 때문이다. 그리고 신앙고백적인 상황이 아닌 일반적인 교육 상황에서는 '신앙' 대신에 '이론' 또는 '학습 내용'을 넣어서 진행할 수 있다.

표 2. "삶에서 신앙으로, 다시 삶으로" 접근

구분	주요 활동 개요
활동 1	• 현재 상황에 대해 명명(naming)하고 표현하는 활동 • 참석자들이 주제에 대해 생각하고 자신의 이해와 느낌, 반응에 대해 이름을 붙여 표현하는 활동 • "우리의 삶을 바라봅시다" • "이 주제와 관련하여 우리의 상황에 이름을 붙여봅시다"
활동 2	• 비판적 성찰: 관련 주제에 대해 개인적·사회적 경험을 떠올려 보기 • 이성과 기억, 상상력 활용 • 왜 그런 생각을 하게 되었는지, 어떤 영향을 받은 것인지 성찰하기
활동 3	• 그리스도교 공동체의 이야기와 비전에 대한 나눔 • 주제에 대한 그리스도교 공동체의 이야기와 영적 비전에 대해 듣기 • 이론적인 내용을 만나는 활동
활동 4	• 그리스도교 이야기에 대해 참가자들의 이야기 나눔 • 참가자들은 그리스도교 공동체의 이야기(혹은 이론, 가르침)를 만난(혹은 들은) 후 대화하면서 "아하~"라는 깨달음의 순간을 경험하는 시기
활동 5	• 살아있는 신앙을 위한 결정과 응답: 그리스도교 신앙의 영성적 지혜와 가르침으로부터 배운 것에 대해 응답하며 실천을 시작하는 시기 • 개인적 혹은 공동체와 함께 실천할 비전 제시하기

그림 1. 렘브란트, 〈엠마오의 그리스도〉, 1648, 나무판 유화, 루카복음 24장, 파리 루브르 박물관

② 교육자의 헌신

가톨릭의 실체적 특성을 바탕으로 가톨릭 교육을 실천하고자 할 때, 교육자가 가져야 할 헌신이 있다. 토마스 그룹은 이들 활동에 대해 '헌신'할 것을 권한다. 내용을 보면 일반적인 교육에서 효과적인 수업 운영을 위해 강조하는 것과 유사하다. 그런데 왜 헌신이라고 칭했을까? 그것은 교사가 일곱 가지 활동을 수행한다 해도 즉각적으로 결과가 나타나지 않을 수 있으며, 특히 학생과의 상호작용 과정에서 이를 실천하기가 쉽지 않기 때문이다. 일곱 가지 헌신은 교사가 시작할 수 있지만, 실행은 학생이 수행할 때 이루어진다. 이런 점에서 다음의 활동에는 교사의 헌신을 필요로 한다. 토마스 그룹이 인간화 교육을 촉진하기 위해 제안하는 헌신은 다음과 같다.

첫째, 참여시키기engaging. 교육자의 중요한 헌신은 처음부터 학습자들을 적극적인 참여로 끌어들이고, 과정 내내 그들의 '흥미'를 유지시키는 것이다. 사람들이 교육적 과정에 개인적으로 참여하지 않았을 때, 삶의 중요성은 거의 학습될 수 없다. 반대로, 교수법이 학습자의 핵심에 이른다면, 그들이 진정으로 흥미를 느끼고 참여하게 된다면, 의미 있는 학습이 이루어질 것이고 그 결과는 아마도 지혜로 이어질 것이다. 개인적 참여가 이루어지려면 학습자가 진정으로 흥미를 느끼는 무엇인가로 이끌어야 한다. 흥미를 자극하는 가장 쉬운 방법은 사람들을 자기 삶의 경험과 세상 속에서 자신의 상황, 자신의 삶으로 이끄는 것이다.

둘째, 주의 기울이기attending. 교육자는 학습자들이 주의를 기울이도록 격려하는 데 헌신해야 한다. 학습자의 경험, 주도성, 의식으로 들어오는 모든 것에 주의를 기울이는 것을 의미한다. 모든 이의 생명을 위한 교육자는 학습자들이 세상 안에서 바라보고, 듣고, 흡수하면서, 생명의 세계에 참여하고, 기여하고, 책임을 지도록, 즉 '주의를 기울이도록' 헌신한다. 주의를 기울이는 것은 우선 감각기관으로부터 시작한다. 학습자들이 감각기관으로부터 오는 자료에 주의를 기울이는 것은 인간 관심의 첫 번째 단계다. 교육자들은 이것을 넘어서 학습자들이 창조하는 전체 '의미의 세계'에 관심을 갖도록 해야 하고, 그들이 만나게 되고 적극적으로 참여하는 삶에 관심을 가지고 그것을 확장하여 오랫동안 인류에 의해 창조된 문화로부터 온 세계, 즉 그들의 유산인 지혜, 지식, 미학의 전통에 반영된 의미의 세계에 관심을 갖도록 해야 한다.

셋째, 표현하기expressing. 라틴어 어원에서 express(표현하다)는 자신 밖으로 나가서 다른 사람들과 함께 존재한다는 의미이다. 표현할 때, 우리는 자아를 표현함으로써 완전히 살아있게 된다. 학습자들이 표현하는 것은 그들의 세계 안팎에서 나오는 생각, 감정, 행동일 수 있다. 그들 주위 세계에서 "일어나고 있는 것"에 "이름 붙인" 것일 수도 있고, 의미의 세계 안에서 지혜, 지식, 예술의 전통과 만날 때 일어나는 일에 이름 붙인 것일 수도 있다. 학습자들이 스스로를 표현하는 방법은 인간 의사소통의 어떤 형태로도 가능하다. 가장 쉽고 분명한 형태는 말하는 것이지만, 상상력이 풍부한 교육자들은 모든 표현 형태를 격려할 수 있다.

넷째, 성찰하기reflecting. 무언가를 알기 위해 학습자들은 자신이 무엇을 배우고 있는지에 대해 성찰해야 한다. 자기성찰을 통하지 않고 수동적으로 받아들여진 지식은 인간화되기에는 미흡한 지식이다. 세상 속에서 학습자들의 삶의 모든 측면, 그리고 그들이 만나는 인문학, 과학, 예술의 모든 측면에 관해 학습자들은 스스로 생각할 필요가 있다. 학습자들이 스스로 생각하게 하기 위해 교육자들은 이성, 기억, 상상력을 모두 사용하도록 촉구해야 한다. 성찰하는 것은 신체가 되새김질rumination하는 것과 같다. 즉 신체에 저장된 기술, 직관, 그리고 상식에 귀 기울이는 것이다. 사람들이 의식적으로 역사적 상황을 고려할 때, 매일의 일상과 자신의 세계 안에서 무엇이 일어나고 있는지 탐구할 때, 성찰은 분별과 창조적인 의미에서 '비판적'이 된다. 그리고 개인적으로 행하는 비판적인 성찰은 자신만의 지혜가 된다.

다섯째, 접근하기access. 인류의 모든 세대는 인문학, 과학, 예술에 집약된 지혜, 지식, 그리고 아름다움의 유산에 접근할 자격이 있다. '접근'이라는 단어를 사용하는 이유는 학습자와 전통 사이의 만남을 의미하기 때문이다. 학습자는 전통을 '주입받거나' '전달받는' 것이 아니라 전통을 스스로 재발견하는 적극적 행위자다. 교사와 부모는 학습자(자녀)들이 그들의 유산에 '대해 아는 것'에 안주하지 말고, 이러한 유산이 사람들의 삶을 건드리고, 그들의 '존재'를 형성하고, 모든 이의 생명을 위해 작용하도록 해야 한다. 교육자들은 학습자들이 그들의 삶과 세계에서 전통이 의미하는 바가 무엇인지 선택하면서 전통을 자신의 것으로 만들도록 격려하는 방법으로 전통에 접근하게 할 수 있다.

여섯째, 내면화하기appropriating. 학습자는 참여하고, 관심을 기울이고, 표현하고, 성찰하고, 전통에 접근할 때, 자신만의 지식과 지혜를 갖게 된다. 교육자는 모든 이의 생명을 위해 삶과 전통에서 오는 '축적된 문명의 유산'들을 학습자가 스스로 보고, 이해하고, 판단하고, 결정하도록, 즉 내면화하도록 도와야 한다. 내면화한다는 것은 학습자들이 외부의 권위에 의해 학습 내용을 받아들이는 것이 아니라 확신을 가지고 경험하면서, 스스로 포용한 지식과 지혜에 도달한다는 것을 의미한다.

일곱째, 결정하기$_{deciding}$. 이는 사람들을 결정과 헌신으로 인도하는 것을 의미한다. 만약 교육자가 학습자에게 결정하도록 권유하지 않는다면, 학습자들이 단지 머리 안에 있는 것들에 '대해 아는 것'에 안주하게 하는 것과 같다. 학습자들이 '앎'과 '존재'를 결합할 수 있도록, 지식과 책임, 지식과 지혜를 결합할 수 있도록 도와야 한다.

이상의 일곱 가지 활동은 서로 연결되어 있어 부분적으로 일어나지 않는다. 만약 한 개라도 실행하지 않는다면 다른 것이 작용하지 않을 수도 있다. 이들 활동은 일차적으로는 교육자가 실행할 부분이지만, 학습자가 실행하고 그 자체가 학습 결과물이 될 수도 있다. 즉 지식·이해, 과정·기술, 가치·태도라는 학습 목표 영역에 따라 구분하자면 과정·기술의 영역에서 성취해야 할 학습 목표가 될 수도 있다. 여기에 한 가지 덧붙일 것이 있는데, 그것은 '기다리기'다. 학습자의 관심 정도와 속도가 다르다고 한다면 교육자의 '기다리기'도 중요한 헌신이 될 수 있겠다.

4) 프란치스코 교황의 '삶을 살리는 교육'

우리의 존재 방식 중 하나인 교육

"교육은 우리의 존재 방식 가운데 우리 마음을 가장 깊이 움직이는 예술 가운데 하나라고 할 수 있습니다. 교육은 끊임없이 우리 지평이 확장되기를 요구합니다."

"매일매일 아이들의 창조성, 아이들의 희망에 경이를 느낄 정도로 우리의 마음은 충분히 열려 있습니까? 우리는 아이들의 발상에 놀라움을 느낍니까? 우리는 아이들의 진지한 모습에서 경이를 느낍니까? 또한 우리는 아이들의 수많은 장난과 교실에서 맞닥뜨리는 표현할 길 없는 말썽꾸러기 모습에서 경이로움을 느끼고 있습니까? 우리 마음은 충분히 열려 있습니까? 아니면 이미 닫아, 습득된 지식과 정착된 교육방법론을 갖춘 박물관에 봉인했습니까? 모든 것이 완벽하고 이미 구비된 내용만 적용할 뿐, 새로운 것을 더는 받아들일 필요가 없는 박물관이 되어버린 것은 아닐까요? 우리 마음은 아이들의 생기 넘치는 모습을 알아볼 수 있을 만큼 충분히 수용적이고 겸손합니까? 만약 그렇지 않다면 심각한 위험이 우리에게 닥쳐올 것입니다. 우리 마음이 돌처럼 굳어질 위험 말입니다. 만약 부모의 마음이, 교육자의 마음이 돌처럼 굳어진다면, 아이들은 빵 다섯 덩어리와 물고기 두 마리를 들고도 그것을 누구와 나누어야 할지 알지 못한 채 우두커니 서 있을 것입니다. 아이들의 희망은 절망으로 바뀔 것이요, 연대는 산산조각 날 것입니다."
― 안토니오 스파다로, 「베르골료가 말하는 교육의 일곱 기둥」

「베르골료가 말하는 교육의 일곱 기둥」Sette Pilastri Dell'Educzione Secondo J. M. Bergoglio이라는 짧은 글에는 교육에 대한 프란치스코 교황의 관점이 담겨 있다. 호르헤 마리오 베르골료는 프란치스코 교황의 이름이다.

사제와 주교직을 수행하면서 "교육은 언제나 그의 마음에 담겨 있던 주제였다"고 한다.³³ 교황직을 수행하기 전에 가톨릭 교육자로서 그가 실행한 교육에서 앞서 살펴본 가톨릭 교육의 특성이 구체적으로 어떻게 표현되고 있었는지를 파악하는 것은 가톨릭 교육에 대한 이해를 도울 것이다.

그의 교육에서 첫째 기둥은 '통합하는 교육'이다. 그는 교육이 시민 공동체를 건설하기 위해 사람들이 함께 모이고 공동 투신을 하는 데 필수적인 장이 된다고 보았다. "교육한다는 것은 국가를 만드는 것과 같다", "교육에 관한 우리의 과업으로 세상과 사회를 집으로 여기는 감각을 일깨워야 한다"는 것이다. 교육 사업이 이런 의미를 갖는다고 할 때 통합은 교육의 출발이자 지향이 되어야 한다는 것을 의미한다.

둘째 기둥은 교육에서 '다양성을 존중하고 동반'하는 것이다. 교육이 사람들이 미래를 함께 건설하고 공동의 역사를 만드는 것이라고 한다면 다양성을 받아들이는 것은 중요하다. 오늘날 같은 다양화 시대에 이 점은 더욱 주목해야 할 부분이다. 그래서 교황은 교육자들에게 생각과 마음을 다양성에 열어두라고 제안한다. 그에 의하면 다양성을 존중하는 것은 대화와 사랑으로 표현된다. 그것은 곧 상대방을 인정하는 것을 의미한다. 상대방을 흡수하는 것이 아니라 있는 그대로 존중하라는 것이다. 이때 도전이 되는 것이 있는데, 그것은 차이를 인정하는 것이다. 차별에는 대항하고, 차이는 인정할 것을 권한다. 현대사회는 다양성이 더욱 심화되고 있다. 그래서 교황은 "모든 그리스도교 교육의 본질적인 사명은 전적으로 포용에 투신하는 것이며 포용을 위해 일하는 것입니다. 가장 많이 소외된 이들에게 우선적 관심을 갖고 교육을 제공하는 것은 교회가 오랜 기간 실천해왔던 일입니다. 그런데 어떤 폭풍이 교육의 이러한 복음적 목표로부터 우리를 벗어나게 했습니다. 가난한 이들에게 무상교육을 제공하는 것은 오랜 기간 교회가 꿈꾸고 실천하는 일이었습니다. 그런데 그 꿈이 어디로 사라져버렸습니까?"[34]라고 묻는다.

셋째 기둥은 '변화하는 인간 이해를 마주하는 것'이다. 가톨릭교회는 하느님의 모상으로 지어진 존재로서 인간을 본다. 그리고 이를 표현하는 언어를 사용한다. 그런데 인간에 대한 이해를 달리하는 오늘날의 상황은 도전이 될 수밖에 없다. 다양한 관점으로 인간을 이해하는 이 시대는 가톨릭 인간관을 가진 이들에게 도전이 된다. 생명의 시작과 종말에 대한 생각이 다름에서 오는 관점들을 생각해보라. 그렇기 때문에 이해하기 어렵고, 새로운 도전이라는 현실을 직면하고 현실적 접근 방안을 찾아야 한다. "예수 그리스도를 새로운 세대에게 어떻게 선포할 것인가에 대해 스스로 질문해야 합니다"라고 하면서 "교육이야말로 핵심적인 사명"이라는 점을 재차 강조한다. 이러한 관점은 『삶을 살리는 교육』에도 제시되어 있다. "교육자로서 우리가 맡은 과업은 원래 하는 것을 그대로 하는 것이 아니라 새로운 것을 창조하는 것이며, 역사의 한가운데서 새 건물에 쓰일 벽돌을 쌓기 시작하는 것이다. 여기서 '역사의 한가운데 있다'는 말은 우리가 과거를 담고 있는 현재 속에 처해 있음을 의미한다. 이미 알고 있는 것으로부터 새로운 것을 시작하는 길을 열어야 한다. 창조적으로 행동한다는 것은 지금 있는 바를 매우 밀도 있고 신중하게 숙고하면서 어떤 길을 찾아내는 것을 말한다."[35]

넷째 기둥은 '마음을 움직이는 교육으로서의 부단함'이다. 청소년들이 교회의 유산을 기쁘게 물려받아 단지 상자 속에 담아두지 않도록 교육자들은 새로움을 추구하고 움직여야 함을 말하고 있다. 교회의 선조로부터 물려받은 유산을 보존하는 유일한 길은 수동적이거나 적응하는 것을 의미하지 않는다. 자유로이 유산을 받아들여야 하고, 그러기 위해서는 마음을 움직이는 부단함이 있어야 한다. "부단함의 지혜는 자신을 넘어 초월적 가치를 따라 살도록 이끈다." 깨어 있는 부단함을 강조하는 것은 곧 침묵하게 하는 시스템을 경계해야 한다는 의미이기도 하다.

다섯째 기둥은 '질문을 통한 교육'이다. 탐구하고 질문함으로써 성숙한 인격을 형성할 수 있으며, 인격은 식별을 거친 선택을 하고 완전히 성숙한 방식으로 신앙에 충실할 수 있게 한다는 점을 중요하게 여긴다. 주입식으로 하는 교리수업, 단순하게 전달하는 도덕 규범은 공허하다고 본다. 그래서 교육자들에게 용기를 갖고 창조적으로 가르칠 것을 강조한다. 능동적인 희망의 특징이기도 한 창조성을 찾을 것을 호소한다.

여섯째 기둥으로 '한계를 분명히 인식할 것'을 요청한다. 프란치스코 교황은 다른 이들의 한계, 특히 한계가 분명히 드러날 때 각별한 주의를 기울이는 것을 '온유함'이라고 했다. 한계를 넘어서는 일은 발전하는 과정이기도 한데, 이 과정에는 신뢰가 자라는 은총과 사소한 것에 들이는 세심한 주의가 공존한다고 본다. 피교육자에 대한 확고한 개방적 태도, 즉 돌볼 수 있다는 태도를 갖추지 않으면 교육자라고 할 수 없다고 했다.

일곱째 기둥은 '교육을 가족과 관련하면서, 생명을 낳는 풍요로움'

이라 한다. 쉼 없이 끊임없는 태도와 질문을 주저하지 않는 살아있는 교육은 진리에 대한 포괄적 접근과 포용적인 접근법을 갖는다. 이는 교육에 대한 베르골료의 비전이기도 하다. 가족과 교육을 관련지을 때 교육에서 세대 간 관계와 경험의 이야기가 포함되며, 대화가 중요한 역할을 한다. 그에 의하면 대화는 '유산을 남기는 능력'이다. 대화를 통해 이전 세대의 유산이 전해지고, 그 과정에서 아버지들은 기억을 회복하게 되며 대화를 통해 용기를 얻는다. 그리고 그 유산은 과거와 미래를 이어준다.

가톨릭 교육은 생명의 교육이고, 생명을 위한 교육이다. 많은 국가에서 가톨릭 학교를 유지하는 것은 점점 어려운 일이 되고 있다. 한국의 상황도 그러하다. 가톨릭의 정체성을 구현하는 데 어려움이 많다. 교육에 대한 국가의 영향력이 커질수록 가톨릭 학교가 고유성을 띠기는 어려운 일이 되고 있다. 이는 비단 한국 상황에만 국한되는 것이 아니다. 과거에 국가가 교육에 체계적인 관심을 갖기 어려운 상황이었을 때, 가톨릭교회는 여러 국가에서 교육 사업을 시작하고 발전의 초석을 다졌다. 교회가 학교교육의 기반을 잡은 것을 고려하면 오늘날 교회와 교육의 관계는 매우 역설적이다. 공을 인정받기보다는 배척당하는 상황이 전개되고 있다. 이러한 상황에서 프란치스코 교황은 '사고방식mentality'을 거론한다.[36] 학생들에게 전달하는 사고방식, 교육에서 결정하고 선택할 때 지니는 사고방식을 지적한다. 그러면서 가톨릭 학교들은 '형제자매적 연대'라는 명확한 기준에 따라 운영하도록 당부한다. 어린 인격체를 위해 헌신하는 교사에게 학생들이 진정한 자기 모습을 찾아갈 수 있도록 연대성을 갖고 다가갈 것을 당부한다. 몇몇 사람에게만 가능성을 열어주는 교육이 아니라, 활용 가능한 모든 다양한 수단을 동원해서 우리 시야에 있는 모든 이들에게 가능성을 열어주는 교육을 할 것을 당부한다. 개인주의적이고 경쟁적인 사고방식이 학교를 지배하는 일이 없도록 할 것을 당부한다. 관대함과 공공선의 우선성을 가르치고 그것을 요구해야 한다는 것이다.[37]

·3·
'생명을 위한 교육'을 향해

실제 생활에서는 여러 활동에 대해 '교육'이라는 명칭을 붙이는 경우가 많지만, 교육의 개념을 체계적으로 정의할 때는 단순히 지식만 전달하거나 기술만 가르치는 활동을 교육이라 하지 않는다. 아우구스티누스는 교육 내용이 서로 연관성이 없거나 백과사전식으로 단편적 지식만을 전달할 경우 교육 본연의 목적을 잃거나 질서를 깨뜨릴 위험이 있다고 지적했다.

영국의 교육학자 피터스Peters는 『윤리학과 교육』(1966)에서 "교육은 모종의 가치 있는 것을 도덕적으로 온당한 방식으로 의도적으로 전달하는 일"로 정의하며, 규범적·인지적·과정적 준거를 교육과정에서 충족해야 할 준거로서 제시했다. 비록 피터스가 제시하는 준거가 교육의 내재적 가치와 지식 이해의 인지적 측면에 국한되고 있다는 점에서 비판을 받지만, 그가 교육의 본질적 가치에 주목하려 했다는 점을 간과해서는 안 될 것이다. 그리고 그가 당시 교육을 단순한 수단적·외

재적 효과로 규정하려는 경향에 반대하며 교육 본연의 본질적 가치를 재조명하려 했다는 점에 주목할 필요가 있다.[38]

지속가능발전교육의 비전과 목표가 이상적임에도 실행과정에서 제기되는 문제가 있다. 생태철학 원칙의 배제, 지속가능성과 발전이라는 상충하는 두 가지 목표, 지식과 기술을 전하는 도구적 접근, 기존의 체제 유지에 따른 변화 제한 등이다. 이런 점에 비추어볼 때 지속가능발전교육은 교육의 본질적 측면에서 바라볼 필요가 있고, 이 장에서는 가톨릭 교육으로부터 시사점을 찾고자 했다.

가톨릭 교육의 궁극적 목적은 단순한 지식과 기능의 습득이 아니라 학습자 개인과 사회 공동체에 생명을 불러일으키는 것을 목적으로 한다. 가톨릭 교육은 배움의 과정에서 학습자가 참여하고 성찰하고 변화를 도모하며 성숙해지는 과정으로 이어질 것을 강조한다. 즉 교육은 인간화되어가는 과정에 관여하는 활동이며 성숙함을 돕는 과정이어야 함을 강조한다. 성숙함이란 무엇인가? 좋은 판단, 신중함, 분별력이 인격의 내면에서 종합된 상태다.[39] 성숙한 사람은 일정한 방식에 따라 자유를 사용할 줄 아는 사람이며, 성숙의 최종적 지평인 거룩함이라는 윤리적 성숙을 향하게 된다.

지속가능발전교육이 공동선을 추구하는 사회적·윤리적 책임을 갖춘 시민을 양성하는 것이라면, 가톨릭 교육은 이미 그러한 교육을 비전으로 삼아왔다. 지속가능발전교육이 삶을 위한 것, 인류의 생존을 위한 것이라면 생명의 교육이자 생명을 위한 교육인 가톨릭 교육은 이미 그러한 교육을 추구해왔다. 물론 그러한 비전을 온전히 실행해 왔다고 말하기는 어렵다. 지속가능발전교육은 유네스코를 비롯하여 국가적 지원을 받으며 실행되고 있다. 그러나 한국에서 가톨릭 교육에 대한 지원과 연구는 이제 시작단계다. 오랜 기간 축적되어온 유산을 갖고 있으나 프란치스코 교황의 비유와 같이 '상자에 담아두고 있는 실정'이다. 체계적인 지원을 통해 가톨릭 교육에 대한 관심과 연구가 확산될 수 있기를 기대한다.

현인의 교육은 생명의 길잡이

잠언 4,20-27

[20]내 아들아, 내 말에 주의를 기울이고 내 이야기에 귀를 기울여라. [21]그것이 네 눈에서 벗어나지 않도록 네 마음 한가운데에 간직하여라. [22]내 말은 그것을 찾아 얻는 이에게 생명이 되고 그의 온몸에 활력이 되어 준다. [23]무엇보다도 네 마음을 지켜라. 거기에서 생명의 샘이 흘러나온다. [24]거짓된 말을 치워 버리고 비방하는 말을 멀리하여라. [25]눈은 똑바로 앞을 바라보고 눈길은 앞으로만 곧게 두어라. [26]바른길을 걸어라. 네가 가는 길이 모두 튼튼하리라. [27]오른쪽으로도 왼쪽으로도 벗어나지 말고 악에서 발길을 돌려라.

EPILOGUE

생명을 위한 교육, 지혜의 학교를 희망하며

음미하는 지혜는 말의 기쁨, 주고받음의 기쁨, 경청과 나눔의 기쁨을 느낄 수 있는 것을 말합니다. 우리를 둘러싸고 있는 세계를 이해하고 그 세계와 우리를 일치시키는 유대를 이해하는 기쁨을 느낄 줄 아는 것, 그리고 창조의 신비와 그 창조의 최고 절정인 인간에 대해 경탄할 줄 아는 것을 말합니다. … 우리에게 맡겨진 교육적 과업은 바로 세계와 사회가 우리의 고향이라는 정서를 일깨우는 것입니다. 다시 말해 세계와 사회를 내 집처럼 편안한 삶의 터전으로 여기도록 교육하는 것입니다. 이는 인간 됨을 향해 나아가는 데 있어, 그리고 우리 자신이 하느님의 자녀라는 사실을 인식하는 데 있어 반드시 거쳐야 할 경로입니다.

지혜로운 사람이란 어떤 것들을 잘 알고 그것들을 곱씹어보고 사랑할 뿐 아니라, 자기 자신을 그것들과 성공적으로 통합시킬 줄 아는 사람을 말합니다.

우리는 지혜의 학교를 바랍니다. 우리 어린이들과 젊은이들이 온전한 발전을 위해 무엇이든지 체험하고, 삶의 계획 추진에 꼭 필요한 기술들을 익힐 수 있는 존재론적·윤리적·사회적 실험의 장이 될 수 있는 학교를 바랍니다. 그곳에서 지혜로운 선생님들이, 곧 자신의 일상 및 다른 사람에게 미치는 영향을 통해 바람직한 삶의 모범을 몸소 살아내는 사람들이 이제 막 인생 여정을 시작한 젊은이들에게 도움을 주는 환경과 자원을 제공하길 바랍니다.

— 프란치스코 교황, 『삶을 살리는 교육』

미주

1. Groome, T., *What makes education Catholic: Spiritual foundations*, NY: Orbis, 2021.
2. 토마스 H. 그룸, 『생명을 위한 교육』, 조영관·김경이·우정원 역, 서울: 가톨릭대학교 출판부, 2021. (Groome T., *Educating for Life*, 1998)
3. 위의 책, 68쪽.
4. 위의 책, 70쪽.
5. 위의 책.
6. 프란치스코 교황, 『삶을 살리는 교육』, 박준양·조재선 역, 서울: 가톨릭대학교 출판부, 2019, 46쪽. (Bergoglio, Jorge Mario, *Education for choosing life: proposals for difficult times*, 2014)
7. 지속가능발전의 개념, https://ncsd.go.kr/definition, 검색일: 2025.2.20.
8. 지속가능발전교육, https://esd.unesco.or.kr/, 검색일: 2025.2.20.
9. 이원영, 「새로운 시민교육 패러다임으로서 지속가능발전교육: 홀리스틱 교육을 중심으로」, 『에너지기후변화교육』 14(1), 2024: 43-55, 50쪽.
10. 이종민, 「유네스코 지속가능발전교육에 근거한 기독교교육의 실천가능성에 관한 연구」, 『기독교교육 논총』, 2023: 57-80, 65쪽. 10.17968/jcek.2023..74.003
11. 2021 유네스코 ESD 세계대회에서 채택된 베를린 선언문, Berlin Declaration on Education for Sustainable Development ESD, https://esd.unesco.or.kr/#tab-a4ad65f44bc49236b7d
12. 정윤경, 「탈성장론 관점에서 본 지속가능발전교육(ESD)」, 『교육연구논총』 45(1), 2024: 37-61, 40쪽.
13. 이원영, 앞의 논문, 50쪽.
14. 정윤경, 앞의 논문, 41쪽.
15. 고아라·남영숙, 「인성교육과 지속가능발전교육 연계 방안」, 『학습자중심교과교육연구』 23(22), 2023: 209-222. 10.22251/jlcci.2023.23.22.209
16. 교육부 2022 개정 교육과정 [별책 1], 초중등학교 교육과정 총론, 4쪽. 교육과정정보센터, https://ncic.re.kr/dwn/ogf/inventory.cs#
17. 권순찬, 「[학교현장 미리보기] AI 디지털교과서를 통한 미래교육 엿보기」, 서울특별시교육청교육연구정보원 『서울교육』 2024 여름호(255호), 2024. https://

webzine.serii.re.kr/

18 교육부, 경제협력개발기구(OECD) 국제 학업성취도 평가(PISA) 2022 결과 발표, 2023. https://if-blog.tistory.com/14680

19 염유식 외, 「한국 어린이 청소년 행복지수」, 국제비교연구조사결과보고서, 연세대학교 사회발전연구소, 2021, 11쪽. https://kossda.snu.ac.kr/bitstream/20.500.12236/25322/4/kor_report_20210010.pdf

20 통계청. [사회조사] 2024 학교생활만족도. https://www.index.go.kr/unify/idx-info.do?idxCd=4247

21 위의 자료.

22 위의 자료.

23 권순형 외, 한국교육개발원 교육여론조사, 2023. https://www.nkis.re.kr/subject_view1.do?otpId=OTP_0000000000013329&otpSeq=0&eoSeq=0

24 사교육걱정없는세상, "7세 고시, 폭주하는 선행 사교육", 사교육걱정없는세상, 2025. 주간 노워리. https://noworry.kr/notice1/?idx=152981936&bmode=view

25 교육부·한국교육개발원, 연도별 평생교육기관 현황, 2023 평생교육통계자료집. 교육통계서비스. https://kess.kedi.re.kr/mobile/publ/view?searchYear=2023&publSeq=23&menuSeq=0&itemCode=02&survSeq=#detail

26 교육부·한국교육개발원, 2024년 한국 성인의 평생학습실태. https://kess.kedi.re.kr/publ/publFile/pdfjs?survSeq=2024&menuSeq=3653&publSeq=24&menuCd=106851&itemCode=02&menuId=5_1&language=

27 도마스 H. 그룹, 앞의 책, 55쪽.

28 위의 책, 56쪽.

29 위의 책.

30 위의 책, 5쪽.

31 위의 책, 85쪽.

32 토마스 H. 그룹, 『신앙은 지속될 수 있을까?』, 조영관·김경이·임숙희 역, 서울: 가톨릭대학교 출판부, 2014. (Groome T. *Will There Be Faith*. 2011)

33 Antonio Spadaro S. J., 「베르골료가 말하는 교육의 일곱 기둥」, La Civiltà Cattolica, 4037 III (1 settembre 2018), 2018: 343-357. https://laciviltacattolica.kr/1402-2/

34 프란치스코 교황, 앞의 책, 40-41쪽.

35 위의 책, 14-16쪽.
36 위의 책, 41쪽.
37 위의 책, 42-43쪽.
38 유재봉·임정연, 「피터스의 교육 개념에 대한 비판적 논의」, 『신앙과 학문』 10(1), 2005: 99-125.
39 프란치스코 교황, 앞의 책, 143쪽.

참고문헌

2021 유네스코 ESD 세계대회에서 채택된 베를린 선언문. Berlin Declaration on Education for Sustainable Development ESD. https://esd.unesco.or.kr/#tab-a4ad65f44bc49236b7d

고아라·남영숙. 「인성교육과 지속가능발전교육 연계 방안」. 『학습자중심교과교육연구』 23(22), 2023: 209-222. 10.22251/jlcci.2023.23.22.209

교육부 2022 개정 교육과정 [별책 1]. 초중등학교 교육과정 총론. 교육과정정보센터. https://ncic.re.kr/dwn/ogf/inventory.cs#

교육부. 경제협력개발기구(OECD) 국제 학업성취도 평가(PISA) 2022 결과 발표. 2023. https://if-blog.tistory.com/14680

교육부·한국교육개발원. 2024년 한국 성인의 평생학습실태. https://kess.kedi.re.kr/publ/publFile/pdfjs?survSeq=2024&menuSeq=3653&publSeq=24&menuCd=106851&itemCode=02&menuId=5_1&language=

_____. 연도별 평생교육기관 현황. 2023 평생교육통계자료집. 교육통계서비스. https://kess.kedi.re.kr/mobile/publ/view?searchYear=2023&publSeq=23&menuSeq=0&itemCode=02&survSeq=#detail

국가교육과정정보센터. https://ncic.re.kr/dwn/ogf/inventory.cs#

권순찬. 「[학교현장 미리보기] AI 디지털교과서를 통한 미래교육 엿보기」. 서울특별시교육청교육연구정보원『서울교육』 2024 여름호(255호), 2024. https://webzine.serii.re.kr/

권순형 외. 「한국교육개발원 교육여론조사」, 2023. https://www.nkis.re.kr/subject_view1.do?otpId=OTP_0000000000013329&otpSeq=0&eoSeq=0

사교육걱정없는세상. "7세 고시, 폭주하는 선행 사교육". 사교육걱정없는세상, 2025. 주간 노워리. https://noworry.kr/notice1/?idx=152981936&bmode=view

염유식 외. 「한국 어린이 청소년 행복지수」. 국제비교연구조사결과보고서, 연세대학교 사회발전연구소, 2021. https://kossda.snu.ac.kr/bitstream/20.500.12236/25322/4/kor_report_20210010.pdf

유재봉·임정연. 「피터스의 교육 개념에 대한 비판적 논의」. 『신앙과 학문』 10(1), 2005: 99-125.

이원영. 「새로운 시민교육 패러다임으로서 지속가능발전교육: 홀리스틱 교육을 중심으로」. 『에너지기후변화교육』 14(1), 2024: 43-55.

이종민. 「유네스코 지속가능발전교육에 근거한 기독교교육의 실천가능성에 관한 연구」. 『기독교교육 논총』, 2023: 57-80. 10.17968/jcek.2023..74.003.

정윤경. 「탈성장론 관점에서 본 지속가능발전교육(ESD)」. 『교육연구논총』 45(1), 2024: 37-61.

지속가능발전교육. https://esd.unesco.or.kr/, 검색일: 2025.2.20

지속가능발전의 개념. https://ncsd.go.kr/definition, 검색일: 2025.2.20

치빌타 카톨리카(LA CIVILTÀ CATTOLICA). 2018.9.1. https://laciviltacattolica.kr/1402-2/

토마스 H. 그룸. 『생명을 위한 교육』. 조영관·김경이·우정원 역, 서울: 가톨릭대학교 출판부, 2021. (Groome T. *Educating for Life*. 1998)

_____. 『신앙은 지속될 수 있을까?』. 조영관·김경이·임숙희 역, 서울: 가톨릭대학교 출판부, 2014. (Groome T. *Will There Be Faith*. 2011)

통계청. [사회조사] 2024 학교생활만족도. 지표누리 국가발전지표. https://www.index.go.kr/unify/idx-info.do?idxCd=4247, 검색일: 2025.2.20

프란치스코 교황. 『삶을 살리는 교육』. 박준양·조재선 역, 서울: 가톨릭대학교 출판부, 2019. (Bergoglio, Jorge Mario. *Education for choosing life: proposals for difficult times*. 2014)

Antonio Spadaro S. J. 「베르골료가 말하는 교육의 일곱 기둥」. La Civiltà Cattolica, 4037 III (1 settembre 2018), 2018: 343-357. https://laciviltacattolica.kr/1402-2/

Groome, T. *What makes education Catholic: Spiritual foundations*. NY: Orbis, 2021.

희망 메시지

"교육은 생명을 낳는 것과 같은 부모다운 사랑의 실천입니다. 끊임없이 자신을 내어놓고 스스로를 돌아보게 만드는 여정이죠. 교육은 언제나 현재에 발을 딛고 서서 미래를 바라보는 희망의 행위입니다. 그리고 희망이 그러하듯 순례의 여정과도 같습니다. 멈춰 있는 교육이란 있을 수 없기 때문입니다. 교육은 서로가 주고받는 쌍방향의 여정이며 대화입니다."

ⓒ 2025 가톨릭출판사. 『희망』, 이재협 외 3인 옮김.

5장

❖

깨끗한 물을 마시고픈 人

오현화

가톨릭기후행동 공동대표 | 대전교구 생태환경위원회 위원

사마리아 여인과 이야기하시다

요한 4,10

두치오 디 부오닌세냐, 〈예수님과 사마리아 여인〉, 1310-1311

예수님께서 그 여자에게 대답하셨다. "네가 하느님의 선물을 알고 또 '나에게 마실 물을 좀 다오' 하고 너에게 말하는 이가 누구인지 알았더라면, 오히려 네가 그에게 청하고 그는 너에게 생수를 주었을 것이다."

· 1 ·
물의 불균형과 인류의 노력

1) 물

인간 신체의 60~70%는 물로 구성되어있다. 인간뿐 아니라 지구상의 생물은 — 비록 그 비율은 다를지라도 — 모두 물로 구성되어있다. 물은 생명의 근원으로 지역의 기후에 따라 필요로 하는 정도에는 차이가 있지만, 생명은 생존을 위해 깨끗한 물에 의존하며, 거주하는 지역, 환경에서 물을 공급받는다.

  지구는 물의 행성이라고 할 수 있을 만큼 표면의 약 70%가 물로 덮여있다. 이 중 바다가 약 97.5%를 차지하고, 2.5%에 해당하는 육지의 물 대부분은 빙하와 만년설이다. 인간이 실제로 이용할 수 있는 물은 전체 중 0.0075%에 불과하다. 생명은 직접 물을 이용할 수 있는 강과 호수 가까이에서 번성하고, 바로 이곳에서 인류의 문명이 시작되고 번성했다.

인간이 직접 이용할 수 없는 물이라고 해서 대부분 쓸모없는 것은 아니다. 잠깐 지구계에 대해 살펴보겠다. 지구는 지각과 내부의 고체 구조로 구성된 '지권', 앞서 말한 모든 물을 일컫는 '수권', 지표면 약 1,000km 높이까지 분포되어있는 공기층인 '기권', 인간과 지구상의 모든 생물을 포함하는 '생물권'으로 구성되어있으며 이를 '지구계'라 한다. 여기에 기권 바깥의 우주공간을 '외권'이라 하는데, 지구계의 활동에 영향을 주는 에너지는 외권의 태양에서 온다. 지구계의 지권, 수권, 기권, 생물권은 끊임없이 상호작용하며 물질과 에너지가 순환한다. 예를 들어 바닷물이 증발하여 구름이 되고, 비가 되어 지권으로 내리면 그것이 지하수, 강, 호수로 들어가고, 이 물이 다시 바다로 흘러간다. 지구의 물은 인위적으로 산소와 수소의 원자 형태로 분해되거나, 외권(우주 공간)으로 배출되지 않는 한 지구계 안에서 끊임없이 순환한다. 따라서 내가 지금 마시는 물 분자가 2천 년 전 중동 지역의 그리스도인이 섭취하고 배설한 물 분자일 수도 있다. 따라서 지금 내가 사용하지 못하는 바닷물 혹은 수증기도 거대한 순환 속에서 나에게 유용할 수 있다는 것이다.

2) 물의 불균형

이렇게 물은 끊임없이 순환하고 있지만, 모든 지역에 균일하게 분포되어있는 것은 아니다. 물이 풍부한 곳도 있고, 물이 매우 부족한 곳도 있다. 대부분 생물은 지역의 환경 조건에 따라 진화했으며, 인간 역시 환경에 적응하며 수천 년을 살아왔고, 적응이 어려울 경우 더 나은 조건을 찾아 이주했다. 아주 초기 인류만이 물과 식량을 찾아 이동한 것이 아니다. 2011년부터 시작된 시리아 난민사태 역시 기후변화로 인한 오랜 가뭄과 이로 인한 식량 부족이 내전을 유발하면서 비롯된 것이다. 이 지역은 "비옥한 초승달 지대"라고 일컬어지던 문명의 발생지였다.

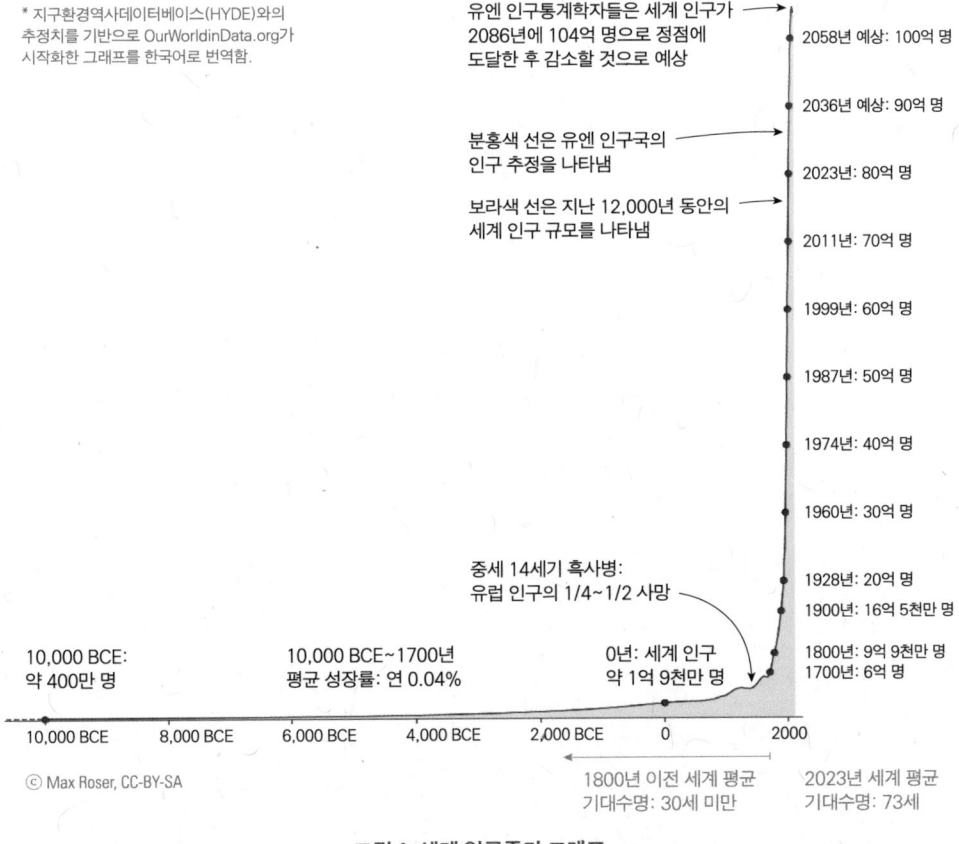

그림 1. 세계 인구증가 그래프

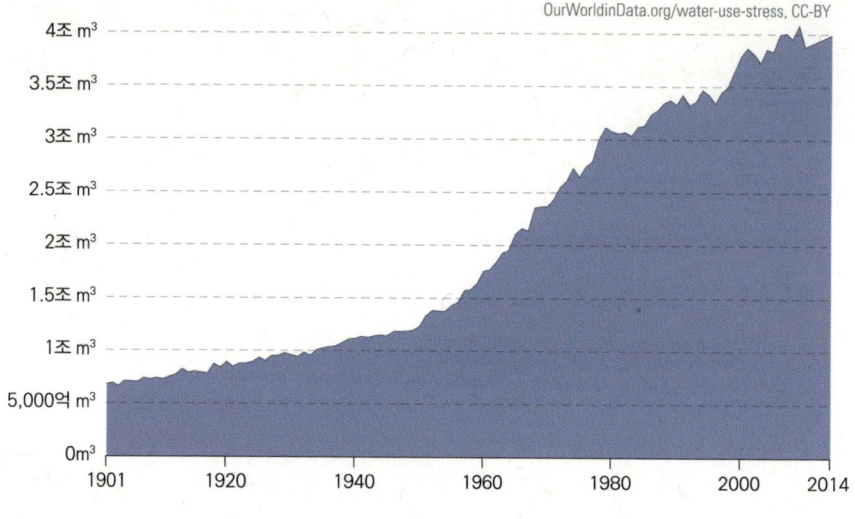

그림 2. 20세기 이후 세계 물 수요 증가

2023년 세계보건기구와 유니세프의 보고서에 따르면 전 세계 인구 4명 중 1명은 안전하게 관리되는 식수가 부족하고, 5명 중 2명은 안전하게 관리되는 위생시설(화장실)이 부족하며, 4명 중 1명은 손 씻는 시설에 접근하지 못한다고 한다.[1] 물을 물 쓰듯 하는 것이 불가능한 시대가 된 것이다.

이렇게 된 이유로는 크게 ① 기후변화로 인한 극단적 가뭄과 홍수로 물의 분포가 더욱 불균형해진 것, ② 인구증가와 도시화로 해당 지역의 물 수요와 공급의 불균형이 커진 것을 들 수 있다. 20세기 중반부터 전 세계 인구가 폭발적으로 증가하면서 농업, 산업, 생활 모든 면에서 물 수요 역시 증가했다(그림 1, 그림 2). 앞서 말했다시피 지구에서 인간이 쓸 수 있는 담수의 양은 제한되어있기 때문에 일부 지역은 필연적으로 물 부족이 가속화되었다.

3) 물을 얻기 위한 인류의 노력

물은 다른 물품들처럼 교환할 수 있는 성질의 품목이 아니다. 물은 인간의 생존에 필수이기 때문에 인류는 오래전부터 안정적으로 물을 공급받기 위한 기술을 개발해왔다.

　기원전 312년 로마 시내에서는 아피아 수도Aqua Appia를 통해 물을 공급받았다. 당시 로마의 인구가 늘어나 도시 내에서 물 수요를 감당할 수 없게 되자, 로마 동부 산지의 수원에서 물을 끌어온 것이다. 단순히 수원의 표면에 수통을 연결한 것이 아니라 수원의 지하로 갱도를 파서 수도가 지나가도록 했고, 저수조에서 침전물을 걸러 도시의 수조에 물을 공급했다. 로마의 수도교는 아직도 그 구조가 남아있고, 일부 복구해서 사용할 수 있을 정도로 견고한 구조물이었다. 이를 통해 개인 주택뿐 아니라 공중목욕탕, 분수에 물을 공급하며 공공위생을 개선했다. 로마 자체에만도 11개의 수도교가 있었는데, 제국 전역에는 약 97개의 수도교가 있었던 것으로 알려져 있다. 황제와 일부 부유층은 개인용으로 물을 공급받았고, 대부분 시민은 공공 수조에서 물을 길어 사용했지만, 이 물은 어쨌거나 공공용이었다. 기원전 1세기부터 기원후 2세기의 로마 인구가 최대 100~120만 명으로 추정되는 것을 고려할 때, 로마의 수도교는 오늘날 대도시의 상수도 시스템에 견줄 수 있다. 로마의 수도교가 보여주는 물의 공공적인 이용과 위생

개선은 오늘날 UN 지속가능발전목표SDGs의 여섯 번째 목표인 "모두를 위한 지속가능한 물과 위생 보장"과 연결되어 있다.

4) UN 지속가능발전목표SDGs의 여섯 번째 목표 "모두를 위한 지속가능한 물과 위생 보장"

UN 지속가능발전목표SDGs는 2015년 세계 각국이 2030년까지 달성해야 할 17개의 목표와 169개의 세부 목표를 설정한 것이다. 환경·경제·사회 분야에서 균형 잡힌 지속가능한 발전을 위해 빈곤 퇴치, 기후변화 대응, 건강, 교육, 성평등 등의 다양한 분야를 아우르고 있다. 이

표 1. UN 지속가능발전목표(SDGs) 6. 깨끗한 물과 위생 보장

구분	세부 목표	주요 내용
1	안전한 식수 접근성(6.1)	2030년까지 모두를 위한 안전하고 저렴한 식수에 대한 보편적이고 공평한 접근성을 달성한다.
2	위생 및 공중보건(6.2)	2030년까지 여성과 소녀, 취약한 상황에 처한 사람들의 요구에 특별한 주의를 기울여 모두에게 적절하고 공평한 위생과 위생에 대한 접근성을 달성하고, 개방형 배변을 근절한다.
3	수질 개선(6.3)	2030년까지 오염을 줄이고, 유해 화학물질 및 물질의 투기를 없애고, 유해 화학물질 및 물질의 방출을 최소화하며, 미처리 폐수의 비율을 절반으로 줄이고, 전 세계적으로 재활용 및 안전한 재사용을 크게 늘려 수질을 개선한다.
4	수자원 이용 효율성 증대(6.4)	2030년까지 모든 부문에서 물 사용 효율을 크게 높이고, 담수의 지속가능한 취수 및 공급을 보장하여 물 부족 문제를 해결하며, 물 부족으로 고통받는 사람들의 수를 크게 줄인다.

구분	세부 목표	주요 내용
5	수생태계 보호(6.5)	2030년까지 적절한 경우 국경을 초월한 협력을 포함하여 모든 수준에서 통합 수자원 관리를 시행한다.
6	수생태계 복원(6.6)	2020년까지 산, 삼림, 습지, 강, 대수층, 호수 등 물 관련 생태계를 보호하고 복원한다.[2]
7	국제 협력 강화(6.a)	2030년까지 물 수확, 담수화, 물 효율, 폐수 처리, 재활용 및 재사용 기술을 포함한 물 및 위생 관련 활동과 프로그램에서 개발도상국에 대한 국제 협력 및 역량 강화 지원을 확대한다.
8	지역사회 참여(6.b)	물과 위생 관리 개선을 위한 지역사회의 참여 지원을 강화한다.

출처: https://unstats.un.org/sdgs/

중 여섯 번째 목표는 전 세계적으로 깨끗한 물 공급과 위생시설 접근성을 개선하고 수자원의 지속가능한 관리 방안을 촉진하는 것이다. 총 8개의 세부 목표target(6.1~6.6, 6.a, 6.b), 로 구성되어있으며, 주요 내용은 다음과 같다.

이를 위해 다음의 해결 방안과 실천 과제를 제시한다.[2]

표 2. 여섯 번째 목표 달성을 위한 해결 방안 및 실천 과제

구분	해결 방안	실천 과제
1	지속가능한 수자원 관리	정부 및 기업이 물 사용량을 줄이고 재사용 기술 도입
2	위생시설 개선	공중화장실 및 하수 처리 시스템 확충
3	교육 및 인식 제고	물 절약과 위생관리를 위한 교육 프로그램 확대
4	국제 협력 확대	선진국과 국제기구의 재정 및 기술 지원 강화

출처: UN SDGs

즉, SDGs 6은 단순한 식수 공급을 넘어 위생과 공중보건, 수자원의 지속가능한 이용을 포괄하는 목표이고, 이를 달성하기 위해서는 정부, 기업, 시민사회가 협력하여 정책을 추진하며, 개인 차원에서도 물 절약과 위생 실천에 동참하는 노력이 필요하다. 깨끗한 물과 위생은 인간의 기본권이며, 지속가능한 발전을 위한 필수 요소이기 때문이다.

인류는 기원전 312년 수도교를 건설해서 거대한 도시에 물을 공급해왔다. 그런데 오늘날 대체 얼마나 물이 부족하기에, 바꿔말하자면 얼마나 물이 필요하기에 깨끗한 물 공급과 위생시설 접근성이 UN의 목표가 된 것일까? 이제 현재 해외와 국내의 물 문제에 대한 사례를 알아보고 이에 대한 원인을 톺아보며, 이를 해결하기 위한 초국가적인 노력을 포함한 정부의 노력을 살펴보자. 그리고 여기서 파생되는 문제점들과 우리가 가져야 할 자세에 대해 고찰하겠다.

· 2 ·
물 문제의 근본적인 원인

1) 물이 많은데 물에 접근하지 못하는 사람들

에드워드 존스Edward R. Jones(2024)는 물의 양 측면만 고려할 때 전 세계 인구의 47%가 물이 부족하고, 수질까지 고려하면 55%가 현재 최소 1년에 한 달 이상 깨끗한 물 부족에 노출되어 있다고 발표했다. 이러한 물 부족은 남반구 개발도상국, 특히 사하라사막 이남 아프리카에서 가장 크게 나타날 것으로 전망된다며 이는 급속한 인구증가와 경제 성장, 기후변화, 수질 악화 등의 복합적 작용에 의해 점차 악화될 것으로 전망했다. 연구진에 따라 다르지만 안전한 식수를 얻지 못하는 인류는 약 22억 명에서 44억 명까지 폭넓게 추측된다. 중요한 건 인류의 상당수가 깨끗한 물에 접근하지 못한다는 것이다.

아울러 UN은 2022년 기준 36억 명이 현대식 위생시설(화장실)을 이용하지 못하고 22억 명이 손을 씻을 수 있는 시설조차 접근하기 어렵

그림 3. 2022년 적절한 물과 위생에 다다르지 못한 인구 현황

다고 보고했다. 국가 차원으로 보면 2020년 기준 24억 명이 물 부족 국가에 거주하고 있었다. 이를 감안하면 6배의 식수, 5배의 화장실, 3배의 손 씻기 시설이 확충되어야 한다(그림 3).

세계자원연구소World Resource Institute(2023)에서 공개한 보고서에 따르면, 물이 부족한 이유로 전 세계적으로 물 수요가 공급량을 초과하고 있기 때문이다. 서론에서 언급했다시피, 전 세계적으로 물 수요는 1960년 이후 두 배 이상 증가했는데 여기에는 인구증가와 관개 농업, 축산업, 에너지 생산 및 제조업 같은 산업의 성장으로 인한 경우가 많다. 아울러, 물 인프라에 대한 투자 부족, 지속불가능한 물 사용 정책 또는 기후변화로 인한 가변성 증가 모두 안정적인 물 공급에 영향을 미친다.

좀 더 자세하게 살펴보면 단순히 규모 자체가 커진 것이 아니라, 물을 많이 쓰는 농업, 산업 구조가 발달한 것이 물의 수요를 증가시켰다. 즉, 인구가 증가하기 때문에 식량이 더 필요하고, 그렇기 때문에 물이 더 필요한 상관관계 이상으로 물이 필요하게 된 것이다. 식량 생산의 예를 들어보자. 단백질 100g을 생산하기 위해 콩은 178L의 물이 필요하지만, 견과류는 2,531L의 물을 필요로 한다.[3] 또한 우유는 1,904L, 치즈는 2,539L의 물을 필요로 한다. 목축 역시 물을 많이 필요로 하는데 육식을 하는 인구가 늘어나면서 목축이 늘고, 목축이 산업화되면서 인구는 더욱 육식을 하게 되었다. 이런 순환이 물 수요를 더욱 증가시킨다. 산업은 시작부터 물을 많이 필요로 했다. 첨단산업은 어떨까? AI를 위한 데이터센터는 말 그대로 '물먹는 하마'라고 할 수 있다. 서버 과열을 방지하기 위한 냉각 시스템에 물이 사용되기 때문이다.

2022년 마이크로소프트 데이터센터에서만 약 2,500개 이상의 올림픽 수영장에 해당하는 물을 사용했다는 보고가 있었다. 전 세계의 데이터센터에는 얼마나 많은 물이 필요할지 생각해보라.

따라서 이제는 로마 시대처럼 멀리 있는 물(지표수)을 끌어와서 쓸 수 있을 정도로는 어림도 없는 시대가 되었다. 이제는 잠재해 있는 담수를 최대한 끌어써야 하는 도전이 필수가 된 것이다. 2022년 유엔 세계 물 개발 보고서는 지하수 분야를 집중조명했는데, 육상의 물 중 빙하를 제외한 담수의 99%가 지하수임에도 지하수가 과소평가되거나, 잘못 이용되거나, 남용되면서 안정적인 물 공급을 하지 못한다고 기술한다. 즉, 지하수는 상수도를 공급받지 못하는 전 세계 대부분의 농촌 주민에게, 특히 사하라사막 이남 아프리카와 남아시아 주민에게 유일하게 실현 가능하고 감당할 수 있는 비용으로 기본적인 물 접근성을 확장하기 위한 방법이 될 수 있다. 그러나 제대로 처리되지 않은 산업 폐수와 농업 분야의 화학 비료와 유기 비료에서 비롯된 질산염으로 인한 오염은 지하수 수질에 커다란 영향을 미친다.

2) 기후위기로 인한 물 문제: 가뭄

이와 더불어 기후변화는 물 부족을 더욱 심화시켰다. 1990년대부터 급격한 산업화로 인한 지구온난화 문제가 대두되었다. 1990년대 이후 인류가 배출한 온실가스는 총 배출 온실가스의 절반을 차지한다. 1992년 1,700명이 넘는 과학자들이 '인류에 대한 경고Warning to

Humanity'에서 지구온난화에 대해 경고했지만, 정부와 산업계는 귀 기울이지 않았다. 당시 물 문제에 대해서도 도시의 물 공급을 위한 과도한 지표수 착취로 인류의 40%가 물 부족에 처하게 하고 있다고 경고했다. 지구의 온도상승은 서서히 진행되어 — 인간의 수명에 비추어보았을 때 서서히일 뿐 지구 전체의 역사로 보았을 때는 대단히 급속하게 진행되어 — 2010년 이후 폭염, 산불, 가뭄, 홍수, 폭설이 전 세계적으로 빈번하게 발생하여 온난화를 막기 위한 국제적인 협력이 절실해졌다.

1995년 베를린에서 유엔기후변화협약 당사국 총회가 처음 개최되었고, 1997년 국가에 따라 차등적인 온실가스 감축을 목표로 한 교토의정서가 채택되었다. 그러나 구체적인 이행방안과 구속력이 없다 보니 온실가스 배출 감축이 대단히 더디게 진행되는 가운데 온난화는 더욱 가속화되었다. 2015년 산업화 이전 대비 지구 온도 상승을 2℃ 이하로 막고 1.5℃ 이상 기온 상승을 제한하기 위한 파리협약이 체결되었다. (그리고 같은 해 유엔은 지속가능발전목표 17가지를 설정했다.) 그런데 오늘날 상황은 어떠한가. 지구온난화로 인한 재난은 나날이 심각해지고 있는데 변화는 너무도 더디게만 보인다.

다시 물 문제로 돌아와보겠다. 물 문제는 크게 가뭄과 홍수, 그리고 이와 연결된 인간의 물 문제, 즉 마실 물과 위생문제(화장실과 손 씻을 물)를 아우른다. 모든 문제를 나열식으로 다룰 수 없기에 여기서는 가뭄 사례를 중심으로 물 문제를 살펴보고자 한다. 특히 세계 곳곳의 가뭄 사례 중 동아프리카, 미국, 대한민국의 사례를 살펴보겠다.

(1) 동아프리카 가뭄

초등학생에게 '오늘날 환경 문제'에 대해 물어보면 '쓰레기'와 '물 부족'을 꼽는다. 우리나라 초등학생이 정말 물이 부족해서 '물 문제'를 떠올리는 것은 아니다. 그보다는 각종 구호단체에서 전면으로 내세우는 '메마른 아프리카와 그보다 더 메마른 사람들'의 이미지가 각인되어서 그럴 것이다. 이처럼 동아프리카 지역인 에티오피아, 케냐, 소말리아의 가뭄은 어제 오늘의 일이 아니다. 그러나 2020년 이후에는 지난 40년을 통틀어 최악의 가뭄으로 기록되었으며 식량 부족과 기근, 수자원 부족, 생태계 파괴 등의 심각한 문제를 유발하고 있다.

이 지역의 가뭄은 지구온난화로 인한 강수량 부족과 라니냐 현상이 주요 원인으로 꼽히지만, 여기에 더하여 불법 벌목과 목축 증가로 산림이 파괴되면서 토양의 수분 보유 능력이 약화되면서 가뭄이 더욱 심각해지는 악순환의 고리가 이어지고 있다. 즉, 토양의 사막화가 가속화되면서 물이 지하로 스며들어 지하수로 저장되는 것이 아니라 지표면에서 빠르게 증발하여 사용할 수 없게 되는 것이다.

이 지역은 강과 저수지가 말라버리면서 수백만 명이 깨끗한 식수 자체를 구하지 못하는 상황이 되었고, 부득이하게 오염된 물을 마시면서 콜레라, 설사병 등 수인성 질병이 확산되고 있다. 식수가 부족하니 위생시설 역시 제대로 작동하지 않게 되고 감염병이 급속도로 퍼지게 된다. 게다가 가뭄으로 농작물 생산량이 급감하면서 약 2천만 명이 심각한 식량위기를 겪고 있으며, 가축이 물과 먹이를 구하지 못해 대량 폐사하면서 유목민의 생계가 어려워졌다. 결국 많은 사람이 소득을 잃고 극심한 빈곤에 빠지게 되었고, 부족 간의 분쟁이 심화되어

난민이 증가하고 있다. 또한 국제 원조에 의존하는 국가가 증가하면서 경제적 자립이 더욱 어려워지는 악순환을 벗어나지 못하고 있다.

(2) 미국 남서부 가뭄

우리는 가뭄에 대해 생각할 때 앞서 살펴본 동아프리카 지역의 가뭄과 여러 구호단체에서 기금 모금을 위해 사용하는 앙상하게 마른 몸의 어린이 혹은 여성의 이미지를 떠올린다. 그러나 가뭄은 어느 대륙, 어느 지역에나 닥칠 수 있다. 2000년대 초반부터 시작된 미국 남서부 지역(캘리포니아, 애리조나, 네바다, 뉴멕시코, 유타 등)의 가뭄이 장기화되면서 심각한 물 부족과 함께 환경적·사회적 문제를 유발했다. 이 지역의 가뭄은 1,200년 만에 최악의 수준으로 평가되는데, 기후위기와 인구 증가 등이 주요 원인으로 지목된다.

이 지역은 애초에 강수량이 적은 지역인데, 지구온난화로 인한 기온 상승과 강수량 감소가 장기화되면서 상황이 심각해졌다. 토양이 건조해지고, 로키산맥에서 눈이 일찍 녹아 증발하면서 콜로라도강의 유량이 감소한 것이다. 이 가운데 남서부 지역의 로스앤젤레스, 라스베이거스, 피닉스 등의 도시는 지난 수십 년간 인구가 급격하게 증가하면서 물 수요가 급증하여 기존에 도시가 가지고 있던 수자원 공급 체계에 부담이 커지게 되었다. 한편 미국 남서부는 주요 농업 지역인데 주요 작물이 아몬드, 면화 등으로 재배 시 물이 많이 필요한 작물들이다. 인구가 늘어나다 보면 전기 역시 많이 필요하고, 전력 생산을 위한 냉각수 사용과 이들이 사용하는 대규모 레저 시설(골프장, 수영장

등)도 물 부족 문제를 가중시키게 된다. 도시에 물이 부족하면 계속해서 강의 물을 끌어쓰는데, 이로 인해 이 지역의 주요 물 공급원인 콜로라도강의 수위가 지속적으로 낮아져 결국 물 공급에 차질이 발생하게 되었다. 강과 호수의 수위가 낮아지다 보니 수력발전소의 전력 생산량이 감소하게 되고, 이는 전력요금 인상으로 이어지게 되었다. 농업 역시 큰 타격을 받았다. 미국의 농업은 소농이 아니라 광활한 들판에서 이루어지는 기업형 농업이라는 것을 생각해보면, 물을 대는 것이 결코 만만한 일이 아님을 알 수 있을 것이다. 캘리포니아의 주요 작물인 아몬드, 포도 등의 생산량이 감소하면서 농부들은 경작지를 줄이거나 대체 작물로 전환해야 했다. 목축업도 연쇄적으로 타격을 받았다. 사료용 작물인 옥수수 생산량이 감소하면서 가축 사육 비용이 증가하게 되었다. 이로 인해 수도, 전기요금과 물가가 줄줄이 올라갔다. 그리고 피해는 이러한 타격을 견딜 수 없는 가난한 사람들이 받게 되었다. 불행은 여기서 그치지 않았다. 오랜 가뭄으로 토양이 건조해지면서 캘리포니아와 애리조나에서 대형산불이 발생하여 수십만 헥타르의 산림을 파괴하고, 주택과 도시 인프라도 파괴되었다. 산불로 인해 발생하는 온실가스는 다시 지구 온도 상승으로 이어지게 되고 가뭄이 언제 끝날지, 과연 끝나기는 할지 누구도 장담할 수 없는 상황이 되었다.

(3) 2023년 이후 대한민국 남부지방의 기상가뭄

우리나라는 물 부족 국가로 분류되지만, 시민이 물 부족을 체감하기 어려운 지역이다. 대한민국의 상수도 보급률은 2023년 기준 전국 평균 99.5%에 도달했기 때문에 대부분 국민이 상수도를 통해 안정적으로 물을 공급받고 있다. 따라서 지역의 가뭄이 보도되어도 농업 종사자가 아닌 이상 체감하기 어렵다. 대부분 사람들은 기사나 영상에서 비추는 가뭄으로 바짝 마른 땅과 마른 저수지의 이미지로만 어렴풋하게 경험할 뿐이다. 물 부족에 직접적인 타격을 받는 사람들은 바로 농민들이다. 그리고 이들은 고온과 가뭄으로 인한 흉작과 경제적 타격을 온몸으로 경험하고 있다.

기상청(2024)은 「2023년 이상기후 보고서」에서 2023년 우리나라 남부지방의 가뭄을 집중분석했다. 이 가뭄은 2021년의 겨울 강수량 부족(평년 대비 14.7%)으로 발생한 2022년 봄철 기상가뭄이 같은 해 여름의 강수량 부족(평년 대비 68.7%)으로 이어지면서 2023년 봄까지 이어진 것을 말한다. 이 시기 가뭄으로 주요 댐의 저수율이 급격히 감소하여 섬진강과 나주·장성·담양호의 저수율은 각각 39.1%, 42.4%, 35.5%까지 떨어졌다. 저수율이 떨어지다 보니 모내기 등 농업 활동에 차질이 발생하여 일부 지역은 급수에 어려움을 겪었다. 식물이 땅 속에서 고스란히 익어버리는(타버리는) 지경에 이른 것이다.

이러한 건조한 날씨가 겨울에도 이어지다 보니 산불 발생이 증가했고, 이로 인한 피해도 늘어났다. 산이 푸르다고 물이 풍부한 것이 아니다. 겨우내 바싹 마른 나무는 작은 불씨를 만나 맹렬히 타오른다. 2025년 경북 지역의 산불은 4만 8,238헥타르, 여의도 면적 대비 166배, 축구장 6만 3,245개 면적에 이르는 산림을 태웠다.

3) 가뭄 해결 방법들

그렇다면 이런 가뭄에 각 지역은 어떻게 대처하고 있을까? 물 부족, 혹은 물 불균형은 물 수요의 증가로 촉발된 것은 맞지만 단순히 '물 자체의 불균형'이 아니다. 피터 글릭은 "수자원은 전 세계에 고르지 않게 분포되어 있지만 지하수, 강우, 강과 하천, 심지어 공중에서 물을 끌어와도 1인당 하루 약 50L의 기본적인 식수 및 위생 수요를 충족하기에 부족한 곳이 없다"[4]고 했다. 그러나 물 불균형은 지역의 경제, 산업, 교육, 정치의 불균형과 맞물리면서 다른 방식의 해결로 전개된다. 위의 가뭄 사례들은 어떻게 전개되고 있을까?

(1) 동아프리카의 가뭄 해결 방법

동아프리카는 오랫동안 가뭄에 시달렸고, 가뭄에 자체적으로 대응할 여력이 없다. 따라서 유엔UN, 세계식량계획WFP, 적십자 등 국제기구는 긴급 식량 및 식수 지원을 확대하고 있으며, 2023년 유엔은 동아프리카 가뭄 피해 지원을 위해 약 24억 달러(약 3조 원) 규모의 긴급 기금을 요청했다. 지속가능한 물 자원 관리와 식량 자원 관리를 위해 건조한 환경에서도 자랄 수 있는 작물(수수, 카사바 등) 보급을 확대하고, 빗물을 저장하고 재활용하는 스마트 농업 기술을 도입하며, 저수지 및 관개 시설을 확충하여 물 저장 및 배급 시스템을 개선하고 있다. 무엇보다 산림을 복원하여 사막화를 방지하기 위한 대규모 조림사업을 추진하고, 해당 지역 국가들이 협력하여 공동의 수자원 관리 시스템을 구축하며 자립 가능한 경제 모델을 구축하는 것이 필요하다.

그러나 동아프리카 국가들의 정치적 불안정은 물을 비롯한 자원을 안정화시키는 쪽이 아닌, 여러 이해관계자가 서로 협력하지 않음으로써 더 큰 재앙이 발생할 우려를 포함하고 있다.

동아프리카 국가들은 나일강, 투르카나호, 탄자니아-케냐 국경의 호수 등 제한된 수자원을 공유하는데, 각 나라가 자국의 이익을 먼저 고려하다 보면 갈등이 벌어지게 된다. 또한 부족 간 분쟁과 자원 경쟁이 심화되는 상황에서 서로의 영역을 침범하고 충돌하는 일들이 잦아지고 있다.

선진국의 지원은 어떠한가. 인도주의적 차원으로 구호에 뛰어드는 경우도 있지만 이것이 얼마나 충분한지는 생각해보아야 한다. 애초에 이들이 기후위기와 물 부족에 직면한 것이 선진국의 온실가스 배출 때문이라는 것을 생각할 때, 이들이 겪는 손실과 피해를 제대로 보상하고 있는가.

잠깐 동아프리카에서 개도국 전체의 기후 문제로 확장해보겠다. 제27차 유엔기후변화협약 당사국 총회COP23에서 '손실과 피해 기금'에 대해 논의되고 2024년 제28차 총회COP24에서 이 기금이 공식 출범하면서 8억 달러(약 1조 500억 원)가 약정되었다. 이 정도면 충분한 걸까. 개도국이 주장하는 피해 추산액은 1,000억 달러에서 5,800억 달러이다. 피해규모에 대한 체감 차이가 이 정도로 나는 것이다. 이 문제를 해결하기 위해서는 협력과 조정이 필수인데, 안타깝게도 (거의 모든 국제 문제가 그러하듯이) 너무도 더디게 논의가 진행되고 있고 이 속도로는 2050년에 이르러 더 많은 국가가 물 부족에 직면할 것으로 예상된다(그림 4).

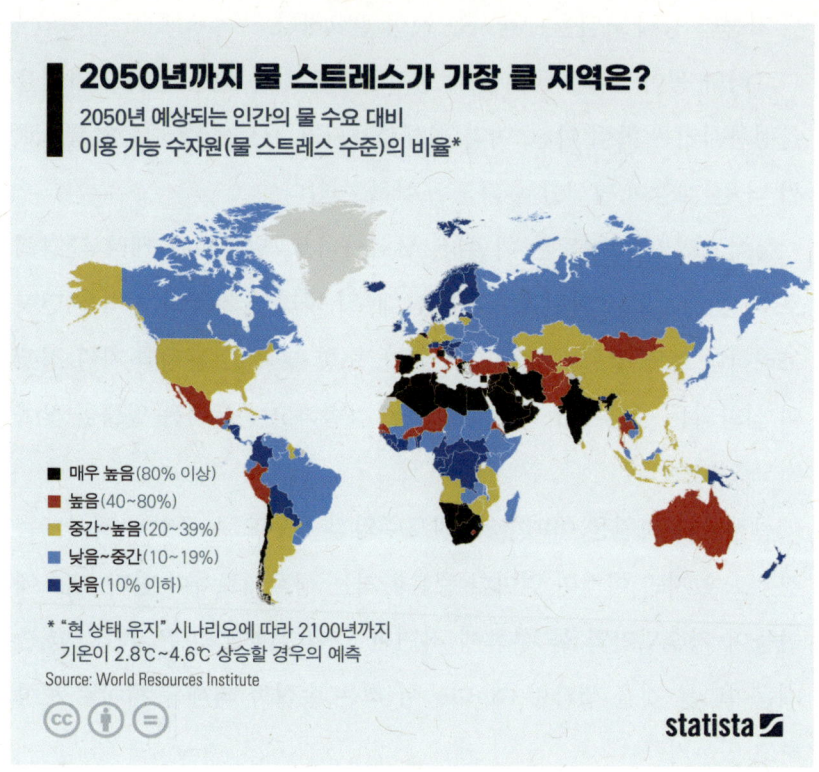

그림 4. 2050년 세계 물 부족 예상 지도

(2) 미국의 가뭄 해결 방법

선진국은 어떻게 가뭄을 해결할까. 미국은 동아프리카 국가들과 달리 기술과 자본이 있는 나라이기 때문에 심각한 가뭄을 마주했을 때 자체적으로 혹은 연방정부의 도움을 받아 해결할 여지가 있어 유엔에서 지속가능한 물 사용을 위해 제시하는 방법들을 충실히 이행하고 있다.

첫째, 물 절약을 위해 다각적인 방법을 도입했다. 남서부의 캘리포니아, 애리조나, 네바다는 비필수적인 물 사용 금지 조치를 시행하고 있다. 잔디 및 조경용 물 사용을 제한하고, 차량이나 건물 외벽 세차를 제한하는 것이다. 또한 콜로라도강을 사용하는 농업용수 배급량을 줄이고, 일부 농작물 재배를 제한하는 조치가 시행되고 있다. 즉, 지속가능한 농업방식으로의 전환이 절실하여 기존의 아몬드, 면화에서 선인장류, 수수 등 물 사용이 적은 작물로 대체하는 방안이 추진 중이다. 아울러 스마트 농업 기술을 이용하여 작물별 물 낭비를 줄이고, 최적의 물 공급을 통해 물 사용량을 줄이려고 한다. 주민의 물 사용 조절을 위해 물 사용량이 많은 가구에 누진세를 도입하고, 감축 목표 이상 사용 시 추가 요금을 부과하는 방식을 사용한다. 지속적으로 물 절약 캠페인과 스마트 수도 계량기 등을 도입하여 가정별 물 소비 패턴을 분석하고 절약할 수 있도록 유도하고 있다. 여기서 도시지역과 농촌지역의 이해충돌로 서로 물 공급을 양보하지 않으려 한다면 결국 강과 저수지가 고갈되어 모두 치명적인 피해를 입게 될 것이다.

둘째, 물 공급을 증대할 수 있는 기술을 도입하고 있다. 캘리포니아는 해수를 식수로 전환하는 담수화 플랜트를 운영하고 이를 확대하려 하고 있다. 칼즈배드Calsbad 해수 담수화 플랜트는 미국 최대 규모의 해수 담수화 시설로, 매일 19만 L의 식수를 공급하고 있다. 또한 로스앤젤레스, 샌디에이고 등 도시에서는 폐수를 정화해서 농업 및 공업 용수로 재사용하는 시스템을 운영 중이며, 나아가 변기에서 수도꼭지까지Toilet-to-Tap 프로그램을 통해 하수를 정화하여 식수로 재활용하는 기술을 개발하고 있다. 또한 빗물 저장 시스템을 보완하여 빗물을 저장하여 물 공급을 조절하는 방안을 추진 중이다.

여전히 궁극적인 해결을 위해서는 콜로라도강을 공유하는 서부 7개 주 사이의 협력이 필요하며, 물 관리를 위한 대규모 인프라 투자가 필요한 상황이다. 각 주는 자신의 몫을 최대한 확보하려고 하면서도 다른 주가 먼저 양보하기를 기다리는 상황이기 때문에 만약 협상이 결렬되어 모두가 물을 계속 과다 사용하면 저수지 고갈 및 농업·도시 물 공급 붕괴라는 최악의 사태가 발생할 것이다.

(3) 대한민국의 가뭄 해결 방법

우리나라는 지속가능한 수자원 확보와 효율적인 이용을 목표로 하며, 기후변화 대응 및 국민 생활 안정화를 위한 다각적인 정책을 추진하고자 '국가 물 관리 기본계획'을 통해 장기적인 물 관리 전략을 수립하고 있다. 기존에는 환경부, 국토교통부, 농림축산식품부 등 여러 부처에서 물 관리 정책을 개별적으로 운영했으나, 2018년부터 환경부 중심으로 물 관리 기능이 통합되었다. 여기에는 기후변화 대응 및 가뭄·홍수 예방, 지속가능한 물 순환 시스템 구축, 지역 맞춤형 물 관리 정책 시행이 포함되어있다. 안타깝게도 우리나라의 물 관리 계획은 정권에 따라 기존 정책을 폐기하고 재수립하는 방식으로 가면서 지속적이고 통합적인 물 관리 계획에 어려움이 있다.

당초 '국가물관리기본계획'은 "강과 하천의 자연성을 회복하고, 수질을 보호하며, 빗물과 하수를 재활용하는 친환경적 물 관리 정책"으로 방향을 설정했으나, 2023년 9월 환경부는 국가물관리기본계획을 변경하여 4대강 보 처리방안 관련 과제를 삭제하고, 댐·보·하굿둑의 과학적 연계 운영, 4대강 유역의 수량·수질·수생태에 대한 객관적 데이터 축적, 녹조 발생 원인 분석 및 저감 대책 마련 등을 추가로 반영했다. 환경부는 4대강별 유역물관리종합계획을 수립하여 2030년까지 유역 내 물 관리 여건의 변화를 분석하고, 홍수·가뭄 등 물 재해 대응, 지속가능한 물 이용 체계 확립, 물환경 보전·관리, 물산업 육성 및 유역 협치 활성화를 제시하며 하천 준설을 통해 물길을 건강하게 만들고, 홍수 예방과 수질 개선을 동시에 달성하겠다는 의지를 밝히고, 이어 2024년은 기후댐 건설을 통해 물 관리를 하겠다고 발표했다. 그러나 환경운동가들은 댐과 보 건설을 통한 홍수와 가뭄 예방은 근본적인 해결책이 되지 못한다고 주장한다. 미국 남서부에 비해 우리나라의 가뭄의 심각도가 덜하기 때문에 다각도의 정책이 수립되지 않을 수도 있다. 이에 대해서는 다음 장에서 좀 더 자세하게 후술하겠다.

(4) 가뭄 해결책들에 대한 고찰

앞서 살펴본 바와 같이 UN 지속가능발전목표SDGs 6에 따라 각 지역은 물 자원을 효율적으로 사용하기 위한 최신 기술을 도입하고, 최선의 정책을 수립하고 있다. 여전히 물을 둘러싼 갈등들 — 특히 양보하지 않음으로써 파멸로 갈 위험성(치킨게임)[5] — 은 여전히 존재하고 있지만 해결되고 있으니 괜찮은 걸까? 2030년까지 물 부족 지역의 주민들이 깨끗한 마실 물과 위생시설을 사용할 수 있으면 물 문제가 모두 해결되었다고 보아야 할까? 인류를 위한 더 좋은 정책과 더 좋은 기술들을 계속 도입하면 더 나은 미래가 우리를 기다리고 있는 것일까? 자, 여기서 조금 관점을 돌려서 물을 대하는 우리의 태도에 대해 생각해보자.

4) 개발에 의한 물 문제

물의 불균형 원인에 대해 크게 ① 기후변화, ② 인구증가와 도시화를 들었다. 여기서는 도시화에 대해 좀 더 살펴보겠다. 당초 로마제국이 수도교를 건설하게 된 것은 도시가 커지면서 시민에게 식수와 위생시설을 공급하기 위해 도시 외곽에서 물을 끌어와야 했기 때문이다. 그런데 사람은 물을 '마시기만' 하지 않고 배설도 한다. 그리고 그 배설물을 처리하기 위해서도 물이 필요하다. (애초에 UN 지속가능발전목표 6이 깨끗한 물과 '위생'이라는 것을 기억하자.) 인구가 늘어나면 수원지에서 물을 끌어오는 것만으로는 부족하고, 물탱크, 그것도 아주 거대한 물 저장시설이 필요하다. 이제 인류에게 물이 서비스되기까지 어떤 과정이 필요할지 살펴보겠다.

(1) 도시화

도시 인구가 증가하면서 물 수요가 증가하고, 이로 인해 깨끗한 물 공급과 위생 인프라의 부족으로 인한 문제들이 발생한다. 이에 대한 뚜렷한 사례로 19세기 영국 런던의 하수 문제와 질병에 대해 알아보자.

19세기 초, 산업혁명으로 인해 런던 인구가 급격히 증가(1800년 약 100만 명 → 1850년 약 250만 명)하면서 하수 처리 시스템이 감당할 수 없는 상태가 되었다. 당시 많은 주택이 하수도를 갖추지 못했고, 인분과 오수가 템스강으로 그대로 흘러 들어갔다. 상하수도 시스템이 분리되어 있지 않은 상황에서 우물과 펌프를 통해 공급되는 식수와 하수가 섞이는 경우가 많았고, 하천이 오염되면서 콜레라, 장티푸스, 이질 같은 수인성 질병이 창궐하게 되었다.

1831~1832년 1차 콜레라 대유행으로 런던에서 6,500명이 사망하고, 1848~1849년 2차 콜레라 대유행으로 영국 전체에서 5만 명이 사망했다. 이어 1853~1854년 3차 콜레라 대유행에서는 런던 소호 지역에서 10일 만에 500명이 사망했는데, 당시만 해도 콜레라는 공기로 전염된다고 생각되었다. 존 스노우John Snow가 역학조사를 통해 1854년 콜레라 유행 당시 소호 지역 브로드 스트리트 펌프가 감염원이라는 사실을 밝혀내면서 콜레라가 공기가 아니라 오염된 물을 통해 전염된다는 사실이 입증되었다. 그러나 그때까지도 문제의 근본적인 개선이 이뤄지지는 않았다. 1858년 여름, 극심한 더위로 인해 템스강에서 악취가 심하게 발생하여 런던 의회 내부까지 악취가 퍼지면서 그제야 정치인들도 문제 해결의 필요성을 인식하게 된다. 조지프 바잘젯Joseph Bazalgette이 런던 최초의 근대적 하수도 시스템을 설계하고 건설하면서 1,300km 길이의 하수관과 6개의 대형 하수도 터널을 건설하여 오수를 템스강 하류로 배출하고, 주요 하수 처리장은 도시 외곽에 배치하여 오염을 최소화한다. 1875년 완공 이후 런던의 콜레라 발생이 급격히 줄어들게 된다.

19세기 영국의 사례를 가져온 이유는 도시화로 인한 물 문제는 단순히 식수 문제가 아니기 때문이다. 사람이 모여 있으면 마실 물도 필요하지만, 먹을 것도 필요하고, 배설물을 처리할 곳도 필요하다. 수세식 변기는 1596년 영국의 귀족 존 해링턴Sir John Harington이 발명한 것으로 알려졌지만, 현대적인 수세식 변기가 확산된 것은 하수도 시스템이 안정화되면서다. 그때까지 배설물은 그냥 거리나 들판에 버리는 식이었고, 좀 더 지난 후에는 특정 장소에 모아둔 것을 누군가가 수거하는 구조였다.

그러다가 하수도 시스템이 도입된 후 우리는 더 이상 우리의 배설물을 볼 일이 없다. 내가 배설한 배설물은 대체 어디로 가는 것일까. 위의 영국 사례에서 보다시피 주요 하수 처리장은 도시 외곽에 배치된다. 바꿔 말하면 도시 외곽 지역은 자신들이 배설하지 않은 배설물까지 떠안고, 도시의 위생과 보건을 위해 종속된다. "모두를 위한 지속가능한 물과 위생 보장"을 위해서는 내 눈에 보이지 않는 거대한 구조가 있다는 것을 알아야 한다.

(2) 도시화 이면에 착취·종속되는 지역들

머나먼 과거 영국의 사례에서 오늘날 우리나라의 사례를 살펴보겠다. 제주도 월정리 해녀들의 동부하수처리장 증설 반대 투쟁은 도시화에 따른 위생의 종속에 저항한 사례다. 제주시는 1997년 구좌읍 월정리에 6천 톤 규모의 제주시 하수 처리를 위해 하수처리장을 건설한다. 제주도 인구가 제주시에 집중되고 관광객이 증가하면서 제주시는

2014년 1만 2천 톤 규모로 하수처리장 증설공사를 하고, 이어 2017년 2만 4천 톤 규모로 2차 증설을 신청한다. 이 지역은 밭농사와 해녀들이 물질로 생계를 꾸리는 지역이었는데, 대규모 하수처리장이 들어서면 해녀들이 더 이상 물질을 하기 어려워진다.

한편, 2005년 하수처리장 인근에서 전신주 공사를 하는 과정에서 용천동굴이 발견되었다. 용천동굴은 유네스코 세계자연유산으로 등재된 거문오름에서 뻗어 나온 위僞석회동굴[6]이다. 당시 동굴의 수중 구간이 포함되지 않은 상태로 2006년 세계문화유산으로 추가 등재를 하는데, 세계자연보전연맹은 수중구간을 탐색할 것을 권고한다. 2009~2010년 조사 결과 용천동굴 하류 구간이 발견되었지만, 제주시는 세계자연유산에 추가 등재 신청을 하지 않고 하수처리장 건설을 강행했다. 제주도의 인구가 증가하고, 관광객이 증가하니 어쩔 수 없다는 것이었다.

주민이 필사적인 저항을 거듭하며 행정소송을 제기한 끝에 법원은 동부하수처리장 증설 고시에 무효 판결을 내렸다. 법원이 환경권의 손을 들어준 것이다. 이 사례는 도시의 위생과 보건이 행정에 의해 얼마나 쉽게 외곽화되는지, 그리고 이것을 바로잡는 데 얼마나 힘든 투쟁이 필요한지를 보여준다. 나의 위생을 위해 누군가는 희생해야 할 때, 과연 님비Not In My BackYard(공공의 이익에는 부합하지만 내 지역은 안 된다는 행동)는 누구인가? 도시민인가, 아니면 하수처리장이 지어지는 지역의 주민인가?

(3) 저장시설

반복해서 언급하지만 사람만 물을 필요로 하는 것이 아니라 작물과 가축들, 그리고 산업시설인 공장 역시 물을 필요로 한다. 공장은 냉각수, 세척수, 원료처리, 보일러 급수, 공정 용수 등 다양한 용도로 물을 사용한다. 화력발전소나 원자력발전소 역시 전기 1MWh를 생산하기 위해 1,000~2,000톤의 냉각수를 필요로 한다. 토니 앨런(2012)은 식품과 공산품이 생산되어 소비될 때까지 들어가는 물의 양을 뜻하는 가상수Virtual Water 개념을 제시하며 우리가 보이는 것보다 훨씬 많은 물을 소비하고 있다고 경고한다. 우리는 살아가기 위해 하루에 2L의 물만 마시는 것이 아니다. 예를 들어 커피 한 잔을 위해 필요한 물의 양은 무려 140L로 계산된다. 제품을 생산하기 위해서는 우리가 생각하는 것 이상의 물이 필요하다. 물을 공급하기 위해 대부분 발전소는 바닷가에 건설되고, 공장은 강이나 호수 가까이에 가동된다. 대량의 물을 안정적으로 공급하기 위해서는 물을 저장하는 시설, 즉 댐과 보가 필요하다.

2009~2011년 이명박 정부는 4대강 사업의 하나로 한강, 낙동강, 금강, 영산강(섬진강과 한 권역으로 묶인다)에 총 16개의 보를 건설했다. 보 건설의 목적은 홍수 조절, 수질 개선, 수자원 확보, 친수 공간 조성이었다. 과연 보는 목적에 맞는 기능을 했을까.

전문가들은 보를 이용한 강의 수위 조절로 홍수 조절 효과가 미비할 것이라 의견을 제시했다. 보를 설치하는 주요 목적은 물을 가두어 농업·산업·생활용수를 공급하는 것이었는데, 물이 정체되면서 유속이 느려져 녹조가 증가하는 문제가 발생했다. 나날이 여름의 고온 일

수가 길어지는 가운데 당초 예상했던 수질 개선은커녕 오히려 오염이 더 심각해지고 인근의 모래사장이 물에 잠기면서 생태계가 연쇄적으로 파괴되었다. 특히 낙동강에는 8개의 보가 건설되어 심각한 녹조 현상이 반복되면서 취수원으로 부적합한 지경에 이르렀다.

2017년 이후 문재인 정부가 들어서면서 4대강 보 개방과 해체를 추진했지만, 2022년 이후 윤석열 정부는 이를 번복하여 보 해체를 전면적으로 재검토하고 유지·활용하는 쪽으로 정책을 변경했다. 오히려 한 발 더 나아가 2024년 기후위기로 인한 극한홍수와 가뭄에 대비하고, 국가 전략산업의 용수 수요를 충족하기 위해 '기후대응댐' 건설을 추진했다. 당초 14개의 후보지[7]를 발표했으나 주민이 극렬하게 반대한 강원도 양구군 수입천, 충청북도 단양군 단양천, 충청남도 청양군 지천, 전라남도 화순군 동복천은 보류되었다.

이들 기후대응댐은 대도시 가까이에 설치되지 않는다. 이 댐들은 도시의 생활용수 공급보다는 산업용수 공급을 목적으로 한다. 댐은 보와 달리 일정 지역이 수몰되게 된다. 후보지 중에는 이전 댐 건설로 수몰된 지역에서 이주한 주민이 거주하는 지역도 있다. 댐은 다목적댐, 홍수조절댐, 용수전용댐으로 분류되며, 각 지역의 홍수 및 가뭄 피해를 최소화하고 미래의 물 수요를 충족시키겠다고 하면서 지역주민의 삶의 터전은 아랑곳하지 않는다.

물 저장을 위한 보와 댐은 일관되게 해당 지역의 생명을 고려하지 않는다. 정책입안자들은 물을 자원으로만 호명한다. 경북 예천군의 내성천 강변에는 왕버들 군락이 '있었다'. 그런데 이 나무들은 제방 보호를 위해 무참히 잘려나갔다. 강가의 나무 때문에 물 흐름에 지장이 있다는 이유였다. 환경운동가 정수근(2024)은 강의 모습을 시원하게 하기 위해 과학적 근거도 없이 베어진 나무들을 보며 "만약 그(공무원)가 내성천 안으로 한 번이라도 들어와 봤더라면, 강변에 빼곡하게 서 있는 왕버들 군락이 펼치는 그림 같은 광경을 한 번이라도 목격했더라면 이런 일은 발생하지 않았을지도 모른다"고 한탄했다. 금강의 보들은 정권이 바뀜에 따라 철거 내지 개방된다고 했다가 다시 닫히거나 닫힐 위기에 처했다. 환경운동가들은 그 앞에서 해를 넘겨가며 농성한다. 보가 닫히게 되면 강가의 모래톱이 수몰되고 그곳에 살던 생명들은 자취를 감추게 된다. 인간이 아니라 괜찮다고 할 수 있을까? 이들은 보를 설치함으로써 강물의 유속이 느려지고, 이에 따라 녹조가 창궐하면서 결국 그 녹조로 재배한 작물을 우리가 먹고, 녹조가 있던 물을 취수해서 인간이 먹을 수밖에 없게 된다고 부르짖는다. '물'을 자원으로 확보할 목적으로 계속되는 개발로 인해 초래되는 생명 파괴의 끄트머리에는 인간이 있을 것이다.

바로 이 지점에서 우리는 '지속가능한 물 공급'에 대해 다시 생각해야 한다. 물을 수도꼭지에서 나오는 물로 환원해서는 결코 이 틀에서 더 나아갈 수 없다. 물이 인간만을 위한 것이어야 하는지, 공존을 위해 우리는 무엇을 고려해야 하는지 생각해보자.

5) 모두를 위한 물

(1) 자연의 권리 Rights of Nature[8]

에콰도르는 2008년 9월 세계 최초로 '자연의 권리Rights of Nature'를 명문화한 헌법을 채택했다. 이는 인간 중심의 환경보호가 아니라 자연 자체를 법적 주체로 인정하고, 자연이 스스로 존재하고 번영할 권리를 가진다는 개념을 포함한다. 주요 조항은 다음과 같다.

제71조: 자연의 권리 인정

자연Pachamama(팟차마마)은 존재하고 유지되며, 생태계를 재생할 권리가 있다.
국가는 자연의 권리를 보호하고 회복하는 조치를 취해야 한다.
모든 시민과 단체는 자연의 권리를 보호할 법적 권리를 가진다.

제72조: 자연의 복구 권리

환경이 심각하게 훼손되었을 경우, 국가는 이를 원상 복구할 책임이 있다.
자연을 훼손한 기업이나 개인은 이를 회복시켜야 하며, 경제적 보상만으로는 충분하지 않다.

제73조: 환경 파괴 예방

생태계를 훼손할 수 있는 유전자 변형GMO, 생물다양성 파괴 행위를 금지할 수 있다.
환경보호를 위해 예방 조치를 시행할 책임이 국가에 있다.

제74조: 공동체의 환경보호 권리

국민은 자연을 보호할 권리가 있으며, 정부는 지속가능한 방식으로 환경을 관리해야 한다.

이는 세계 최초로 자연을 단순한 '자원'이 아닌 독립적인 법적 존재로 선언한 것이다. 그러나 자연은 스스로 자신을 대변할 수 없기에 개인, 공동체, 환경단체가 자연을 대신해 소송을 제기할 수 있다.

이어 볼리비아, 뉴질랜드, 콜롬비아가 자연의 권리를 법적으로 인정했고 멕시코, 미국, 캐나다는 일부 지역에서 법적 권리를 인정하고 있다. 무분별한 파괴를 막기 위해 자연의 권리를 법적으로 인정하는 움직임은 전 세계적으로 확산되고 있다. 그러나 다국적 기업에 의한 광업, 석유 채굴 현장에서 갈등이 발생하고 일부 지역에서는 경제 발전을 내세워 자연의 권리를 완화하려는 움직임도 있다.

'자연의 권리'가 헌법으로 보장된 국가에서는 이를 기반으로 강을 보호하고 강의 훼손에 저항한다. 에콰도르에서는 2011년 빌카밤바강의 '자연의 권리'를 인정한 첫 판결이 내려졌다. 빌카밤바강은 에콰도르 남부의 주요 하천으로 당시 도로공사로 인해 암석과 굴착물들이 강에 투기되어 강의 흐름이 방해받게 되었다. 이에 주민들(정확히는 이곳에 정착한 외국인)이 원고인 빌카밤바강을 대리하여 로하 주정부에 고소를 제기했고, 로하 지방법원은 에콰도르 헌법 71조를 적용하여 주정부에 도로건설 중단과 피해 회복을 할 것을 판결한다. 이로써 '자연의 권리'가 상징적인 헌법으로 존재하는 것이 아닌, 경제적 이익을 위해 환경을 파괴하는 행위를 제한하고, 원상 복귀를 강제할 수 있다는 것이 선례로 남았다. 뉴질랜드의 황거누이강, 콜롬비아의 아트라토강, 캐나다의 마그피강이 법적인 권리가 있으며, 방글라데시는 세계 최초로 자국 내 모든 강에 법적인 인격을 가진다고 판결했다.

'자연의 권리'는 물을 자원으로 접근하는 것이 아닌 물이 있는 그 지역 전체를 생명이 더불어 사는 주체로 인정한다는 데 의의가 있다. "SDGs 6의 목표와 실천방안"에서 호명하는 물을 "수소와 산소로 이루어진 물 분자 집합으로서의 무기질인 물", "인간에게 유용한 물"로만 접근하면 물이 도구화·대상화할 우려가 있다. 진정으로 '지속가능한 물' 이용을 생각한다면 지구계 전체에서 물의 위치와 인간의 위치를 통합적으로 바라볼 수 있어야 한다.

바로 이것이 가톨릭교회의 통합 생태론적 관점이다. 가톨릭교회는 이 문제를 어떻게 바라보라고 제시하는지 살펴보겠다.

6) 가톨릭교회가 바라보는 물 문제: 『찬미받으소서』를 중심으로

(1) 가톨릭교회에서 바라보는 물

가톨릭교회는 전통적으로 물을 정화와 세례의 상징으로 본다. 성당 입구에 있는 성수와 세례식 때의 세례수를 생각해보자. 축성된 물을 통해 우리는 허물을 벗고 깨끗해진다. 여기서는 사회교리적으로 물 문제를 어떻게 바라보는지 살펴보자.

2015년 발표된 프란치스코 교황의 회칙 『찬미받으소서』는 오늘날의 기후와 생태, 사회 문제를 통합 생태론 관점에서 조명하며 가톨릭 신자뿐 아니라 모든 이가 함께 이 위기를 극복해야 한다고 호소한다.

『찬미받으소서』 27~31항은 물 문제에 대해 집중적으로 언급하는데, 특히 빈곤 문제와 연결해서 설명한다. 즉, 물 부족은 "공정하고 올바른 관리(28항)"가 이루어지지 않으면서 발생한 것으로 "특히 가난한 이들이 이용할 수 있는 물의 질(29항)"이 떨어지면서 이들이 비위생적인 환경에서 질병에 시달리거나 유아 사망에 이른다는 것이다. 또한 광업·농업·산업 활동으로 배출되는 오염물질들로 지하수가 오염되면서 인간이 이용할 수 있는 물의 질이 악화되는 가운데 이 물을 시장화하여 상품화하려는 시도로 불평등을 심화시킨다고 고발한다. 즉, 물 문제를 통합 생태론 관점에서 인간과 모든 피조물의 생명권의 문제이자 빈곤의 문제, 더 나아가 부유한 계층의 취약계층에 대한 착취 문제로 폭넓게 접근한다.

이는 UN SDGs 6의 세부 목표에서 제시하는 '모든 사람에게 안전하고 저렴한 식수 공급', '위생 및 공중보건 향상', '수질 개선', '지속가능한 수자원 사용 보장', '수생태계 보호 및 복원', '국제 협력'과 '지역사회 참여'를 아우르면서 물 문제를 야기한 근본적인 문제, 즉 불평등과 착취를 성찰하도록 한다. 이것이 곧 통합 생태론적 관점이다.

(2) 통합 생태론 Integral Ecology

통합 생태론은 프란치스코 교황(2021)의 회칙 『찬미받으소서』 제4장에서 강조된 개념으로, 환경 문제를 단순히 자연과학적 차원에서만 보는 것이 아니라 사회적·경제적·문화적·윤리적·영적 측면까지 포함하여 종합적으로 접근하는 개념이다. 통합 생태론적 관점에서는 인간과 자연이 분리된 존재가 아니라 상호 연결된 하나의 시스템이라는 관점에서 문제를 해결하기 위해 다음을 역설한다.

첫째, 환경 문제는 사회 문제와 연결되어 있다. 기후변화로 인해 가뭄이 심해지면 경제적 불평등이 심화되고, 이주민과 난민이 증가하는 문제가 발생하며, 다시 경제적 불평등이 심화되는 악순환이 거듭된다고 설명한다.

둘째, 인간과 자연, 즉 피조물은 분리된 것이 아니라 하나의 공동체, 더불어 살아가는 존재로 인식해야 한다. 이는 인간이 다른 피조물의 우위에 있는 존재, 지배하는 존재가 아닌, 하느님의 피조물로서 이웃과 다른 피조물과의 관계를 회복해야 함을 말한다.

셋째, 기술의 발전과 경제 성장은 환경윤리와 조화를 이루어야 한다. 무분별한 경제 성장, 기술 의존적인 해결책이 아닌 자연과 조화를 이루는 방식으로 공존이 필요하다. 특히 오늘날 기술지배 패러다임과 인간중심주의가 환경을 파괴하고 사회적 불평등을 야기한다고 비판한다.

넷째, 가난한 사람들과 취약계층을 보호할 의무가 있다. 환경 문제는 우리 중 가장 가난한 사람들에게 더 큰 영향을 미친다고 강조하며, 지구의 부르짖음과 가난한 이들의 부르짖음에 귀 기울일 것을 호소한다. 특히 빈곤층과 원주민 공동체의 권리를 보호해야 할 책무가 있다.

마지막으로 올바른 방향으로 나아가기 위해 생태적 회개Ecological Conversion가 필요하다. 이는 단순한 정책변화, 기술의 개선을 말하는 것이 아니다. 환경을 대하는 태도 자체를 바꿔야 한다는 것, 특히 윤리적·영적 측면에서의 태도 변화가 필요하다는 것을 말한다.

인간이 신이 아니라는 것, 하느님으로부터 창조된 존재라는 것, 세상을 돌볼 책무를 가진 존재라는 인간 존재에 대한 인식이 설 때 우리는 환경과 물 문제를 '지속가능한 물 자원 이용'으로서가 아닌 '모두를 위한 물'로 접근할 수 있다. 이것이 착취를 담보로 하지 않는 '지속가능'이다.

(3) 행동으로 이어지는 사랑

환경에 대한 태도, 물에 대한 관점과 태도를 바꾸면 우리는 물을 필요로 하는 사람에게 형제로, '이웃'으로 다가갈 수 있다. 또한 그들의 외침에 귀를 기울일 수 있다.

프란치스코 교황님(2021)은 회칙 『모든 형제들』 76항에서[9] "세계화된 사회에는 시선을 돌리는 세련된 방식이 흔히 존재합니다. 정치적으로 옳다거나 이념적으로 유행한다는 구실로 우리는 고통받는 사람과 실제 접촉 없이 바라보기만 합니다. 텔레비전 생방송으로 고통받는 이의 모습이 방영되고, 심지어 그럴듯한 관용어와 완곡한 어법으로 그들에 대하여 말합니다"[10]라고 말씀하신다.

우리는 물에 빠진 사람을 멀뚱히 두고 보아서는 안 된다. 목마르다고 외치는 사람을 외면해서도 안 된다. 물에 빠진 사람에게, 목이 마르다고 외치는 사람에게 '내 손'을 내밀어 도움을 주어야 한다. 결국 지속가능 발전은 기술적인 해결이 아닌 모두가 관심을 가지고 연대하고 통합을 회복함으로써 나아갈 수 있다. 그리고 이것이 바로 사랑이고 희망이다.

· 3 ·
모두를 위한 물

고대로부터 인류는 물을 유용하게 활용하기 위해, 혹은 통제하기 위해 다각도로 노력했다. '치수治水'라는 단어 자체가 의미하는 것처럼 물을 다스리고 관리하는 것이 인류의 과업이었다. 홍수와 가뭄 등 수해를 예방하고 수자원을 관리하는 것이 치수였다.

나날이 심각해지는 기후위기 속에서 우리는 더 이상 기존의 지식으로 예측 가능한 치수 활동을 할 수 없다. 이 장에서는 가뭄에 대해서만 살펴보았지만, 가뭄으로 부족해진 물은 지구의 다른 지역에 홍수로 떨어진다. 지구계는 대체로 닫혀있고 물은 그 안에서 순환하기 때문이다. 지구온난화로 균형이 깨어진 상황에서 한쪽은 물이 극도로 부족해지고 한쪽은 물이 지나치게 많은 상황은 더욱 심각해질 것이다. 이러한 상황에서 우리는 어떤 태도로 세상을 살아가야 하는가. 단언컨대 눈을 가리고 이를 악물고 끝까지 물을 뽑아 쓰는 치킨게임은 미래를 보장할 수 없을 것이다.

인도네시아의 수도 이전 추진은 그 모습을 단적으로 보여준다. 인도네시아는 수도 자카르타의 심각한 침수와 과밀화, 경제적 불균형을 이유로 누산타라로 수도 이전을 추진하고 있다. 가장 큰 이유는 자카르타의 심각한 침수 문제와 지반 침하로 도시가 침몰 위기에 처했기 때문이다. 자카르타는 인구 1,100만 명, 수도권 인구를 포함하면 3천만 명을 초과하는데, 강물은 오염되어있고 상하수도 시스템이 제대로 갖춰져 있지 않다. 자카르타 주민이 깨끗한 물을 얻기 위해서는 지하수를 이용할 수밖에 없다. 인구 1천만이 넘는 도시의 주민이 지하수를 뽑아내는 것을 상상해보라. 점점 더 깊은 관정을 파서 지하수를 퍼내다 보니 도시의 지반이 가라앉아 연간 10~25cm씩 지반이 침하되고 있다. 그러는 가운데 지구온난화로 인한 해수면 상승으로 섬 자체가 점점 잠겨가고 있어 일부 지역은 이미 3~4m 이상 침하되고 2050년경에는 물에 잠길 위험에 처했다. 여기에는 대통령궁이 위치한 지역도 포함된다.

자카르타 문제를 해결할 수 없다고 생각한 인도네시아 정부는 보루네오섬 동부의 누산타라로 수도 이전을 결정한다. 누산타라를 스마트 도시로 조성하고 지속가능한 발전 목표를 이행하겠다는 것이다.

자카르타의 빈민은 누산타라로 함께 이전할 수 있을까? 1/3이 잠긴 자카르타에는 누가 남을까? 이것이 과연 '지속가능'인가?

지구는 한 번 쓰고 버릴 수 없다. 이 글을 읽는 우리 모두 이번 생은 어쩔 수 없이 지구에서 눈을 감아야 한다. 화성으로의 이주가 몇 세대 후에 가능할지, 어떤 계층만 가능할지 모르겠다. 우리에게는 이주할 누산타라(인도네시아의 새로운 수도)가 없다. 우리는 이 지구의 닫힌 지구계 안에서 대기와 물, 에너지의 순환 속에서 살아남아야 한다.

그렇기에 "모두를 위한 지속가능한 물과 위생 보장"이라는 프레임 속의 물을 "모두를 위한 물" 혹은 "모두를 위해 주어진 물"로 확장해서 목이 마른 존재들에게 손을 내밀자. 그는 동아프리카에서 오늘 마실 물이 없어서 혀로 입을 축이고 있는 자매이자, 댐 건설로 수몰될 집을 걱정하는 노인이자, 자연의 권리를 위해 다국적 기업과 목숨을 걸고 싸우는 아마존의 원주민이다. 그는 금강의 세종보 옆에서 알을 깐 물떼새이자, 녹조로 덮여있는 강물이며, 후쿠시마 오염수가 희석되고 있는 바다다. 이 글을 읽고 있다는 것은 우리의 형제자매들과 연대할 힘이 있다는 것을 의미한다. 침묵하지 말고, 외면하지 말고, 그에게 깨끗한 물을 주기 위해 움직이자.

주님을 찾는 세대

시편 24,1-6

[1]주님 것이라네, 세상과 그 안에 가득 찬 것들 누리와 그 안에 사는 것들. [2]그분께서 물 위에 그것을 세우시고 강 위에 그것을 굳히신 까닭일세. [3]누가 주님의 산에 오를 수 있으랴? 누가 그분의 거룩한 곳에 설 수 있으랴? [4]손이 깨끗하고 마음이 결백한 이 옳지 않은 것에 정신을 쏟지 않는 이 거짓으로 맹세하지 않는 이라네. [5]그는 주님께 복을 받고 자기 구원의 하느님께 의로움을 인정받으리라. [6]이들이 그분을 찾는 이들의 세대, 그분 얼굴을 찾는 이들의 세대 야곱이라네. 셀라

EPILOGUE

"하느님의 모든 피조물에 대하여
인간이 저지른 피해를 복구하려면
모든 이의 재능과 참여가 필요합니다."

– 프란치스코 교황 회칙 『찬미받으소서』 14항

미주

1. Children's Fund (UNICEF) and World Health Organization (WHO), Progress on household drinking water, sanitation and hygiene 2000-2022: special focus on gender, New York: United Nations, 2023.

2. 글을 작성하는 시점에서 목표 6.6의 공식적인 문구는 2020년으로 되어 있지만, 날짜가 2030년으로 업데이트될 것으로 예상된다.

3. Poore, J., and Nemecek, T., "Reducing food's environmental impacts through producers and consumers," *Science*, 2018. - processed by Our World in Data.

4. 피터 글릭, 『물의 세 시대』, (재)물경제연구원 역, 세종연구원, 2024.

5. 치킨게임(Chicken Game)은 게임 이론에서 사용되는 개념으로, 두 플레이어가 극단적인 위험을 감수하며 경쟁할 때, 먼저 양보하는 쪽이 패배하는 상황을 의미한다. 여기서 양쪽 모두 양보하지 않으면 서로에게 극단적으로 불리한 결과가 발생하는 것을 말한다.

6. "위 석회 동굴이란 원래의 상태와 구조는 용암 동굴이지만 용암 동굴 위의 지표상에 사구층이 형성되면서 사구층 내부의 석회질이 빗물에 녹아 내려 그 성분이 용암 동굴 속으로 침투한다. 이에 따라 용암 동굴 내부에 석회 동굴 생성물이 형성되어 용암 동굴을 피복시키면서 특이한 특성을 간직한다." [출처] 한국학중앙연구원, 『한국향토문화전자대전』

7. 경기도 연천군 아미천, 강원도 삼척시 산기천, 경상북도 청도군 운문천, 경상북도 김천시 감천, 경상북도 예천군 용두천, 경상남도 거제시 고현천, 경상남도 의령군 가례천, 울산광역시 울주군 화야강, 전라남도 순천시 옥천, 전라남도 강진군 병영천, 강원도 양구군 수입천, 충청북도 단양군 단양천, 충청남도 청양군 지천, 전라남도 화순군 동복천

8. Rights of Nature를 '자연권'으로 번역하기도 하는데, 이는 인간이 태어나면서부터 본질적으로 가지는 권리인 자연권과 혼동될 수 있어서 '자연의 권리'로 번역했다.

9. 프란치스코 교황, 『모든 형제들』 76항, 대중 운동들과의 만남에서 발표한 담화, 미국 캘리포니아, 모데스토, 2017.2.10. AAS 109(2017), 291쪽 재인용.

10. 프란치스코 교황, 『모든 형제들』 76항, 대중 운동들과의 만남에서 발표한 담화, 미국 캘리포니아, 모데스토, 2017.2.10. AAS 109(2017), 291쪽 재인용.

참고문헌

「2022년 UN 세계 물 개발 보고서(World Water Development Report)」. 2022.

기상청. 「2023년 이상기후 보고서」. 2024.

「기후 변화: 22년 넘게 이어진 미국 남서부 가뭄 ⋯ 1200년 만의 대가뭄」. https://www.washingtonpost.com/climate-environment/2023/02/05/colorado-river-drought-explained/

스티브 존슨. 『감염도시』. 김명남 역, 김영사, 2020.

에릭 오르세나. 『물의 미래』. 양영란 역, 김영사, 2009.

정수근. 『강 죽이는 사회』. 흠영, 2024.

토니 앨런. 『보이지 않는 물 가상수』. 류지원 역, 동녘사이언스, 2012.

프란치스코 교황. 『모든 형제들: 프란치스코 교황 회칙』. 한국천주교주교회의, 2021.

_____. 『찬미받으소서: 프란치스코 교황 회칙』(개정판). 한국천주교중앙협의회, 2021.

피터 글릭. 『물의 세 시대』. (재)물경제연구원 역, 세종연구원, 2024.

Aesop. *Aesop's Fables: Wordsworth Children's Classics*. Wordsworth Editions Ltd., 1994.

Children's Fund (UNICEF) and World Health Organization (WHO). *Progress on household drinking water, sanitation and hygiene 2000–2022: special focus on gender*. New York: United Nations, 2023. https://data.unicef.org/resources/jmp-report-2023/

Jones, E. R., Bierkens, M. F. P., and van Vliet, M. T. H. "Current and future global water scarcity intensifies when accounting for surface water quality." *Nat. Clim. Chang.* 14, 2024: 629–635. https://doi.org/10.1038/s41558-024-02007-0 2024

Poore, J., and Nemecek, T. "Reducing food's environmental impacts through producers and consumers." *Science*, 2018. Processed by Our World in Data, https://ourworldindata.org/water-use-stress

Union of Concerned Scientists. "World Scientists' Warning to Humanity." 1992.

United Nations. Global indicator framework for the Sustainable Development Goals and targets of the 2030 Agenda for Sustainable Development. 2023. https://unstats.un.org/sdgs/

_____. The Sustainable Development Goals Report 2023: Special Edition. 2023. https://unstats.un.org/sdgs/report/2023/

World Resource Institute. "Aqueduct 4.0: Updated Decision-Relevant Global Water Risk Indicators." https://www.wri.org/insights/highest-water-stressed-countries (2023년 8월 16일자 보고서)

제주용천동굴. https://jeju.grandculture.net/jeju/toc/GC00710208, 검색일: 2025.4.8.

The Global Alliance for the Rights of Nature. https://www.garn.org/rights-of-nature-timeline/, 검색일: 2025.4.8.

UN Department of Economic and Social Affairs Sustainable Development. https://sdgs.un.org/goals/goal6, 검색일: 2025.4.8.

UN SDGs 6. https://www.un.org/sustainabledevelopment/water-and-sanitation/, 검색일: 2025.4.8.

이미지 출처

그림 1. 세계 인구증가 그래프. Max Roser and Hannah Ritchie. "How has world population growth changed over time?" 2023. Published online at OurWorldinData.org. Retrieved from: 'https://ourworldindata.org/population-growth-over-time' [Online Resource]. https://ourworldindata.org/population-growth-over-time

그림 2. 20세기 이후 세계 물 수요 증가. Global freshwater use since 1900 - IGB - processed by Our World in Data. "Freshwater use" [dataset]. Global freshwater use since 1900 - IGB [original data]. https://ourworldindata.org/water-use-stress

그림 3. 2022년 적절한 물과 위생에 다다르지 못한 인구 현황. United Nations, The Sustainable Development Goals Report 2023: Special Edition, 2023. https://unstats.un.org/sdgs/report/2023/

그림 4. 2050년 세계 물 부족 예상 지도. https://www.statista.com/chart/26140/water-stress-projections-global/

희망 메시지

"인류 역사의 마지막 말은 악도, 증오도, 전쟁도, 죽음도 아닙니다. 세례성사는 이 모든 것을 우리에게 일깨워 줍니다. 그것은 예수님과의 첫 만남입니다. 과거의 어떤 인물이 아닌, 오늘을 살아가시는 분과의 만남이죠. 역사책에서 배우는 분이 아니라 삶 속에서 마주하는 분이십니다."

ⓒ 2025 가톨릭출판사.『희망』, 이재협 외 3인 옮김.

6장

안전한 일자리를
보장받고픈 人

―

허인

가톨릭대학교 경제학과 교수

믿음과 실천

야고보 2,15-16

도메니코 기를란다이오, 〈첫 번째 사도의 부름〉, 1481

어떤 형제나 자매가 헐벗고 그날 먹을 양식조차 없는데, 여러분 가운데 누가 그들의 몸에 필요한 것은 주지 않으면서, "평안히 가서 몸을 따뜻이 녹이고 배불리 먹으시오" 하고 말한다면, 무슨 소용이 있겠습니까?

1. 서론

일자리는 인간에게 노동을 의미한다. 가톨릭교회에서 노동은 인간의 존엄성을 드러내고 고양시키는 것이며, 더욱 인간답게 살아갈 수 있도록 하는 것이라고 여긴다. 즉, 노동을 통해 하느님의 뜻을 실현하는 것이 인간에게 맡겨진 책무라고 보는 것이다. 교황 요한 바오로 2세의 회칙 『노동하는 인간 *Laborem Exercens*』(1981) 4항 8쪽[1]에 따르면, 하느님의 모습대로 창조된 인간은 "자식을 낳고 번성하여 온 땅에 퍼져서 땅을 정복하여라"라는 말씀을 듣게 된다. 이는 인간이 노동을 통해 세상을 다스리는 것을 의미하며, 하느님께서 이 구절을 통해 노동의 본질에 대해 말씀하신다. 결국, 가톨릭교회는 인간의 존재 이유를 노동에서 찾는다고 할 수 있다.

일상생활에서 노동은 매우 중요한 부분을 차지한다. 우리가 살아가기 위해서는 소득이 필요하며, 일반적으로 소득은 노동을 통해 얻어진다. 한 국가의 경제를 평가하고 분석하는 거시경제에서 노동은 자본과 함께 상품과 서비스를 생산하는 데 필수적인 기본 생산 요소로 여겨진다. 즉, 노동은 개인의 삶에서 소득의 원천이자, 국가 경제에서 국가 운영을 좌우하는 중요한 원동력이다.

거시경제 관점에서 노동은 경제 성장의 가장 중요한 요소로 볼 수 있다. 경제 성장은 노동 생산성의 증가로 정의된다. 즉, 한 사람이 얼마나 많은 재화와 서비스를 생산하는지를 측정해 경제의 부유함을 평가한다. 노동 생산성을 높이려면 생산 기술, 투입되는 자본의 양, 그리고 기술 지식 등이 중요한 요인으로 작용한다. 경제 발전론에서 경제 성장을 이끄는 요인 중 가장 이견이 적은 요소는 바로 교육이다. 교육 수준을 높이면 경제 성장이 더욱 가속화된다. 교육을 통해 지식이 축적되면 더 효율적으로 일할 수 있으며, 이러한 효율성이 곧 경제 성장을 견인한다.

경제 성장을 추구하는 것은 단순히 부유한 삶을 위한 것이 아니라, 인간의 존엄성을 유지하기 위한 행위로도 볼 수 있다. 즉, "자식을 낳고 번성하라"는 말씀과 "온 땅을 정복하라"는 가르침을 실천하는 과정이라고 해석할 수도 있다. 일반적으로 저소득 국가에서는 열악한 환경에서 노동하는 경우가 많아 인간의 존엄성이 쉽게 무시된다. 아동 노동 문제, 환경 문제, 산업재해로 인한 존엄성 훼손 문제는 특히 가난한 나라일수록 해결하기 어려운 숙제가 된다. 경제 발전이 일정 수준에 도달하지 않으면 노동력은 단순한 생산 수단으로 취급되며, 가난에서 벗어나기 위해 많은 희생이 따르게 된다. 그 결과, 노동하는 인간에 대한 배려가 부족한 사회가 형성될 가능성이 크다.

생산 요소 중 노동은 다른 생산 요소인 자본과는 다른 고유한 특성을 가진다. 자본은 주로 물질적인 상품, 서비스, 토지 등을 의미하며, 기업이 제품과 서비스를 생산하는 데 필요한 재화, 가게, 공장 등을 포함한다. 이러한 자본은 생산 요소로서 노동을 대체하기도 한다. 예를 들어, 최근 식당에서 흔히 볼 수 있는 키오스크를 생각해보면 쉽게 이해할 수 있다. 키오스크를 설치하면 직원이 직접 음식 주문을 받을 필요가 없어 노동력이 절감된다. 마찬가지로, 제조업에서도 많은 공장 노동자가 로봇이나 기계로 대체되고 있다. 즉, 자본을 활용해 노동을 대체하는 것이 가능하다는 뜻이다. 그러나 노동은 자본과 근본적으로 다른 중요한 특성을 가지고 있다. 그것은 바로 노동이 인간의 인격과 연결되어 있다는 점이다. 키오스크는 작동 시간이나 환경의 영향을 크게 받지 않지만, 노동자는 근무 시간과 환경에 따라 생산성과 결과물이 달라진다. 결국, 노동과 인간을 분리해서 생각할 수 없으며, 인간은 존엄성을 지니고 있기 때문에 그 존엄성을 유지하기 위한 수단으로 노동을 수행하는 것이다.

'노동하는 인간'이라는 표현은 인간과 노동을 분리해서 생각할 수 없음을 의미한다. 인간은 존엄성을 유지하기 위해 노동하며, 노동 환경 또한 인간의 존엄성을 지킬 수 있는 조건을 갖춰야 한다. 따라서 사회적으로도 노동 환경을 보호하기 위한 다양한 규정이 있다. 이러한 규약은 산업혁명 이후 본격적으로 등장하게 되었다. 앞에서 언급했듯이 노동은 자본과 함께 재화와 서비스를 생산하는 데 투입되는 생산 요소다. 따라서 노동을 많이 투입할수록 더 많은 재화와 서비스가 생산된다. 산업혁명 이전에는 노동 생산성의 증대가 경제 성장의 핵심 요소가 아니었다. 당시 경제의 기반은 농업이었으며, 오랜 기간 농업에서는 노동 생산성이 거의 증가하지 않았고, 토지의 면적이 더 중요한 생산 요소로 여겨졌다. 그러나 산업혁명 이후, 귀족도 아니고 노예도 아닌 중간 계층이 점차 노동을 전담하는 계층으로 편입되면서 노동 계층의 규모가 커졌다. 이처럼 형성된 노동 계층은 경제적·사회적으로 중요한 계층으로 성장했다. 노동 계층의 정치적 성장은 노동 인권의 보장으로 이어졌으며, 이에 따라 임금, 근무 시간, 근무 환경, 아동 노동 등에 대한 법적 규제가 마련되었다. 다른 생산 요소와 달리, 노동은 인간과 직접 연결되어 있기 때문에 인간다운 삶을 유지할 수 있는 노동 환경 또한 중요한 요소라 할 수 있다.

우리나라의 노동 환경 개선도 비슷한 과정을 거쳐왔다. 한국전쟁 이후 극심한 가난 속에서는 노동 환경에 대한 논의나 합의가 거의 이루어지지 않았다. 당시에는 가난에서 벗어나는 것이 최우선 목표였기 때문에 노동 환경 같은 복지 문제는 후순위로 밀려났다. 우리나라가 경공업 중심으로 경제가 성장하던 시기에는 값싼 노동력이 경제 발전의 기반이 되었다. 그러나 이 과정에서 축적된 부는 주로 공장을 운영하는 자본가에게 돌아갔고, 경제적 성과가 노동자에게 충분히 분배되지 않았다. 이러한 불평등은 노동 계층의 불만으로 쌓였고, 결국 노동운동으로 표출되었다. 노동운동은 사회적 갈등을 초래하며 많은 희생을 낳았지만, 이러한 투쟁을 통해 노동 시간, 근무 환경, 최저임금 등에 대한 규제가 마련될 수 있었다. 현재 우리나라에서는 주 52시간 근무제, 최저임금, 주휴수당 등 노동자를 보호하는 여러 제도가 시행되고 있다. 우리나라의 최저임금 수준은 주변 국가들과 비교해도 크게 낮은 편은 아니다. 소득 수준이 높아지면서 단순히 가난에서 벗어나는 것을 목표로 삼았던 과거와 달리, 이제는 인간다운 삶에 대한 사회적 인식이 점점 높아지고 있다.

그렇다면 현재 선진국으로 평가받는 우리나라의 노동 현장에는 더 이상 문제가 없을까? 우리나라의 경제 수준은 선진국으로 평가받고 있다. 세계은행은 이미 1995년 우리나라를 고소득 국가로 분류했으며, 2009년에는 UN 개발원조위원회DAC에 가입하여 원조를 받던 국가에서 원조를 제공하는 국가로 전환되었다. 또한, 2022년 유엔 통계국은 우리나라의 지위를 개발도상국에서 선진국으로 변경했다. 노동 환경도 꾸준히 개선되어 주 5일 근무제, 주 52시간 근무제, 주휴수당 등의 제도가 시행되고 있다. 그러나 우리나라의 노동 환경과 노동시장이 완벽하다고 볼 수는 없다. 통계적으로 볼 때, 우리나라 근로자는 다른 나라에 비해 높은 신체적 위험에 노출되어 있으며, 산업재해 발생률도 OECD 국가 중 높은 수준을 기록하고 있다. 또한, 기술 발전으로 인해 노동이 빠르게 자본으로 대체되고 있다. 이러한 현상은 특히 제조업에서 두드러지며, 최근에는 AI 기술의 발전으로 인해 서비스업에서도 자본이 노동을 대체하는 움직임이 나타나고 있다. 전체적인 실업률은 낮은 편이지만, 청년층은 여전히 일자리 찾기에 어려움을 겪고 있다. 저출생과 고령화로 인해 우리나라의 인구 구조는 역피라미드 형태로 변하고 있으며, 이로 인해 젊은 층의 일자리 공급이 충분하지 않은 실정이다. 또한, 노동시장에서의 남녀 격차는 여전히 크며, 여성들은 출산과 육아로 인해 경력 단절을 경험하는 경우가 많다. 그 결과, 같은 수준의 교육을 받았음에도 여성들은 낮은 임금의 저숙련 노동시장으로 내몰리는 경우가 많다. 우리나라의 노동시장은 꾸준히 개선되고 있지만, 여전히 해결해야 할 여러 가지 문제가 남아 있다. 인간의 존엄성을 보장할 수 있는 노동시장을 만들기 위해 지속적인 노력이 필요하다.

이 장에서는 앞서 제기한 문제들의 현황을 살펴보고, 우리 사회가 이를 해결하기 위해 어떤 방안을 마련할 수 있을지 논의하고자 한다. 2절에서는 산업재해 측면에서 우리나라 노동시장의 문제를 살펴본다. 3절에서는 기술 발전이 일자리에 미치는 영향을 분석하고, 4절에서는 청년층의 일자리 문제를 다룬다. 5절에서는 노동시장에서의 남녀 격차 문제를 살펴본 후, 마지막으로 6절에서 결론을 맺는다.

· 2 ·
우리나라의 산업재해

노동은 인간의 존엄성을 고양하는 행위다. 노동은 인간이 세상을 정복하라는 명령을 수행하는 과정으로, 세계를 다스리는 행위라고 볼 수 있다. 인간은 노동을 통해 자연이 우리에게 준 선물들을 자신의 통제 아래 두게 된다. 그러나 '정복하라'는 의미가 자연을 훼손하라는 뜻은 아니므로 우리는 주어진 자원을 보호하고 후세대가 이를 활용할 수 있도록 해야 한다. 세상을 정복하라는 명령 속에서 인간의 존엄성을 발견할 수 있다. 하느님은 다른 생물이 아니라, 인간을 창조하신 후 그들에게 세상을 정복하라고 명령하셨다. 인간은 노동을 통해 이 명령을 수행함으로써 다른 생물보다 존엄한 존재임을 깨닫게 되며, 또한 이 과정이 세상을 창조하신 하느님의 행위를 반영하는 것임을 기억해야 할 것이다.

  인간의 존엄성을 고양하지 못하는 노동은 하느님께서 원하시는 노동이 아닐 것이다. 신체적 훼손, 즉 노동 중 발생하는 산업재해는 인간 존엄성이 침해되는 대표적인 사례다. 우리의 일상생활에는 늘 위험이 도사리고 있다. 운전하면 교통사고의 위험이 있으며, 길을 걸을 때도 사고를 당할 가능성이 존재한다. 또한, 아무런 행동을 하지 않아도 자연재해로 인해 피해를 입을 수 있다. 따라서 직장에서 사고가 완전히 사라지는 것은 불가능할 것이다. 그러나 노동 과정에서 일상생활보다 더 높은 수준의 위험이 존재한다면, 이를 예방할 대책이 반드시 필요하다. 예를 들어, 건설 현장에서 안전모와 안전화를 착용하는 것은 노동자가 더 많은 위험에 노출되기 때문이며, 이를 예방하기 위한 필수적인 조치다. 경제 성장이 최우선 목표였던 시절에는 노동으로 인해 위험이 증가하더라도 이를 감수하고 일해야 했을지도 모른다. 하지만 신체적 위험에 노출됨으로써 산업재해가 증가하는 현실은 인간의 존엄성을 훼손하는 일이며, 우리가 지향해야 할 바람직한 노동의 모습이 아닐 것이다.

경제 발전과 함께 산업재해에 대한 인식이 높아지고 있다. 경제가 성장하고 국민소득이 증가하면, 산업재해로 인해 상실되는 노동력의 경제적 가치 또한 상승한다. 가톨릭적인 교리를 언급하지 않더라도 인간 노동의 경제적 가치가 높아짐에 따라 자연스럽게 산업재해에 대한 피해 보상이 확대되고, 이에 따른 부담을 줄이려는 사회적 노력도 강화된다.

<그림 1>은 우리나라의 연도별 업무상사고 사망자 수와 1만 명당 사망자 비율을 보여준다. 2011년부터 2021년까지 사망만인율이 지속적으로 감소하는 추세를 보이고 있으며, 1만 명의 근로자당 약 0.8명이었던 사망자 비율이 약 0.4명까지 하락했다.

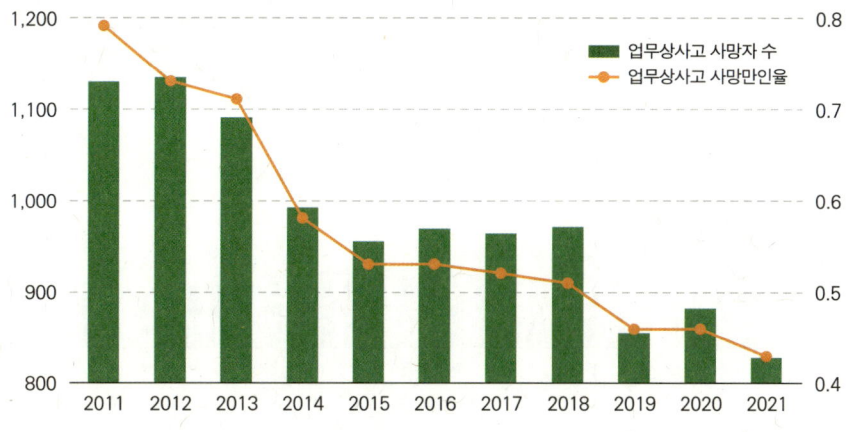

출처: 국가 인권위원회 웹진 '잘 다녀오겠습니다'(2022.01)

그림 1. 연도별 업무상사고 사망자 수 및 사망만인율

　우리나라의 산업재해 상황이 점차 개선되고 있긴 하지만, 여전히 OECD 국가들과 비교하면 높은 수준이다. 〈그림 2〉는 OECD 국가별 근로자 10만 명당 산업재해 사망자 수를 나타낸다. 우리나라는 OECD 34개국 중 산업재해 사망자 수가 네 번째로 많은 국가로 기록되고 있다.

　경제 발전 수준을 기준으로 살펴보겠다. 우리나라와 1인당 GDP가 비슷한 일본, 스페인 등과 비교하면, 산업재해로 인한 사망자 수가 두 배 이상 높다는 것을 알 수 있다. 또한, 우리보다 1인당 GDP가 낮은 포르투갈, 그리스, 슬로베니아, 슬로바키아 등과 비교해도 산업재해 사망자 수가 현저히 많다. 이는 우리나라가 경제 발전을 이뤘음에도 안전한 노동 환경을 조성하는 데는 여전히 부족함이 있다는 사실을 보여준다.

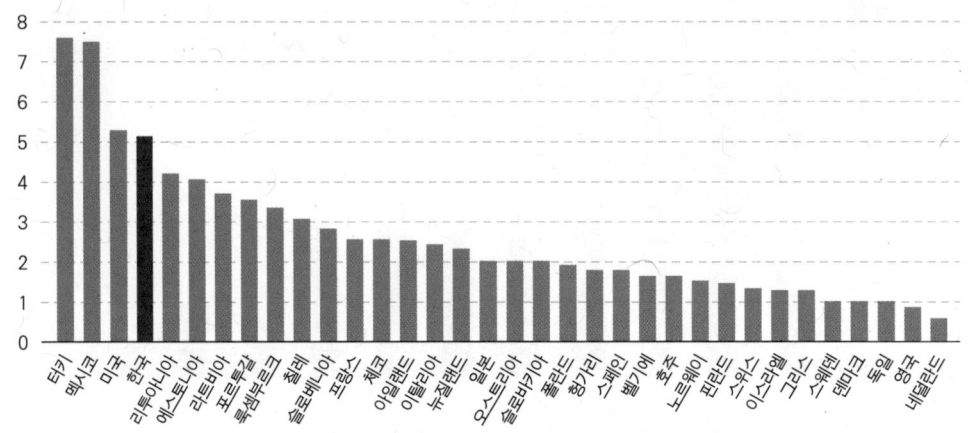

출처: 국가 인권위원회 웹진 '잘 다녀오겠습니다'(2022.01)

그림 2. OECD 국가별 근로자 10만 명당 치명적 산업재해 사망자 수(2015~2018)

〈그림 3〉은 규모가 작은 사업체일수록 노동자가 더 높은 위험에 노출된다는 점을 보여준다. 5인 미만 사업체의 사망자 수는 2011년부터 2020년 사이에 오히려 증가한 반면, 300인 이상 대기업에서는 사망자 수가 감소하는 추세를 보이고 있다.

중소사업체에서 사망 사고가 줄어들지 않는 원인 중 하나로 '위험의 외주화'를 지적할 수 있다. 위험의 외주화란 대기업이 사고 위험이 큰 작업을 외부 기업에 하청을 주는 관행을 의미한다. 2018년 태안 화력발전소에서 발생한 김용균 군 사망 사건은 이러한 위험의 외주화로 인해 벌어진 대표적인 사례다. 김용균 군은 석탄을 운반하는 컨베이어 벨트에 끼어 사망했는데, 태안 화력발전소의 정규 직원이 아니었다. 그는 하청업체인 한국발전기술 소속 직원이었으며, 그마저도 정

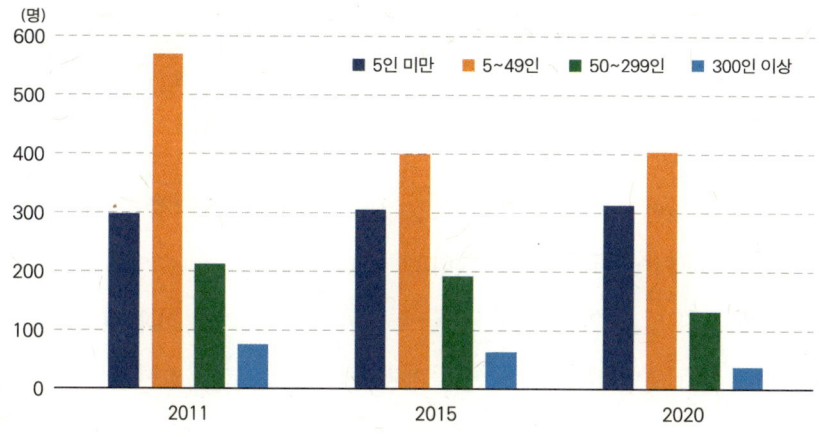

출처: 국가 인권위원회 웹진 '잘 다녀오겠습니다'(2022.01)

그림 3. 최근 10년간 사업체 규모별 사고사망 추이

규직이 아닌 계약직 노동자였다. 석탄이 이동하는 컨베이어 벨트는 고장이 잦고, 이를 수리하는 과정에서 높은 위험이 따른다. 발전소는 이러한 위험한 업무를 외주업체에 맡겼고, 김용균 군은 하청업체 소속 계약직 직원으로서 위험을 인지하고도 이를 거부하거나 최소한의 안전 조치를 요구하기 어려운 상황이었다. 결국, 일자리에서 발생하는 위험은 이를 감수하고 경제적 성과를 얻는 대기업이 아니라, 경제적 성과의 아주 작은 부분만을 얻기 위해 일하는 하청업체 노동자에게 집중되고 있다.

이 문제는 제43회 인권주일을 맞아 발표된 제14회 사회교리 주간 담화[2]에서 한국천주교회 정의평화위원회 위원장이신 김선태 주교께서도 지적하신 바 있다. 김 주교님은 '위험의 외주화'로 인해 더욱 위험한 일이 사회적 약자에게 집중되는 현상을 경고하셨다. 결국, 대기업에서 중소기업으로 위험이 전가되면서 대기업에서는 사망 사고가 감소하는 반면, 규모가 작은 기업에서는 여전히 사망 사고가 줄어들지 않는 현실이 이어지고 있다.

국가 차원에서도 이 문제에 대응하고 있다. 2022년 「중대재해처벌법」이 제정되어 현재 시행 중이다. 「중대재해처벌법」은 사업주나 경영책임자가 안전 확보 의무 등을 소홀히 하여 중대한 산업재해 또는 시민재해가 발생했을 경우, 이들에게 책임을 묻고 처벌하는 법이다. 궁극적으로 중대 산업재해를 예방하는 것을 목표로 하고 있으며, 주요 내용으로는 사망 사고 발생 시 안전 조치가 미흡한 경영책임자에게 1년 이상의 징역 또는 10억 원 이하의 벌금을 부과할 수 있도록 규정하고 있다. 그러나 이 법을 둘러싸고 정치적·사회적으로 많은 논란이 있었다. 경영자 처벌이 과중하다는 의견이 대표적이다. 특히, 대기업의 경영자가 사망 사고가 발생하는 생산 현장의 안전 관리까지 모두 책임져야 하느냐는 현실적인 문제가 제기되었다. 또한, '위험의 외주화' 현상과 관련하여 원청 기업에까지 책임을 묻는 것이 타당하냐는 논쟁도 있다. 하청기업의 안전 관리 부실로 인해 사고가 발생했을 경우, 그 책임을 원청 기업이 온전히 져야 하는지에 대한 논의가 이어지고 있다.

권력 기관이 제도적으로 이 문제를 해결하려는 노력은 반드시 필요하다. 그러나 제도적 대응만으로 문제를 완전히 해소하는 데는 한계가 있을 것으로 보인다. 「중대재해처벌법」은 위험을 제대로 관리하지 않아 발생한 결과에 대해 처벌하는 법이므로 결국 사고 이후의 책임을 묻는 사후적 조치다. 이 법의 실효성은 처벌이 계속 이루어지고, 그로 인해 많은 경영자가 법적 처벌을 두려워하여 안전 대책을 강화할 것이라는 기대에 기반하고 있다. 이는 마치 학생들에게 좋은 공부 습관을 기르게 하기 위해 성적이 나쁘면 체벌하는 방식과도 유사하다. 하지만 학교에서 체벌이 많다고 해서 학생들이 반드시 공부를 열심히 하게 되는 것은 아니다. 마찬가지로, 처벌을 통해 얻을 수 있는 것은 사고 예방 효과보다 나쁜 결과에 대한 책임을 누군가가 지게 되는 데서 오는 통쾌함일 가능성이 크다. 결국, 처벌만으로는 근본적인 해결책이 되기 어렵다는 점을 고려해야 한다.

일터에서 인간의 존엄성이 훼손되지 않고 안전한 환경을 만들기 위해서는 결국 공동체 의식이 중요하다. 옆에서 일하는 이웃이 우리의 형제이자 자매라고 생각한다면, 그들을 위험한 환경에 방치할 수는 없을 것이다. 앞서 언급한 제14회 사회교리 주간 담화에서도 산업재해가 발생하는 이유를 인간의 존엄성 무시로 보고, 그 해결책으로 공동체 의식을 강조하고 있다. 우리는 가족의 범위를 우리 사회와 나아가 전 세계로 확장해야 한다는 점을 강조하고 있다. 즉, '이 일은 내가 하기엔 위험하니까 다른 사람을 찾아야겠다'라는 사고에서 벗어나, '내가 하기에도 위험한 일이니, 이 일을 안전하게 할 수 있도록 환경을 개선하고 대안을 찾아야겠다'라는 사고로 나아가야 한다는 것이다. 「중대재해처벌법」은 경영자에게 전자의 태도를 취하게 할 가능성이 크다. 이는 체벌이 학생들에게 공부를 잘하게 하는 방법이 아니듯, 처벌이 반드시 안전한 노동 환경을 만드는 방법이 될 수 없음을 시사한다. 결국, 각자 스스로 행동해야 한다는 인식이 생기게 만들어야 한다. 하청기업 직원과 외국인 노동자도 우리의 이웃이자 형제이고 자매라는 생각을 가질 때, 비로소 안전한 노동 환경을 만들어야겠다는 책임감과 동기가 생길 것이다.

· 3 ·
기술 발전과 일자리

우리나라의 거시경제 통계를 보면 일자리가 부족하다고 판단하기는 어렵다. 2025년 1월 실업률은 3.7%를 기록했다. 실업률은 경제 활동에 참여하고 있으며 일할 의사와 능력이 있는 사람들 가운데, 조사한 날로부터 일주일 전까지 1시간도 일하지 못한 사람들의 비율을 의미한다. 2025년 1월 실업률에서 계절적 변동 요인을 제거하면 실업률은 2.8%로 낮아진다. 〈그림 4〉는 2001년 1월부터 2025년 1월까지 우리나라 실업률의 추이를 보여주고 있다. 이 정도 수준의 실업률은 완전 고용에 가까운 수준으로 볼 수 있다. 2001년 이후 2025년 1월까지의 평균 실업률이 3.46%인 점을 고려하면, 2.8%는 매우 낮은 수치임을 알 수 있다.

낮은 실업률에도 기술 발전의 속도가 매우 빨라짐에 따라 기술로 일자리가 대체될 것이라는 우려가 제기되고 있다. 정소라·성낙일 (2024)[3]의 연구에 따르면, 우리나라 기업에서 자동화 기술을 도입한 기

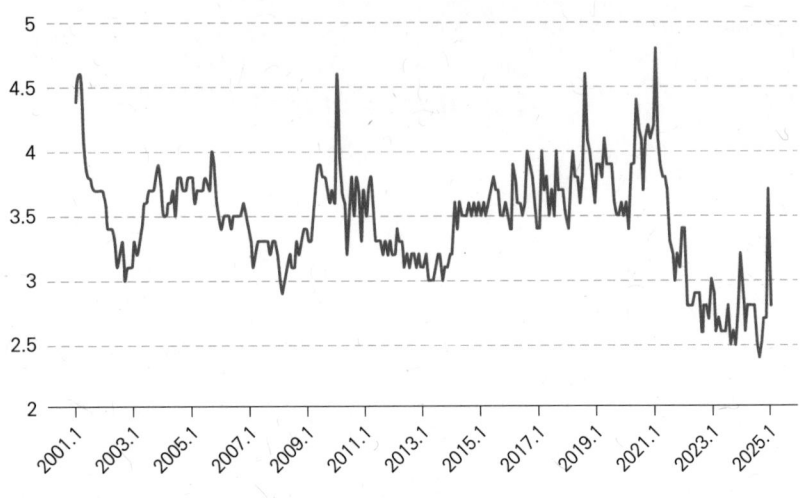

그림 4. 우리나라 실업률 추이

업은 도입하지 않은 기업에 비해 약 2%의 노동량이 로봇으로 대체되었음을 확인했다. 또한, 한국은행의 BOK이슈노트(2025)[4]에서는 AI와 한국경제에 대한 분석을 통해 직종을 관리자, 전문가 및 관련 종사자, 사무 종사자, 서비스 종사자, 판매 종사자 등으로 나눌 때 의사, 변호사 등 전문가 및 관련 종사자 직종에서 인공지능AI에 의한 대체 가능성이 가장 큰 것으로 분석되었다(그림 5 참조). 같은 보고서에서는 여성, 청년층, 고학력, 고소득층이 AI 관련 기술로 보완될 수 있는 직종에 집중되어 있다는 점도 지적하고 있다.

　기술 발전이 일자리를 위협할 수 있다는 사실과 그로 인한 사회적 갈등이 발생할 수 있다는 문제는 이전부터 인식되어왔다. 여러 직업을 살펴보면, 기술 발전으로 인해 많은 영향을 받는 직업들이 있다. 산

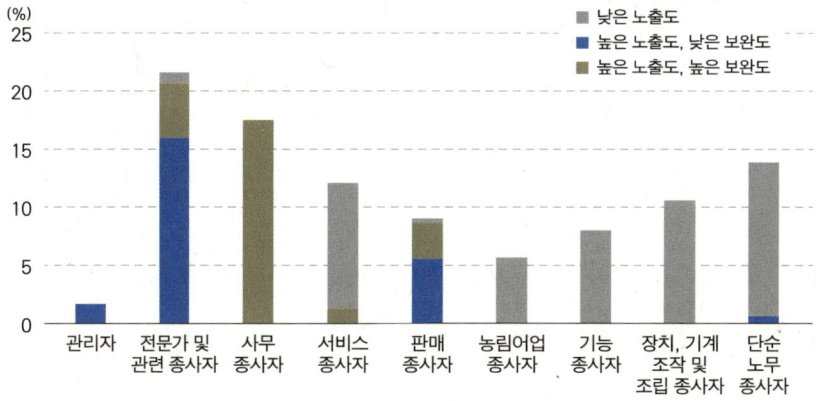

그림 5. 직업별 AI 노출도, 보완도

업혁명이 시작되던 시기에 편물공들이 기계로 대체되면서 영국에서 일어난 러다이트Luddites 운동은 기계와 인간의 충돌을 기록한 첫 번째 사례로 볼 수 있다(박찬영, 2024 참조).[5] 러다이트 운동은 직조기계의 도입으로 일자리를 잃은 편물공들이 기계를 파괴한 사회운동이었다. 이 운동은 기술 발전으로 일자리가 사라진 피해 계층이 조직한 운동으로, 기계로 인해 잃어버린 일자리에 대한 불만과 갈등을 드러냈다. 비록 러다이트 운동 당시처럼 사회적 갈등 상황으로 확산되지는 않았지만, 최근에도 많은 직업이 기술 발전으로 사라지는 현상이 반복되고 있다. 예를 들어, 전화 발명 초기에 필요했던 교환원, 버스 안내양, 출판에 필수였던 활자공 등은 기술 발전으로 사라졌다. 최근에는 온라인 및 모바일 뱅킹의 발전으로 은행 창구 직원 수가 줄어들고 있다. 또한, 프로야구에서는 AI가 스트라이크 판정을 내리는 시스템이 도입되어 심판의 역할이 축소되고 있다. 많은 식당에서는 키오스크를 활용하여 고객 응대 종업원의 수요가 줄어들고 있으며, 온라인 교육의 발달로 인해 일부 인기 강사 외에는 강사 수요가 감소하고 있다. 이처럼 기술 발전이 일자리를 위협하는 요인으로 작용하는 것은 분명히 나타나는 현상이다.

반면에, 기술 발전은 경제 성장의 원동력이다. 산업혁명 이전 세계 경제의 1인당 GDP 성장률은 연평균 0~0.2%에 그친 것으로 추정된다. 농업이 시작된 이후 경제 성장이 이루어졌으나, 인구증가와 비례하는 수준에 그쳐 1인당 GDP는 크게 증가하지 않은 것으로 보인다. 대항해시대에는 무역이 활발해졌지만, 그로 인한 1인당 GDP 증가 속도도 0.1~0.2% 정도에 그쳤다고 추정된다. 하지만 산업혁명 이후 세계 경제는 1% 이상의 성장률을 기록하기 시작했으며, 그 속도는 점차 증가하여 현재 세계 경제는 2~3%의 성장을 보여주고 있다. 경제 성장을 연구하는 학자들은 산업혁명 이전과 이후를 비교하면서, 경제 성장의 주된 원동력은 기술 혁신에 의한 생산성 향상이라고 강조하고 있다.

기술 발전은 일부 일자리를 없애기도 하지만, 다른 일자리를 만들어 내기도 한다. 증기기관의 발명은 직물공들에게는 재앙이었지만, 그와 동시에 증기기관을 만드는 사람을 필요로 했다. 자동차 발명은 마차를 모는 마부의 수요를 줄인 대신 운전사의 수요를 늘렸다. 온라인 경제의 발달은 미디어 콘텐츠 창작자(1인 크리에이터)라는 직업을 만들어냈다. 가상화폐의 발전은 블록체인 기술의 발전에 기인한 것이다. 따라서 가상화폐 거래소 등 가상자산 관련 직업의 탄생도 블록체인 기술 발전 덕분이다. AI를 활용하려면 이를 개발할 전문가가 필요하고, 이로 인해 인공지능 엔지니어라는 직업이 탄생하게 되었다. 또한, 온라인 데이터가 많이 생산되면서 빅데이터를 다루는 분석가도 등장했다. 전통적인 직업이 아닌 새로운 직업들이 만들어지는 것은 기술 발전이나 사회 변화로 인해 새로운 직업에 대한 수요가 생기기 때문이다.

경제학자들은 기술 발전으로 인해 순수하게 일자리가 줄어들 것이라고 보지는 않는다. 앞서 언급한 것처럼, 1인당 GDP는 기술 발전으로 인해 증가했다고 보는 것이 일반적이다. 즉, 노동 생산성이 기술 발전으로 상향되었다는 의미다. 한편, 세계 인구 증가율은 산업혁명 이전에 0.4~0.5%로 매우 낮은 수준이었으나, 이후 2% 수준까지 증가했고, 현재도 약 1% 수준을 유지하고 있다. 즉, 1인당 GDP의 상승 속도보다 경제 규모가 더 빠르게 증가했다고 볼 수 있다. 이렇게 경제 규모가 확대되면서 새로운 일자리들이 만들어지게 된다. 기술을 지속적으로 발전시키기 위해 필요한 직업도 생기며, 경제 규모 증가로 더 많은 서비스에 대한 수요가 발생하기 때문이다. 그러므로 산업혁명 이전과 비교했을 때, 일자리 수는 기하급수적으로 늘어났다고 할 수 있다. 정소라·성낙일(2024)에서 분석한 로봇이 고용량을 대체하는 현상은 한 기업이 로봇을 도입했을 때의 분석이다. 따라서 로봇을 생산하고 공급하는 업체들의 탄생 효과는 이 분석에서 제외되었다. 김영식(2019)[6]은 AI 기술 발전이 고용과 경제에 미치는 영향을 분석한 문헌들을 종합하여 자동화 업무의 확대가 노동수요를 대체하는 효과를 발생시키지만, 동시에 새로운 업무를 창조하고 생산성을 증가시켜 노동수요와 임금 수준을 궁극적으로 늘린다고 말한다. 또한, 장기적으로는 노동과 자본의 소득 분배율이 일정하게 복귀한다고 분석했다.

교황 요한 바오로 2세의 회칙 『노동하는 인간』 5항에서 언급한 내용을 보면, 노동은 단순히 생계를 유지하는 것을 넘어서 과학과 기술 발전에 기여하고, 사회와 공동체의 도덕적·문화적 수준을 향상시키는 데 중요한 역할을 해야 한다는 메시지가 담겨 있다. 이처럼 기술 발전은 노동의 자연스러운 결과물이며, 인간의 삶의 질을 높이고 사회의 발전에 기여하는 중요한 요소로 자리 잡고 있다. 러다이트 운동처럼 기술 발전에 대한 저항이 있긴 했지만, 교황은 기술이 인간의 노력과 협력의 결과임을 강조하며, 기술 발전이 반드시 긍정적인 방향으로 나아가야 한다고 말하고 있다. 세상을 '정복'하고 잘 활용하려면 환경 친화적인 기술이 필요하고, 이를 위해서는 지속적인 기술 혁신이 중요하다는 점을 강조하신 셈이다. 환경오염 감소, 화석연료 사용 감소 등 현대적인 문제들을 해결하기 위한 기술 발전이 필요하다는 점에서, 교황의 메시지는 오늘날에도 여전히 중요한 의미를 지니고 있다. 기술을 통해 더욱 지속가능하고 깨끗한 세상을 만들기 위한 노력은 인류 모두가 함께해야 할 과제가 아닐까 생각된다.

그렇다고 기술 발전으로 인한 사회적 변화를 그냥 수동적으로 받아들이는 것은 바람직하지 않다. 김영식(2019)에서 기술 발전이 일자리를 줄이지 않고 효율성을 높여서 GDP 증가에 이바지할 것이라고 분석하면서도 "시장이 불완전하고 재분배에 적지 않은 비용이 수반되는 현실에서 인공지능 관련 기술 혁신은 혁신가에게 잉여가 돌아가게 함으로써 불평등을 심화시킬 수 있다"고 언급한다. 국가 전체적으로 볼 때, 기술 발전은 고용을 늘리고 GDP를 증가시켜 경제 성장을 가져

오지만, 기술 발전으로 인해 변하는 사회구조 속에서 일자리를 잃고 힘들어하는 사람이 생길 수 있다. 컴퓨터를 이용한 출판 기술의 발전은 매우 높은 숙련도를 가진 활자공의 수요를 없애버렸다. 직장을 잃고 이제는 낡은 기술을 가진 사람들을 방치할 때는 사회적 불만이 쌓이게 되고 러다이트 운동 같은 사태가 다시 나타날 수도 있다. 따라서 이러한 상황에 관심을 기울여야 할 것이다. 전반적인 사회의 개선이 일부 계층에만 집중되지 않고 모두가 즐길 수 있도록 만들어야 할 것이다. 직장을 잃을 위기에 있는 활자공이 컴퓨터 출판 기술을 배울 수 있도록 도와주는 것 같은 노력이 필요하다. 기술 발전으로 없어질 직종이 있다면 그 직업군에 종사하는 사람들이 새로운 직업으로 전환할 수 있는 직업교육의 기회를 받을 수 있게 하여 사회적 불평등이 커지는 것을 막을 수 있을 것이다.

4

젊은이의 일자리 문제

우리나라의 청년 실업률은 2025년 1월 기준으로 6.0%다. 이는 전체 연령대의 실업률인 3.7%보다 높은 수치다. 일반적으로 청년 실업률을 계산할 때 청년층은 15세에서 29세까지의 연령층을 포함한다. 이 연령대에는 고등학교와 대학교에 재학 중인 학생들도 포함되지만, 실업률을 산출할 때 전일제 학교에 다니는 학생들은 제외된다. 즉, 실제로 취업을 원하는 젊은이들만 대상으로 조사를 진행한다. 취업자와 실업자를 합쳐 '경제활동인구'라고 부른다. 〈그림 6〉은 우리나라 전체 실업률과 청년 실업률의 변동 추이를 보여주고 있다. 〈그림 6〉에서는 계절적 요인을 제외한 실업률을 보여주었으나, 청년 실업률에는 계절적 요인을 제외한 데이터가 제공되지 않아 원계열 데이터를 사용하여 전체 실업률을 표시한다. 청년층의 높은 실업률 문제는 2000년대 초반부터 지속되어왔다. 다만, 코로나19 팬데믹 이후에는 전체 실업률과 청년 실업률 간의 격차가 점차 좁혀지는 경향을 보이고 있다.

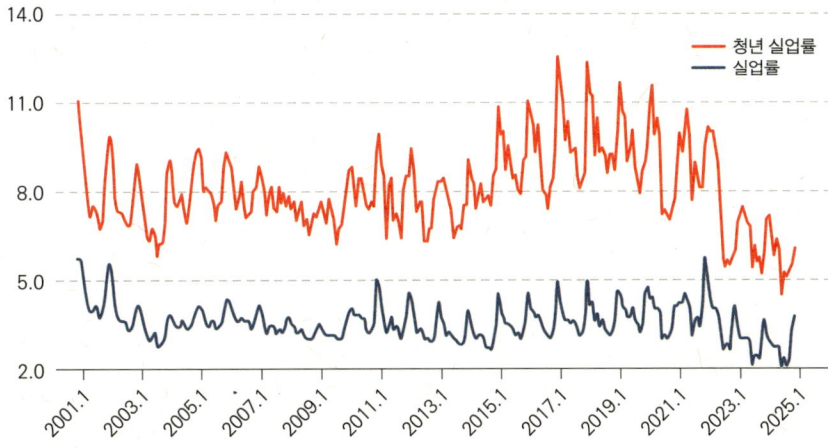

출처: 국가통계포털(https://kosis.kr)

그림 6. 우리나라 청년 실업률과 실업률 추이

최근 청년 실업률의 하락을 청년 일자리 문제가 해소되고 있다는 증거로 볼 수는 없다. 한국은행의 2024년 11월 경제전망 보고서[7]에 따르면, 청년층에서 취업, 교육, 훈련 등에 참여하지 않는 인구 Not in Education, Employment or Training: NEET가 증가하고 있음을 〈그림 7〉을 통해 지적하고 있다. 이 보고서는 청년층에서 '쉬었음'이라고 응답하는 비율이 급격히 증가하고 있으며, 이는 청년들이 자신의 능력에 맞는 일자리를 찾기 어려워 취업을 포기하는 현상으로 해석하고 있다. 이전과 달리, 청년들이 자발적으로 쉬는 선택을 하는 경우가 많아졌기 때문이다. 이는 청년층이 자기실현을 할 수 있는 적합한 일자리를 찾지 못하고 있다는 현실을 반영하고 있다.

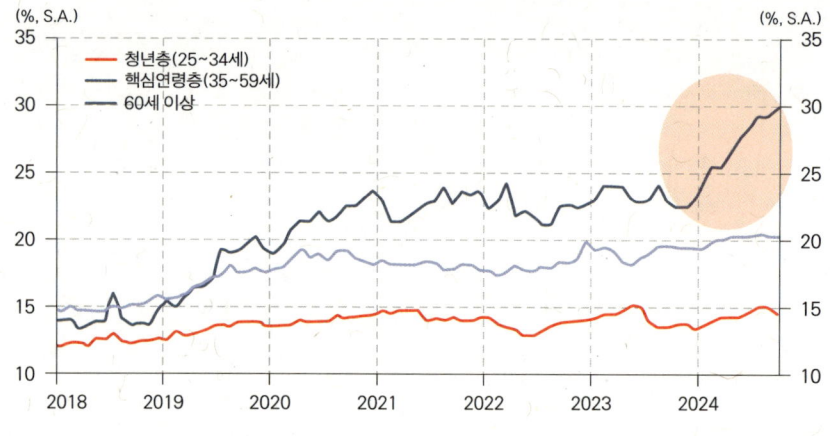

출처: 한국은행 경제전망 보고서(2024.11)

그림 7. 연령대별 '쉬었음' 인구 비중

이 문제의 원인 중 하나는 경제성장률 하락이다. 〈그림 8〉은 우리나라 실질GDP 성장률을 보여주고 있다. 글로벌 금융위기가 닥치기 전인 2008년까지는 2003년의 신용카드 사태로 성장률이 3%대에 그친 것을 제외하면, 대부분 4% 이상의 성장률을 기록했다. 그러나 이 기간 동안 성장의 주요 동력은 내수가 아닌 수출기업 위주였기 때문에 고용 상황은 크게 개선되지 않았다. 더욱이, 1990년대 외환위기 이전과 비교할 때 2000년대의 성장률은 크게 하락하여 경제 활력이 줄어들었다. 글로벌 금융위기 이후 성장률은 더 낮아졌다. 2010년에는 2009년의 저성장에서 반등하여 높은 성장률을 보였으나, 이후 성장률은 4%를 넘지 못했다. 2020년 코로나19 팬데믹 이후 2021년과 2022년에는 2010년대의 성장률 수준으로 돌아가는 듯했으나, 2023년에는 1.4%, 2020년에는 2.0%로 하락했다. 물론 2년이라는 짧은 기

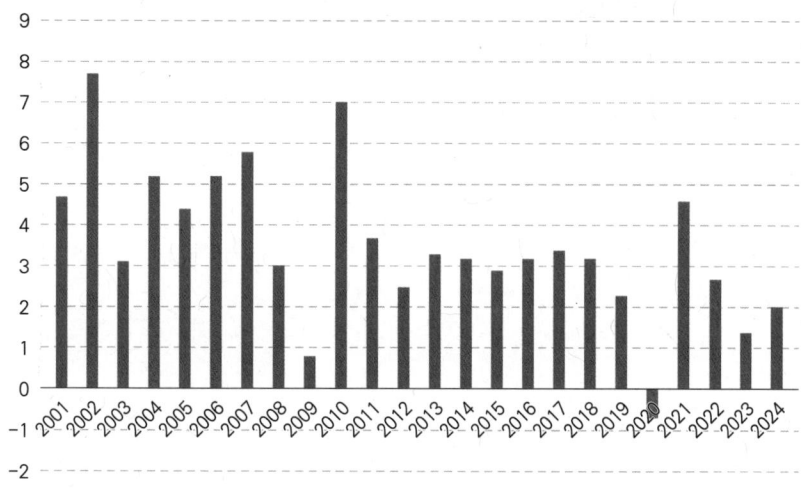

출처: 한국은행 경제통계시스템(https://ecos.bok.or.kr)

그림 8. 우리나라 실질GDP 성장률

간만으로 이를 단정 짓기는 어렵지만, 우리나라의 경제 성장 잠재력이 2% 이하로 하락했다고 보는 학자들이 늘어나고 있다. 특히 내수 부진이 장기화되면서, 고용의 큰 비중을 차지하는 서비스업의 활력이 떨어져 신규 일자리 창출이 어려워지고 있다.

청년 일자리 부족 문제의 또 다른 요인은 우리나라 인구구조에서 찾을 수 있다. 일반적으로 전쟁이 끝난 후, 그 국가의 인구는 빠르게 증가하는 경향이 있다. 우리나라도 예외는 아니었다. 한국전쟁이 끝난 후, 1950년대 중반부터 시작된 베이비 붐은 시간이 지나면서 새로운 세대가 태어나는 시점인 1970년 전후로 2차 베이비 붐을 맞이했다. 이 시기의 인구증가율은 경제 성장에 부정적인 영향을 미쳤다. 인구증가율이 높아지면 GDP가 같은 속도로 증가하더라도 1인당 GDP

출처: 지표누리(https://index.go.kr)

그림 9. 우리나라의 합계출산율

는 증가하지 않기 때문이다. 우리나라는 1962년 경제개발 5개년 계획을 수립하면서 가족계획 정책을 강력하게 시행했다. 이 정책은 매우 성공적이었고, 한 가정당 자녀 수가 두 명인 경우가 일반적인 모습이 되었다. 비록 가족계획 정책은 1994년 폐기되었지만, 합계출산율은 〈그림 9〉에서 보듯이 지속적으로 하락했다. 현재 우리 사회에는 한 자녀 가정이 많아졌고, 자녀가 없는 가정도 증가했으며, 결혼을 기피하는 문화도 나타났다. 또한, 우리나라의 의료 수준 향상으로 인해 다음 〈표 1〉에서 보듯이 기대수명이 늘어났다. 이로 인해 아이는 적게 태어나고, 태어난 사람은 오래 살아 고령화 사회로 진입하게 되었다. 〈그림 10〉은 2025년 우리나라의 연령별·성별 인구구조를 보여주고 있다. 2차 베이비 붐 세대는 이제 50대 초반에 접어들었고, 이에 따라 인

표 1. 우리나라의 기대수명

연도	1990	1995	2000	2005	2010	2015	2020
기대수명(세)	71.1	73.5	76	78.5	80.2	82.1	83.5

출처: 통계청(https://kosis.kr)

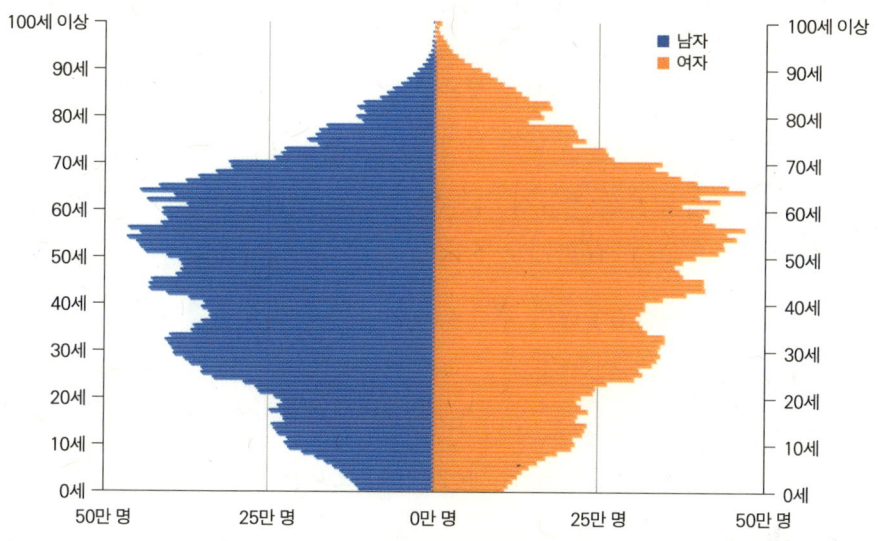

출처: 통계지리정보서비스(https://sgis.kostat.go.kr/jsp/pyramid/pyramid1.jsp)

그림 10. 2025년 한국의 연령별·성별 인구 피라미드

구 피라미드에서 50대 초반 인구가 가장 많다. 20대에서 60대까지를 보면 역피라미드 형태를 보이고 있다.

역피라미드형 인구구조는 청년들의 일자리 부족 문제와 밀접하게 연결되어 있다. 기업에서 노동 수요가 결정될 때, 인구구조가 피라미드형일 경우 젊은 인력을 많이 고용할 수 있다. 그 당시에는 노동시장에서 이미 고용된 사람이 적었기 때문이다. 1차와 2차 베이비 붐 세대가 노동시장에 진입했을 때가 바로 그런 상황이었다. 필자 역시 2차 베이비 붐 세대로, 대학교를 졸업할 당시 어떤 직장을 갈지 고민했지 취업이 되지 않을 것에 대해 걱정하지 않았다. 그 당시 90% 이상의 졸업생이 취업했으니 말이다. 현재 2차 베이비 붐 세대는 50대 초반으로, 여전히 노동시장에서 은퇴하지 않은 상태다. 역피라미드형 인구구조가 보여주는 것은 기업에 이미 고용된 사람들이 많다는 것을 의미한다. 물론 모든 기업에 해당하는 것은 아니지만, 일반적으로 기업에 고용된 정규직 직원은 큰 문제가 없으면 50대 초반까지 근무할 가능성이 크다. 이로 인해 기업은 더 많은 인력을 필요로 하지 않게 된다. 졸업생들이 주로 선호하는 금융기업 같은 경우에는 인구구조 변화와 기술 발전으로 신규 채용 인력이 줄어들면서 공채 규모도 축소되었다. 일본은 우리나라보다 일찍 저출산과 고령화 문제를 겪었는데, 그로 인해 현재 40대인 세대가 취업 장벽을 경험한 사례가 있었다. 이 세대는 현재까지도 경제활동참가율이 떨어지고 있다. 만약 현재의 청년들이 일자리 부족 문제로 취업을 포기하는 사람이 늘어난다면, 이들은 중년이 되었을 때도 노동시장 참여에 어려움을 겪을 가능성이 크다.

  이 문제는 시간이 지나면 자연스럽게 해소될 수도 있지만, 세대 간의 이해가 필요한 상황이기도 하다. 일본의 경우, 대학교 졸업생의 취업률이 90% 이상으로 상승했다. 이는 일본 경제가 급격히 성장해서 일자리가 많아졌기 때문이 아니라, 베이비 붐 세대의 은퇴로 빈 일자리가 증가하고, 졸업생 수가 줄어들면서 노동시장에 진입하는 사람이 감소했기 때문이다. 노동시장의 수요는 늘어나고 공급은 지속적으로 줄어들면서 취업률이 높아진 것이다. 같은 현상이 우리나라 사회에서도 예견된다. 약 8~10년 후, 현재 50대 초반인 2차 베이비 붐 세대가 은퇴하면 빈 일자리가 증가하게 되어 빠르게 개선될 가능성이 있다. 그러나 지금 적합한 일자리를 찾지 못하는 세대에게는 즉각적인 해결책이 되지 않을 것이다. 결국, 현재 취업에 어려움을 겪는 세대의 고통은 경제 성장 속도가 빨라지지 않으면 해소되기 어렵다. 기성세대는 이들의 아픔을 이해하려는 노력이 필요하다. 그들이 왜 열심히 노력하고 많은 스펙을 쌓아도 취업이 어려운지 이해하는 것이 세대 간 갈등을 악화시키지 않는 첫걸음이 될 것이다.

· 5 ·
노동시장에서
남녀의 차이

우리나라에서 노동시장의 남녀 임금 격차는 매우 크다. 노동시장에서의 대우를 평균 임금으로 비교해보면, 〈표 2〉에서 보듯이 OECD 국가들의 평균적인 남녀 임금 격차는 12.1%인 데 반해, 우리나라의 남녀 임금 격차는 31.2%로 나타난다. 우리나라를 제외한 국가 중에서는 일본이 남녀 임금 격차가 가장 큰데, 그 차이는 21.3%다.

남녀 임금 격차는 남성과 여성의 노동시장 참여가 인생 주기별로 다르기 때문이다. 가장 큰 원인으로 지적되는 문제는 여성의 경력 단

표 2. OECD 주요국 남녀 임금 격차

(단위: %, 중위임금 기준)

구분	한국	OECD	일본	캐나다	덴마크	핀란드	프랑스	독일	호주	미국	영국
2022	31.2	12.1	21.3	17.1	-	-	-	-	9.9	14.5	17.0

출처: 지표누리(https://index.go.kr)

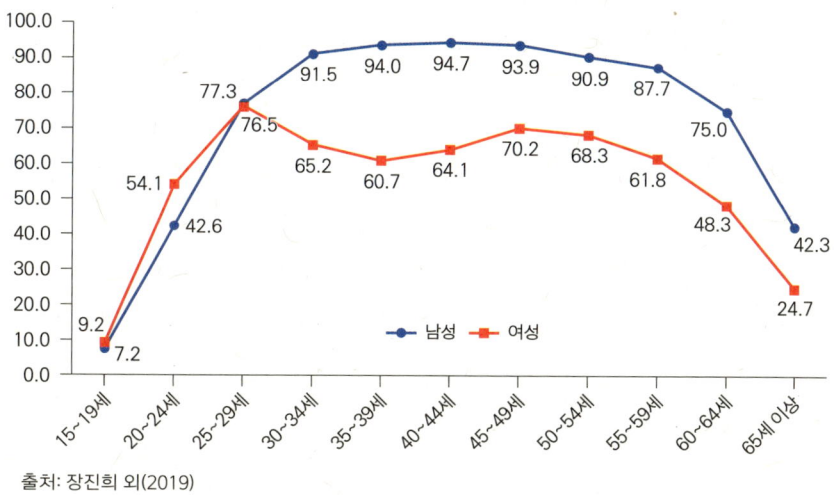

출처: 장진희 외(2019)

그림 11. 우리나라 성별·연령별 경제활동참가율(2018)

절이다. 전체 인구 중 노동시장에 참여하는 비율인 경제활동참여율을 연령별로 살펴보면, 우리나라 여성의 경제활동참여율은 <그림 11>에서와 같이 M자형 패턴을 보인다. 반면, 남성은 역U자형 패턴을 나타낸다. 여성의 경제활동참여율이 낮아지는 시기인 30대 초반부터 40대 중반은 출산 후 육아로 인한 기간임을 알 수 있다. 장진희 외(2019)[8]는 "성별 임금 격차를 연령대별로 보면 15~19세 4.8%, 20~24세 7.0%, 25~29세 10.1% 수준이었으나, 30~34세 들어 19.4%로 증가하고 35~39세에는 28.1%를 보이며, 30대 이후 급격하게 확대되는 모습을 보였다"고 보고했다. 여성의 경제활동참여율이 떨어지는 시기와 임금 격차가 확대되는 시기가 일치하는 것으로 나타난다. 한편, 성별 임금 격차가 크지 않은 유럽 국가들에서는 여성의 경제활동참여율이 우리나라 남성처럼 역U자형 패턴을 보인다고 알려져 있다.

남녀 임금 격차는 우리나라의 저출생 문제와도 밀접하게 연관되어 있다. 앞서 살펴본 것처럼 평균적으로 여성들이 출산과 육아로 노동시장에서 잠시 벗어난 뒤 복귀하면, 남녀 임금 격차가 커지게 된다. 이는 경력 단절로 인한 문제로, 흔히 '경단녀(경력 단절 여성)' 문제로 불린다. 경력이 단절되면 이전 경력을 인정받지 못하고, 자신의 전문 분야에서 다시 일자리를 찾기 어려운 상황에 직면하게 된다. 결국 인적 자본이 상실되는 셈이다. 또한, 경력을 시작했던 분야에서 직업을 찾지 못하면 단순노동을 선택할 수밖에 없다. 일반적으로 단순노동은 대체 가능한 인력이 많기 때문에 임금이 낮을 수밖에 없다. 이러한 문제를 피하려는 여성 중 일부는 출산을 미루거나 결혼을 피하는 선택을 하게 된다. 이른바 골드미스나 딩크족Double Income No Kids: DINK으로 살게 된다. 개인적으로 이러한 선택은 합리적일 수 있으나, 사회 전체적으로 보면 저출생 문제를 심화시켜 고령화 문제를 초래할 수 있다.

남녀 경제활동참가율의 격차는 중요한 인적 자원의 손실을 의미한다. 우리나라는 남성보다 여성의 대학교 진학 비율이 더 높다. 〈그림 12〉에서 보듯이 2015년 이후 전문대학, 교육대학, 일반대학 등 모든 고등교육 과정의 취학률은 여성이 남성보다 더 높았다. 교육 수준이 비슷하거나 더 높은 상황에서 여성의 경제활동참여율이 낮다면, 우리 사회는 교육을 통해 확보한 높은 생산성을 가진 인적 자원을 제대로 활용하지 못하는 셈이 된다.

노동시장에서의 남녀 격차를 해소하는 일은 우리 모두에게 이익이 되는 중요한 과제다. 우리나라는 저출생과 고령화로 인한 생산가능인구 감소 문제를 해결해야 하는 상황에 놓여 있다. 다만 태어나지 않은

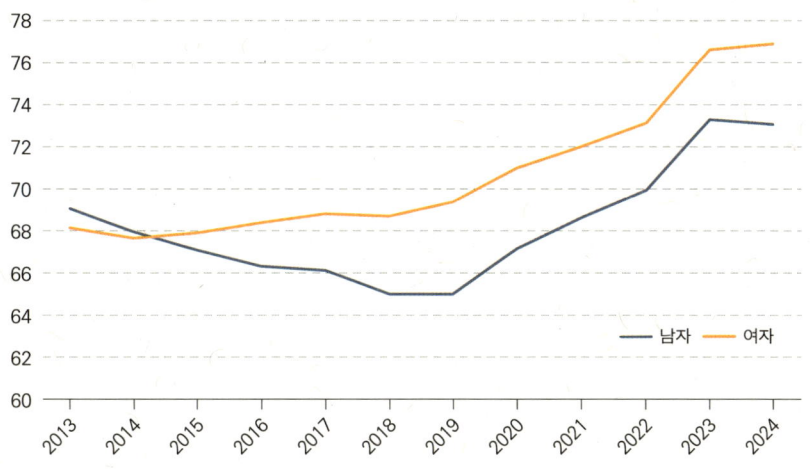

출처: 지표누리(https://index.go.kr)

그림 12. 남녀 고등교육기관 취학률

사람을 갑자기 태어나게 할 수는 없다. 그러나 우리 사회에서 충분히 활용되지 않고 있는 인적 자원인 여성을 노동시장에 적극 참여시킬 수 있다면, 이 문제를 해결하는 데 큰 도움이 될 것이다. 여성을 노동시장에 참여시키기 위해서는 사회적 인식의 전환이 필요하다. 여전히 존재하는 남녀 차별적인 시선에서 벗어나 여성들이 출산 후에도 자신의 인적 자본을 다시 활용할 수 있도록 배려하는 사회적 환경을 만들어야 한다. 이는 단순히 법적으로 강제하는 것만으로 해결될 문제가 아니며, 사회적 인식의 변화가 필수다. 법적으로 출산휴가를 규정하더라도 출산휴가 후 돌아갈 자리가 보장되지 않는 사회적 분위기가 계속된다면, '경단녀' 문제는 계속해서 존재할 것이다.

· 6 ·
결론

 노동은 인간의 존엄성을 고양시키는 중요한 방법이다. 자아실현을 이루기 위해서는 노동 환경이 잘 조성되고, 그에 따른 기회가 제공되어야 한다. 이 장에서는 우리나라의 노동 환경과 기회에 대해 살펴보았다.
 첫 번째로, 우리나라의 산업재해 문제에 대해 살펴보았다. 소득 수준이 높아지면서 일부 개선되었지만, 여전히 이웃 국가들과 비교할 때 위험한 환경이 많았다. 특히 '위험의 외주화' 현상으로 인해 사회적 약자에게 위험이 전가되는 문제를 안고 있었다. 두 번째로, 기술 발전으로 인한 노동의 기회 박탈 여부를 살펴보았다. 기술 발전은 일자리를 없애기도 하지만, 새로운 일자리를 창출하기도 한다. 그러나 새로운 일자리가 생겨나는 과정에서 발생할 수 있는 불평등 문제에 관심을 가지고, 사회적으로 문제가 되지 않도록 서로를 배려하는 마음이 필요하다. 세 번째로, 청년 계층의 일자리 부족 문제를 살펴보았다. 저출생과 고령화로 인한 인구구조 변화가 청년들에게 적합한 일자리를 부족하게 만들었다. 사회적으로 상대방의 입장을 배려하는 마음가짐이 중요한 시점이다. 마지막으로, 여전히 노동시장에서는 여성 노동에 대한 차별 문제가 존재한다. 저출생 문제로 경제활동인구가 감소하는 가운데, 높은 교육 수준을 지닌 여성 노동력의 활용은 사회적으로 모두에게 이익이 될 것이다. 따라서 노동시장에서 여성을 배려하는 문화를 조성하는 것이 필요하다.

이는 사회적 합의를 통해 제도적 및 법적으로 강제할 수 있을 것이다. 그러나 진정으로 이웃을 사랑하는 문화를 이루지 않는다면, 노동시장에서 진정한 환경 변화와 균등한 기회를 제공하기는 어려울 것이다. 제도나 법이 뒷받침되어야 하지만, 사회적 갈등을 키우지 않으려면 서로에게 이익이 되는 결과를 도출하기 위해 서로를 배려하고 사랑하는 사회를 만드는 일이 반드시 필요하다.

가련한 이를 돌보아 주는 이

시편 41,2-4

²행복하여라, 가련한 이를 돌보아 주는 이! 불행의 날에 주님께서 그를 구하시리라. ³주님께서 그를 보살피고 살려 주시어 그가 땅에서 복을 받으리라. ⁴그를 원수들의 탐욕에 내주지 않으시리라.

EPILOGUE

"아무에게서도 양식을 거저 얻어먹지 않았으며,
오히려 여러분 가운데 누구에게도 폐를 끼치지 않으려고
수고와 고생을 하며 밤낮으로 일하였습니다."

– 2데살 3,8

미주

1 요한 바오로 2세 교황, 『노동하는 인간: 요한 바오로 2세 교황의 회칙』, 한국천주교중앙협의회, 1981.

2 위원장 김선태 주교, 「제43회 인권 주일, 제14회 사회교리 주간 담화」, 한국천주교회 정의평화위원회, 2024. https://cbck.or.kr/Committees/Resources/20242468?page=2

3 정소라·성낙일, 「우리나라 기업의 자동화 기술 도입이 고용량과 임금에 미친 영향에 관한 실증 분석」, 한국은행 경제연구원, 『經濟分析』 30(2), 2024: 34-78.

4 한국은행, 「AI와 한국경제」, BOK이슈노트, 2025.2.

5 박찬영, 「최초의 러다이트 운동과 기계파괴의 정치경제학: 잉글랜드 중부 러다이트 운동의 발원과 '기계 파괴'의 역설(力說)」, 『서양사론』 160, 2024: 155-198.

6 김영식, 「AI와 고용, 경제성장, 불평등: 최근 문헌 개관과 정책 함의」, 『한국경제포럼』 12(3), 2019: 1-34.

7 한국은행, 「경제전망」, 2024.11, Indigo book.

8 장진희·장명선·박건, 「성별임금격차 실태와 완화방안 연구」, 한국노총중앙연구원 연구총서, 2019.4: 1-332.

참고문헌

김영식. 「AI와 고용, 경제성장, 불평등: 최근 문헌 개관과 정책 함의」. 『한국경제포럼』 12(3), 2019: 1-34.

박찬영. 「최초의 러다이트 운동과 기계파괴의 정치경제학: 잉글랜드 중부 러다이트 운동의 발원과 '기계 파괴'의 역설(力說)」. 『서양사론』 160, 2024: 155-198.

요한 바오로 2세 교황. 『노동하는 인간: 요한 바오로 2세 교황의 회칙』. 한국천주교중앙협의회, 1981.

위원장 김선태 주교. 「제43회 인권 주일, 제14회 사회교리 주간 담화」, 한국천주교회 정의평화위원회, 2024. https://cbck.or.kr/Committees/Resources/20242468?page=2

장진희·장명선·박건. 「성별임금격차 실태와 완화방안 연구」. 한국노총중앙연구원 연구총서, 2019.4: 1-332.

정소라·성낙일. 「우리나라 기업의 자동화 기술 도입이 고용량과 임금에 미친 영향에 관한 실증 분석」. 한국은행 경제연구원, 『經濟分析』 30(2), 2024: 34-78.

한국은행. 「경제전망」. 2024.11, Indigo book.

_____. 「AI와 한국경제」. BOK이슈노트, 2025.2.

Aesop. *Aesop's Fables: Wordsworth Children's Classics*. Wordsworth Editions Ltd., 1994.

이미지 출처

그림 1. 연도별 업무상사고 사망자 수 및 사망만인율. 국가인권위원회 웹진 '잘 다녀오겠습니다', 2022.1. https://www.humanrights.go.kr/webzine/webzineIntroView

그림 2. OECD 국가별 근로자 10만 명당 치명적 산업재해 사망자 수(2015~2018). 국가인권위원회 웹진 '잘 다녀오겠습니다', 2022.1. https://www.humanrights.go.kr/webzine/webzineIntroView

그림 3. 최근 10년간 사업체 규모별 사고사망 추이. 국가인권위원회 웹진 '잘 다녀오겠습니다', 2022.1. https://www.humanrights.go.kr/webzine/webzineIntroView

그림 4. 우리나라 실업률 추이. 한국은행 경제통계시스템. https://ecos.bok.or.kr

그림 5. 직업별 AI 노출도, 보완도. 한국은행 BOK이슈노트 'AI와 한국경제', 2025.2.10.

그림 6. 우리나라 청년 실업률과 실업률 추이. 국가통계포털. https://kosis.kr

그림 7. 연령대별 '쉬었음' 인구 비중. 한국은행 경제전망 보고서, 2024.11.

그림 8. 우리나라 실질GDP 성장률. 한국은행 경제통계시스템. https://ecos.bok.or.kr

그림 9. 우리나라의 합계출산율. 지표누리. https://index.go.kr

그림 10. 2025년 한국의 연령별·성별 인구 피라미드. 통계지리정보서비스. https://sgis.kostat.go.kr/jsp/pyramid/pyramid1.jsp

그림 11. 우리나라 성별·연령별 경제활동참가율(2018). 장진희·장명선·박건. 「성별임금 격차 실태와 완화방안 연구」. 한국노총중앙연구원 연구총서, 2019.4: 1-332.

그림 12. 남녀 고등교육기관 취학률. 지표누리. https://index.go.kr

희망 메시지

"교회는 언제나 아버지의 열린 집이 되도록 부름을 받았습니다. 세관이 아니라 아버지의 집이어야 합니다. 고된 삶을 사는 모든 이를 위한 자리가 있고, 그 무게를 함께 나누며 그들을 자유롭게 하고자 필사적으로 애쓰는 아버지의 집이어야 합니다."

ⓒ 2025 가톨릭출판사. 『희망』, 이재협 외 3인 옮김.

7장

평등하게 살아가고픈 人

최영민
전 인간학연구소 전임연구원

그리스도인의 헌금

2코린 8,14

랭브르 형제, 〈빵과 물고기의 기적〉, 1411-1416

지금 이 시간에 여러분이 누리는 풍요가 그들의 궁핍을 채워주어 나중에는 그들의 풍요가 여러분의 궁핍을 채워준다면, 균형을 이루게 됩니다.

· 1 ·
평등과 불평등

1) 자유와 평등 그리고 불평등

자유自由는 명사로, "외부적인 구속이나 무엇에 얽매이지 아니하고 자기 마음대로 할 수 있는 상태이며, 법률의 범위 안에서 구속되지 않고 자기 마음대로 하는 행위이고, 자연 및 사회의 객관적 필연성을 인식하고 이것을 활용하는 일"[1]이라고 기술되어 있다. 만약, 인간이 홀로 살아가는 존재라면 자유라는 단어가 주는 의미를 중요하게 생각하지 않을 것이다. 처음부터 스스로 선택하고 결정하는 것에 아무런 제약이 따르지 않기 때문이다. 그러나 인간은 태어나면서부터 '공동체'에 속하게 된다. 첫 번째가 가정공동체이고, 가정이 속한 사회공동체, 국가공동체, 더 크게는 지구공동체다. 이렇듯 인간은 이 세상에 태어나는 순간부터 어쩌면 선택에서 자유롭지 못한 존재인지도 모른다. 그럼에도 인간은 자신에게 주어진 환경에 대해 '당연'이라는 단어보다

'스스로의 선택', '자유'라는 의미에 많은 시간을 할애하면서 살아간다. 그러면서 "인간의 본성이 자유로움을 추구하기 때문은 아닐까?"라는 질문을 하게 된다.

대한민국 헌법 제2장 제11조 1항에서는 "모든 국민은 법 앞에 평등하다. 누구든지 성별·종교 또는 사회적 신분에 의하여 정치적·경제적·사회적·문화적 생활의 모든 영역에 있어서 차별을 받지 아니한다"[2]고 기술되어 있다. 그렇다면, 평등이란 무엇일까? 사전적 의미로서의 평등平等은 "권리, 의무, 자격 등이 차별 없이 고르고 한결같음"[3]이라는 뜻을 지니고 있다. 교육 기회의 평등, 평등이 보장되는 사회 등 누구에게나 차별 없이 주어지는 권리를 평등이라고 할 수 있다. 그러나 과연 우리가 살아가고 있는 이 시대, 이 사회는 모든 것에서 평등이 보장되어 있을까? 만약, 평등하지 않다고 느낀다면 그것을 불평등이라고 할 수 있을까? 그렇다면 불평등은 무엇일까? 사전적 의미로 불평등不平等은 "차별이 있어 고르지 아니함"[4]이라는 뜻을 지니고 있다. 우리가 살아가는 일상 안에서 느끼는 불평등은 '차별'이라는 이름으로 경험될 수 있다. 그리고 개인의 일상에서만이 아니라 사회 안에서, 국가 내에서, 넓은 의미에서는 국가 간에도 이러한 불평등이 얼마나 만연해 있는지 살펴볼 필요가 있다.

예란 테르보른(2014)[5]이 기술한 불평등 중 '생명의 불평등', '실존적 불평등', '교육의 지속적 불평등'의 내용을 살펴보면 다음과 같다. 첫째, '생명의 불평등'은 자신을 둘러싼 생활과 일에서 통제능력 저하와 존중 여부가 개인의 건강을 해치는 것은 물론이고, 조기사망의 위험까지 높인다고 했다. 둘째, 계급의 탈을 쓴 '실존적 불평등'은 신분제도, 인종차별, 성차별 등이 건강과 질병을 비롯한 수명에도 영향을 주었다고 보았다. 셋째, '교육의 지속적 불평등'은 교육 수준이 낮으면 소득뿐 아니라 건강과 수명에서도 불리하다고 했다. 그렇다면 이러한 생명, 실존, 교육에 대한 불평등을 경험해본 적이 있는가?

교종 프란치스코(2015)는 『찬미받으소서』 회칙 90항에서 "요즈음 사람들은 다른 생물종들을 보호하는 것에 열정을 쏟으면서도 우리 사이에 존재하고 있는 불평등에는 그보다 관심이 적은 것에 대해 주의해야 한다"고 기술하고 있다.[6] 이에 더하여 회칙 51항에서 "불평등은 개인에게뿐만 아니라 모든 나라에 영향을 미치는데, 일부 부유한 국가들의 엄청난 소비로 야기된 온난화는 세계의 가장 가난한 지역에 영향을 미친다"[7]고 했다. 또한, 교종 프란치스코(2021)는 『모든 형제들』 12항에서 "사회가 점점 더 세계화되면서 우리는 서로 이웃이 되지만 형제가 되지는 못한다고 하시면서, 이러한 세계화는 대개 가장 힘센 자들의 정체성은 강화시키지만 가장 약하고 가난한 지역의 정체성은 약화시키고 의존적으로 만들고 있다"[8]고 했다. 그렇다면, 우리가 생각하는 자유와 불평등은 무엇인가? 어디에서 찾아볼 수 있을까? 만약, 우리가 살아가고 있는 현실 안에서 직접적으로 경험하고 있는 차별적인 요소를 불평등이라고 생각한다면, 그 불평등을 감소시키기 위해 우리가 할 수 있는 것은 무엇일까?

2) 목표 10. 국내 및 국가 간 불평등 감소

UN에서는 지구공동체의 긴급한 요청에 따라 지속가능발전목표를 설정하고 그 실천사항을 추진하고 있다. 지속가능발전목표SDGs 열 번째는 "국가 내, 국가 간 불평등을 줄이는 것"이다. 이를 위해서는 모든 사람에 대한 차별을 철폐하여 기회를 평등하게 제공하고, 불평등을 완화해야 하며, 국제사회에서도 개발도상국의 영향력이 확대될 수 있도록 배려해야 한다는 것을 내용으로 하고 있다.

SDGs 목표 10 "국가 내 및 국가 간 불평등 감소"에 대한 UN의 2022년 보고서에서는 코로나19 사태 이전에 여러 지표에 걸친 고무적인 징후는 소득 불평등이 좁혀지고 있음을 시사하고 있다. 즉, 신흥시장과 개발도상국은 국가 간 소득 격차가 확대되면서 완만한 회복세를 보이고 있다고 했다. 하지만 슬프게도 2021년 전 세계 난민 수는 가장 많았고, 사망자 수도 기록적이었다. 또한, 우크라이나 전쟁은 계속되어 더 많은 사람이 자기 집에서 쫓겨나고 최근 가장 위기에 처한 큰 난민 중 하나로 만들었다. 코로나19의 확산은 수백만 명에게 해를 끼쳤고 모든 사회의 발목을 잡는 구조적이고 체계적인 차별과 만연한 불평등을 심화시켰는데, 특히 여성과 장애인이 높은 위험에 처해 있는 가운데 차별은 여전히 널리 퍼져 있다.

다른 한편, 노동자의 물질적 생활 수준을 알아보기 위한 하나의 방법으로 국내총생산Gross Domestic Product: GDP에 대한 노동의 기여도를 측정하면 국민소득 증가가 노동자의 물질적 생활 수준 증가로 이어질 수 있는지에 대한 여부를 보여주는데, 많은 노동자에게 고용은 주요 수입원이지만 자본에서 나오는 수입은 부유한 사람들에게 불균형적으로 이익을 주고, 노동자의 몫은 줄어들어 소득 불평등이 악화되고 있다고 했다.[9] 또한, SDGs 목표 10에는 이주 및 이주 근로자에 대한 안전한 환경과 평등한 기회를 제공하고자 한다는 내용이 포함되어 있다. 교종 프란치스코(2021)는 『모든 형제들』 39항에서 "이민을 받아들이는 일부 국가들에서 이민 현상은 자주 정치적 목적으로 조장되고 이용되어 두려움과 불안을 일으키며, 그 나라 사람들이 그들 자신 안에만 갇혀 있을 때 이민에 대한 두려움과 불안은 외국인 혐오의 사고방식으로 이어질 수 있기에 단호한 대처가 필요하다"고 했다.[10]

우리나라의 SDG 이행보고서[11]에 따르면, 우리나라에 상주하는 외국인은 2023년 5월 기준 143만 명이다. 이주 과정에서 발생하는 취업 비용은 취업 중개수수료나 비자 및 여권 발급비, 이동을 위한 교통비와 관련 보험료, 언어 교육비 등으로 다양하다. 또한, 2022년 난민 신청도 1만 1,539건이었으며, 이 중 인정자는 175명으로 나타났다. 여기에서 '난민'이란 "인종, 종교, 국적, 정치적 견해 등을 이유로 자국의 보호를 받을 수 없거나 그러한 공포 때문에 자국의 보호를 받기 원하지 않는 자"를 의미하는데, 한국은 1992년 12월 3일 난민협약에 가입한 이후 난민 제도를 운영하고 있다. 그럼에도 아직은 난민 수용에 대한 사회적 합의가 더 필요하다고 여기며, 이를 위해 다양한 방법으로 노력 중이다.

한편 국가 내에서 개인적으로 불평등이 초래하는 경우를 찾아본다면 무엇이 있을까? 교종 프란치스코(2021)는 『모든 형제들』 18항에서 "마음대로 살아도 되는 특정 부류 사람들에게 유리한 선택을 위해 인류의 일부는 희생될 수 있다고 여겨진다고 하시며, 특히 가난한 이들, 장애인, 태아처럼 '아직 쓸모없는' 존재, 노인처럼 '더 이상 쓸모없는 존재'를 희생될 수 있는 존재로 보는 일은 지탄받아야 할 일 중 하나"[12]라고 하셨다.

만약, 우리에게 장애가 있다면 어떨까? 지금 장애를 지니고 있는 이들은 어떠한 어려움에 직면해 있고, 어떠한 측면에서 불평등을 겪고 있을까? 우리나라의 「장애인복지법」 제2조(장애인의 정의 등) 1항에서는 "장애인이란 신체적·정신적 장애로 오랫동안 일상생활이나 사회생활에서 상당한 제약을 받는 자"를 말하며, 제3조(기본이념)에서는 "장애인의 완전한 사회 참여와 평등을 통하여 사회통합을 이루는 데에 있다"고 했다. 이에 더하여, 제4조(장애인의 권리) 1항은 "장애인은 인간으로서 존엄과 가치를 존중받으며, 그에 걸맞은 대우를 받고", 2항 "장애인은 국가·사회의 구성원으로서 정치·경제·사회·문화, 그 밖의 모든 분야의 활동에 참여할 권리를 가진다". 또한, 제7조(여성장애인의 권익보호 등)에서는 "국가와 지방자치단체는 여성장애인의 권익을 보호하고 사회참여를 확대하기 위하여 기초학습과 직업교육 등 필요한 시책을 강구하여야 한다"고 했으며, 제10조(국민의 책임)에서는 "모든 국민은 장애발생의 예방과 장애의 조기 발견을 위하여 노력하여야 하며, 장애인의 인격을 존중하고 사회통합의 이념에 기초하여 장애인의 복지향상에 협력하여야 한다"[13]고 명시되어 있다.

이 장 '평등하게 살아가고픈 人'에서는 인간에 대한 의미를 살펴보고, 가톨릭교회에서 표명하는 평등과 불평등 완화, 사회적 격차, 복음 정신에 대한 교회의 가르침을 성서와 교회 문서, 교황님의 회칙과 권고문 등에서 살펴보고자 한다. 또한, 이를 통해 결론과 에필로그에서 가톨릭 신앙인으로서 이 시대에 '평등하게 살아가고픈 人'들을 위해 연대할 수 있는 것은 무엇인지, 어떻게 해야 하는지를 숙고하면서 고찰해보고자 한다.

2.

인간 존재의 본질

1) 인간, 그 의미

인간은 육체와 영혼, 정신으로 이루어진 단일체다. 사전적 의미에서의 '인간'은 "생각을 하고 언어를 사용하며, 도구를 만들어 쓰고 사회를 이루어 사는 동물"이다.[14] 이러한 인간이 사용한 최초의 언어는 위험이 닥쳤을 때나 도움을 요청할 때, 그리고 고통을 당했을 때 등 아주 절박한 상황에서 본능적으로 나오는 '자연 그대로의 외침'이었다.[15] 그러나 점차 변화되는 사회 안에서 개인들이 자신의 의견을 자유롭게 피력하면서 사람들과의 소통을 위해 더 많은 기호와 언어가 필요하게 되었다. 이러한 필요는 인간의 언어를 발달시키는 계기가 되었고, 언어의 발달은 문명의 발달로 이어졌다. 오늘날 현대사회 문명의 발전 속도는 가히 빛의 속도라고 할 만큼 급격히 변화되고 있다. 이러한 발전은 물리적 시간과 공간의 한계를 허물고 있으며, 이에 따라 사람들의 소통 방법도 다양해졌다. 과거에는 대면이 아니면 유선이나 서면으로 소통해왔다면 이제는 인터넷 네트워크만 연결되어 있으면 그 연결망을 통해 지구 어디에 있어도 소통이 가능한 사회가 되었다.

지금 학교 현장에서는 온라인과 오프라인의 경계가 계속 허물어지고 있다. 다양성이라는 측면에서는 참으로 획기적이고 고마운 일이다. 하지만 점점 우리는 직접 대면하여 익힐 수 있는 인간다움을 조금씩 잃어버리고 있지는 않은지에 대한 고민도 하게 된다. 오프라인이 지닌 많은 장점을 알고 있지만, 온라인 공간이 익숙해지면서 사람들은 물리적 공간 이동을 하지 않음으로써 불필요한 시간을 줄일 수 있다는 장점을 내세우기도 한다. 하지만 경우에 따라서는 그 저변에 불편하다고 느끼는 감정에서 벗어나기 위한 방편으로 온라인을 선택할 수 있다는 사실을 깊숙하게 숨겨놓은 채 편리함만을 내세우고 있는 경우도 발생하고 있다는 것을 배제할 수는 없다.

이에 대해 교종 프란치스코(2015)는 『찬미받으소서』 47항에서 "인터넷을 통한 의사소통으로 대체되는 경향은 관계를 마음대로 선택하거나 끊어버릴 수 있게 하고 다른 사람들이나 자연과 맺는 관계보다는 기계와 그 화면을 통해 맺는 관계에서 나타나는 새로운 형태의 꾸며낸 감정들이 생겨난다"[16]고 하면서 때로는 매체가 다른 사람들의 고통, 두려움, 기쁨, 복잡한 개인적 체험을 직접 접하지 못하게 한다고 했다.

오늘날 현대사회는 복잡하고 다양한 삶의 양식을 추구하는 사람들이 많아졌으며, 이러한 삶은 각자가 처한 상황에 따라 교육의 방법이나 질에서도 차이가 있다. 이러한 현대사회를 살아가고 있는 학생들은 학교생활에 대해 어떤 생각을 하고 있을까? 어떻게 생활하고 있을까? 학교라는 공간은 지식만을 가르치는 곳이 아니기에 오늘날의 급변하는 세상에서 교육체계의 변화를 통찰하면서도 전인적인 교육의 터전으로서 성장을 위해 존재하는 곳이라는 부분을 상기해야 한다. 왜냐하면 인간은 혼자가 아니라 관계 안에서 서로 어울리면서 배우며 성장하는 부분이 많기 때문이다. 이러한 부분에 대해 교종 프란치스코(2015)는 『찬미받으소서』 47항에서 "매체와 디지털 세계가 어디에나 존재하면서 사람들이 현명한 삶의 방식을 배우고 깊이 생각하며 넉넉히 사랑하는 방법을 배우지 못하도록 영향을 행사합니다"라고 하셨다.[17] 결국, 인간은 직접적인 관계를 통해 나를 조금 더 인식하고, 타인을 인식하면서 사랑하는 방법도 배우고 성장할 수 있다는 것을 지금 이 순간 상기해야 할 필요가 있다는 것이다.

제2차 바티칸 공의회 「사목헌장」[18] 8항에서는 현대 세계의 불균형을 이야기하면서 실용 능률의 추구와 도덕적 양심의 요구 사이에서, 또 사회생활 조건과 개인의 사색, 인간 활동의 전문화와 사물의 전체적 전망 사이에서 불균형이 일어난다고 했다. 그리고 가정 안에서도 인구와 경제뿐 아니라 사회의 중압적인 조건들, 세대 간에서 오는 어려움으로 불평등이 생겨난다고 보았다.

한편, 한나 아렌트는 다른 사람들과 관계를 맺지 않는 인간을 약한 존재[19]라고 보았는데, 이는 인간은 태어나면서부터 관계 안에 속해 있다고 보았기 때문에 독립적으로 살아가는 인간일지라도 다른 사람과 관계없이 살아가거나 존재하는 것은 건강하게 성장하기 어렵다고 여기고 있기 때문일 것이다. 또한, 맘펠라 람펠레Mamphela Ramphele 박사는 인간에 대해 다음과 같이 이야기했다.[20]

"인간은 독립적인 동시에 연결된 존재다. 바로 그것이 인간 존재의 본질이다."

인간은 각자가 지닌 개별적이고 고유한 정체성으로 인해 사유하고 행동하는 방법이 다양할 수 있지만, 혼자서는 살아갈 수 없으며 함께 관계를 맺고 어울려 살아가는 존재임을 잘 표현해주고 있다. 그리고 이러한 인간의 본질이 지닌 속성과 각자가 지닌 기본적인 욕구는 다양할 수 있지만, 관계 안에서 살아가는 인간은 누군가로부터 인정과 사랑을 받고 살아가고자 한다는 것이다. 교종 프란치스코(2021)는 『모든 형제들』[21] 111항에서 인간의 권리를 양도할 수 없는 것으로 표명하면서 인간은 본디 관계에 열려있으며, 다른 이들과의 만남을 통해 자신을 초월하라는 부르심이 우리 안에 깊이 새겨져 있다고 했다.

특히, 인간은 자신이 태어나면서 만나게 되는 가족공동체를 통해 사랑을 알게 되고, 그 속에서 함께 어울려 살아가면서 존중받고 인정받는 경험을 하게 된다. 하지만 이러한 가족공동체도 시대의 변화에 따라 달라지고 있다. 교종 프란치스코(2014)는 『복음의 기쁨』[22] 66항에서 가정은 다른 모든 공동체와 사회 유대와 마찬가지로 심각한 문화적 위기를 겪고 있는데, 약화된 유대관계가 심각하다고 했다. 또한 가정은 사회의 기본 세포로서 서로의 다름 안에서 더불어 살아가고 서로에게 속해 있음을 배우는 곳, 신앙을 전수하는 자리라고 했다.

가족공동체를 이루는 구성원이 점차 줄어들면서 개인의 존중이 잘못 이해되어 때로는 이기적인 태도와 방향으로 비뚤어져 있는 모습들이 보이기도 한다. 인간이 공동선을 지향하고 서로 어울리며 살아가던 시절에는 가족 안에서도 서로 부대끼며 양보와 배려를 배우면서 성장했다. 그러나 오늘날 가족 구성원의 변화는 공동체를 바라보는 시선뿐 아니라, 가족 중심적인 경향으로 좁혀져 '내 가족만 괜찮다면'이라는 안일한 사고가 만연하면서 이기주의가 확산하고 있으며, 조금 더 넓은 의미에서의 공동체 성장을 위한 공동선, 도덕, 윤리의식이 희미해져가고 있다. 다르게 표현하자면, "서로에게 피해를 주지 않으려는 만큼 나와 우리 가족이 피해를 보고 싶지 않다. 불이익을 당하고 싶지 않다"라는 메시지가 점점 강렬해지고 있다.

제2차 바티칸 공의회[23] 「사목헌장」 24~27항에서는 "인간 소명을 공동체적 특성 안에서 살펴보면서, 만민을 아버지로서 돌보시는 하느님께서는 모든 사람이 한 가족을 이루고 서로 형제애로 대접하기를 바라셨다"라고 하시며 하느님과 이웃사랑에 대해 강조한다. 그리고 개인이 진보하고 사회가 발전하는 것은 의존성이 있으며, 이것은 인간의 사회적 본성에서 드러난다고 보면서 모든 제도의 근본, 주체, 목적은 인간이며 인간이어야 한다고 했다. 결국, 사회 질서와 발전은 항상 인간의 행복을 지향해야 하며, 자유는 인간적인 균형이 필요하고, 인류 가족의 공동선을 고려해야 한다고 했다.

이러한 사회에서의 인간은 무엇을 추구하면서 살아가는 것일까? 그리고 온전한 인간으로서 살아가기 위한 삶의 의미는 무엇일까? 인간은 살아가면서 수없이 많은 관계를 통해 변화하고 성장하지만, 요즘은 개별적 선택에 따라 관계 맺기를 원하지 않는 경우들도 있다. 물론, 때때로 사람들의 성향이나 경향성에 따라 상처받기를 원하지 않고 관계 맺는 것에 대한 어려움을 토로하는 이들도 있다. 하지만 다른 차원에서 관계를 바라보는 이들, 즉 관계의 목적이 이해와 성장이 아닌 무엇을 주고받을 수 있는지에 대한 경제 논리로 비롯된 닫힌 관계로 생각하는 경우들이 발생하고 있기에 씁쓸함이 느껴지기도 한다.

한편, 문명이 발달할수록 지구촌 곳곳의 많은 나라는 서로 연대하면서 살아가야 하는 방향성을 지니고 있어야 하지만, 각 국가는 자본주의와 국수주의의 만연으로 인해 빈곤한 국가들은 더욱 가난해지고 있는 것이 현실이다. 교종 프란치스코(2021)는 『모든 형제들』 22항에서 "인권이 모든 사람에게 평등하지 않다는 것이 증명되는데, 인권 존중은 한 나라의 사회·경제 발전의 전제 조건이며, 인간이 존엄성을 존중받고 자기 권리에 대한 인정과 보장을 받을 때 창의성과 진취성도 꽃을 피우고 인간의 개성으로 공동선을 위한 다양한 계획들이 이루어질 수 있다"고 했다. 또한, "인류의 일부는 풍족하게 살지만, 다른 일부는 자기존엄을 부정당하거나 경시당하거나 짓밟히면서 그 기본권을 무시당하거나 침해당하고 있다고 보았다".[24]

과연, 실존적 의미에서 인간이 존재한다는 것은 어떤 의미일까? 인간은 각자가 세상에 태어남으로써 삶을 살아가고 있는 걸까? 아니면 이미 정해져 있는 죽음을 향해 가고 있는 걸까? 물리적 관점에서 인간의 육체는 물질로 볼 수 있는 것인가? 단지, 물질로 본다면 물질은 죽음의 상태로 가는 것이 가장 자연스럽다. 하지만 인간은 단순히 물질로만 이루어져 있지 않기 때문에 죽음의 상태로 간다고 하더라도 일반적으로 지구상에 존재하는 물질론적 관점만으로는 설명하기 어렵다. 왜냐하면, 인간은 육체와 정신, 마음, 영혼으로 이루어져 있기 때문이다. 이것이 바로 인간이 존재하는 이유에 대한 질문을 던지는 연유이기도 하다.

2) 문명의 발달과 인간의 이기심으로 발생한 불평등

인간이 존재하는 의미를 알아보기 위해서는 인간이 살아가고 있는 외부 환경을 빼놓을 수 없다. 인간은 살아가는 데 꼭 필요한, 지구라는 환경 속에서 살아가고 있다. 그런데 이러한 지구 생태계가 인간의 이기심으로 인해 파괴되어가고 있다. 오늘날 인간은 생태계 파괴에 대한 책임을 '복원'이라는 관점에서 해결해가야 할 시점에 직면하게 되었다. 그러나 인간은 지극히 이기적인 생활양식으로 인해 편리함에만 급급한 채 살아가고 있다. 인간이 지닌 이러한 이기는 세계 곳곳에 존재하는 빈곤을 더 가중시켜 빈부의 격차는 각 나라 내에서뿐 아니라 나라별로도 그 차이가 천차만별이다. 교종 프란치스코(2021)는 『모든 형제들』 21항에서 "일부 경제 법칙은 성장에 효과적으로 이바지했음이 증명되었으나 그렇다고 온전한 인간 발전에 기여했음이 증명된 것은 아니다"라고 하면서, "부富는 증대되었지만 평등은 없었고, 그 결과 새로운 형태의 빈곤이 출현하고 있다"고 했다. 특히, 오늘날 같은 현대사회에서 빈곤이 감소되었다고 하는 주장은 현실에 부합하지 않은 과거의 기준으로 빈곤을 측정했기 때문이라고 했다.[25]

문명이 발달할수록 인간은 좀 더 많은 편리를 누리면서 살 수 있게 되었다. 인간은 무엇을 위해 문명을 발전시켰을까? 단지 편리함을 누리기 위해서일까? 그런데 이러한 편리함을 경험해본 인간은 불편함을 받아들이기가 쉽지 않다. 환경 생태계를 살리기 위해, 아니 결국 인간이 자연환경 안에서 안전하게 살아가기 위해서는 불편함으로의 회귀가 필요하지만, 이러한 회귀는 너무도 어렵게 다가올 수 있다. 인간의 이기심이 결국 지구를 병들게 했고, 병든 지구에서 살아가야 하는 인간은 이제 그 아픔을 온전히 되돌려받고 있다. 교종 프란치스코(2015)는 『찬미받으소서』 43~44항에서 "인간도 생명권과 행복권을 누리며 고유한 존엄성을 지닌 이 세상의 피조물이며, 우리는 환경 훼손, 현재의 개발 방식, 버리는 문화가 사람들의 삶에 미치는 영향에 대하여 생각해보지 않을 수 없다"고 하셨다. 또한, 우리가 사는 도시가 불균형적이고 무분별하게 확대되고 있으며, 유독가스 배출로 인해 오염, 혼잡, 열악한 교통, 시각 공해, 소음으로 인해 건강하게 살 수 없는 곳이 되어가고 많은 도시들이 거대하고 비효율적으로 에너지와 물을 지나치게 낭비하고 있다고 했다.[26]

우리는 2019년 중국 우한에서 야생동물을 통해 감염된 바이러스로 인해 전 세계가 공포에 떨었던 것을 기억하고 있다. 자연스럽게 누렸던 일상생활은 더 이상 자연스러운 것이 아니었고, 지구촌이라는 말이 무색하게 지구는 한 공동체로서 활발하게 오가던 왕래를 멈추어야 했다. 자연스러웠던 많은 것이 멈추어버렸다. 무엇이 그렇게 만든 것일까? 교종 프란치스코(2015)는 『찬미받으소서』 81항에서 인간에 대해 "저마다의 고유함과 인격적인 정체성을 지니고 있으며, 다른 사람들뿐 아니라 신과도 직접 대화할 수 있는 주체적인 지위에 있다"[27]고 하면서, 인간이 지닌 주체적 지위에 대해 언급했다. 주체적인 지위를 지닌 인간은 또한 자연의 모습 그대로를 존중하면서 더불어 살아가야 한다.

그러나 인간은 주체적인 지위를 이용해 이기적으로 야생의 자연을 파괴하고 훼손하면서 인간의 이익만을 추구하느라 그들의 안식처를 빼앗았다. 그것도 부족하여 그 야생동물을 먹거리로 이용하고 부작용을 만들어냈다. 결국, 코로나19는 인간의 이기심이 만들어낸 인재라고 할 수 있다. 그렇다면 인간은 과연 현재의 인류가 처한 상황을 제대로 인식하고 있는 것일까? 또한, 후손들에게 물려주어야 할 환경이 어떤 상태인지 정확히 알고 있는 것일까? 우리는 이러한 질문에 대해 어떤 답변을 할 수 있는가?

역사적으로 볼 때, 우리 사회는 크고 작은 사건과 사람들로 인해 많은 변화를 겪으면서 지속해왔으며, 그 변화의 중심에는 사람이 있었다. 그 사람들은 자유롭기 위해, 평등하기 위해, 더욱 잘살기 위해 그리고 더욱 행복하기 위해 변화의 중심에 서서 기꺼이 희생을 감수했다. 그리고 그러한 희생이 오늘날 우리의 삶을 만들어준 토대가 되었다. 일일이 헤아릴 수 없는 수많은 사람이 인간다운 삶을 꿈꾸고 의미 있는 삶을 지향하면서 만들어가고 싶어 했던 인간다운 삶은 과연 무엇이었는지에 대한 근원적인 질문들을 상기해보면서 인간의 의미를 계속 탐구해볼 필요가 있다.

3) 변화의 시점

우리는 공동체 안에서 살아가면서 가끔은 주객이 전도된 것 같은 상황을 감지할 때가 있다. "현재 우리가 살아가는 지구공동체에서 인간이 봉사하는 주체는 누구인가?"라는 질문을 던졌을 때, 우리는 어떤 답변을 할 수 있을까? 교종 프란치스코(2014)는 『복음의 기쁨』[28] 60항에서 오늘날의 경제 운영 체제는 무분별한 소비를 부추기고, 그 결과 걷잡을 수 없는 소비지상주의가 불평등과 결합하여 사회 조직을 이중으로 손상시키고 있다고 했다. 또한, 상드린 외(2022)는 현재 인간과 지구가 경제에 봉사하고 있는데, 사실은 그 반대로 경제가 인간과 지구에 봉사해야 한다고 하면서 '웰빙경제 얼라이언스Wellbeing Economy Alliance'에 대해 이야기한다.

웰빙경제는 사람들에게 평안한 삶을 제공해주는 것이라고 할 수 있다. 이를 위해 먼저 인간의 웰빙에 필요한 욕구를 존엄, 자연, 연결, 공정, 참여로 보았는데, 그 내용을 좀 더 자세히 기술해보면 다음과 같다. 첫째, '존엄'은 편안하고 건강하며 안전하고 행복한 삶을 누리기 위해 누구에게나 충분히 보장되어야 한다. 둘째, '자연'은 모든 생명을 위해 안전한 자연세계를 복원해야 한다. 셋째, '연결'은 구성원들이 소속감을 느끼고 제도가 공동선에 봉사한다고 느낄 수 있어야 한다. 넷째, '공정'은 모든 측면에서 경제시스템의 핵심이다. 가장 부유한 사람들과 가장 가난한 사람들 사이의 격차를 크게 줄여야 한다. 다섯째, '참여'는 시민이 지역사회와 지역에 뿌린내린 경제에 적극적으로 관여해야 한다고 보았다.[29]

오늘날 우리는 기술, 문화의 급격한 발전으로 인해 편리함을 누리며 살아가고 있다. 새로운 신기술이 개발될 때마다 사람들은 환호하며 신기술을 먼저 접하기 위한 경쟁 구도가 형성되기도 했다. 그러나 그 이면에는 전통적인 산업과 그곳에 소속되어 종사하는 수많은 노동자가 있다는 사실을 망각하기도 한다. 그들은 기술 때문에 일자리를 잃고 가난으로 내몰리고 그 가난은 지구환경, 특히 기후변화의 영향을 받으며 기후 불평등에 노출되면서 권력, 부, 가난으로 나뉘어 사회적 균열이 일어나고 있다.[30] 교종 프란치스코(2014)는 『복음의 기쁨』[31] 53~55항에서 인간을 사용하다가 버리는 소모품처럼 여기며, 단순히 착취와 억압이 아닌 배척으로까지 이어져 착취된 이들이 아니라 쫓겨난 이들, 버려진 사람들로 만들었다고 했다. 그리고 우리는 다른 이들의 고통스러운 절규 앞에서 함께 아파할 줄 모르고, 다른 이들의 고통 앞에서도 눈물을 흘리지 않으며, 그들을 도울 필요마저 느끼지 못하게 되었다고 하면서 이러한 원인 가운데 하나가 돈의 관계라고 보았다. 이는 돈이 우리 자신과 우리 사회를 지배하도록 순순히 받아들이고 있기 때문이라고 했다.

하지만 평등한 국가일수록 신뢰, 교육, 사회적 유동성이나 수명, 건강, 아동 사망률, 정신건강, 범죄, 살인, 약물 오용 등의 분야에서 더 긍정적인 결과를 얻게 되는 경향이 있다고 했다.[32] 교종 프란치스코(2014)는 『복음의 기쁨』[33] 189항에서 연대는 재산의 사회적 기능과 재화의 보편적 목적이 사유재산에 앞선다는 사실을 인식하는 이들의 자발적인 행동으로 보면서 사적 소유는 공동선에 이바지할 수 있을 때 정당화된다고 했다. 이러한 연대는 가난한 이들에게 속한 것을 그들에게 돌려주는 것으로 실천되어야 한다고 했다. 이를 위해 불평등을 전환하기 위한 목표 중 하나는 상위 10%가 가져가는 소득이 하위 40%의 전체 소득을 넘지 않도록 보장해야 한다는 것이다. 왜냐하면, 불평등이 이 소득수준을 넘어서 더 크게 격차가 벌어지게 되면 사회적으로나 보건 부문에서 문제가 심각해지고, 사회적 결속력도 약해지기 때문이다.[34]

제2차 바티칸 공의회 문헌[35] 「사목헌장」 65~66항에서는 "경제 발전은 인간의 통제 아래 머물러야 하며, 과도한 경제력을 가진 소수 강자와 강자 집단, 정치 단체, 강대국에 맡겨져서는 안 된다. 그리고 시민은 자기 공동체의 발전을 위해 자기 능력대로 기여하는 것이 권리이며 의무임을 상기해야 하고 국가 권력도 이를 인정해야 한다. 또한, 정의와 평등의 요구를 충족시키려면 개인의 권리와 각 민족의 고유한 특성을 존중하면서 개인, 사회적 차별이 증대하고 있는 경제적 불평등을 제거하도록 계속해서 노력해야 한다"고 했다.

한편, 2020년 이후 사회긴장지수가 각 지역에서 지속적으로 높아졌는데, 이는 불평등이 웰빙에 영향을 미치면서 만들어낸 불만이 이어졌기 때문이라고 할 수 있다.[36] 사회긴장지수는 불평등과 연관된 잠재적 양극화를 나타내는 지표라고 할 수 있다. 그리고 이 사회긴장지수 값이 올라가면 양극화가 강화되었다는 것을 뜻하는데, 경제적으로 부유한 엘리트 계층은 점점 권력을 가지면서 힘이 세어지고, 그 외 다른 사람들은 그들과 점점 멀어지면서 사회적 긴장이 높아진다고 보았다.[37] 교종 프란치스코(2021)는 『모든 형제들』[38] 110항에서 현실은 많은 사람이 경제적 자유를 얻지 못하게 가로막고 있으며, 고용 기회가 계속 축소되고 있다고 보았다. 또한 자유, 민주주의, 형제애 같은 의미를 상실한다고 했다.

이러한 불평등이 심각한 사회에서 살아가는 구성원일수록 자신이 속해 있는 집단 안에서 지위에 대한 불안, 타인과의 관계 안에서 판단 받는 것에 대한 걱정과 두려움을 지니면서 보여지고 과시할 수 있는 물품들에 집중할 확률이 높아질 수 있다[39]고 보았다. 그리고 기후에 대한 비상사태는 사회 붕괴의 주된 원인을 제공하는 국가 내에서의 불평등과 국가 간의 불평등이라고 보고 있다.[40]

교종 프란치스코(2021)는 『모든 형제들』[41] 112항에 신약 성경에서 성령의 열매 가운데 하나를 그리스어 '아가토쉬네agathosyne'로 묘사한다(갈라 5,22 참조). 이 단어는 선에 대한 애착이나 선의 추구를 나타내며, 다른 이들에게 가장 가치 있고 가장 좋은 것, 다른 이들의 성숙과 건강한 성장 등 물질적 행복만이 아닌 가치들의 함양을 위한 노력을 의미한다고 했다. 그리고 지금 우리는 좋은 가치를 알아보고, 그것을 다른 이들과 함께 선을 행하고 나눌 수 있는 연대를 위해 손을 맞잡아야 할 때라고 할 수 있다.

4) 티핑 포인트

'티핑tipping'은 "균형을 깨뜨리는 것"이라는 사전적 의미를 지니고 있다. 평형을 깨뜨리는 힘의 작용이 분명해지는 지점을 말콤 글래드웰은 '티핑 포인트'라 부른다.[42] 또는 모든 것이 한꺼번에 갑자기 변화하고 전염되는 극적인 순간에 붙여진 이름이 다름 아닌 '티핑 포인트 tipping point'인데, 여기에는 공통적인 특징들이 있다. 즉, 전염성이 있다는 것과 작은 것이 큰 효과를 가져올 수 있다는 점이며, 이러한 변화가 극적인 어느 순간에 발생한다는 것이다. 이는 홍역이나 독감이 퍼져나가는 원칙들과 동일하며, 이 중에서 전염이 극적인 순간에 발생하여 소멸할 수 있다는 특성이 가장 중요하다고 할 수 있다.[43]

지금 우리가 만들어가야 할 티핑 포인트는 무엇일까? 우리가 현재 누리고 있는 것을 완전히 허물지 않고도 변화할 수 있을까? 교종 프란치스코(2021)는 『모든 형제들』[44] 88항에서 사람이 자기 자신에게서 벗어나 다른 이들을 향할 때 사랑은 모든 이의 마음속 깊이 유대감을 만들고 존재의 폭을 넓혀준다고 했다. 그리고 우리 모두에게는 "자기 자신 밖으로 나가 다른 사람 안에서 존재의 성장을 찾는 일종의 '탈아脫我, ekstasis의 법칙이 있으며, 사람은 한 번은 자기 자신 밖으로 나가는 결정을 내려야 한다"고 했다. 그렇다면 이제는 우리가 결정해야 할 때가 된 것은 아닐까? 내가 스스로 밖으로 나가는 탈아의 법칙을 통해 지속가능한 사회를 유지하는 데 동참해야 하지 않을까?

과연, 지속가능한 사회는 어떤 사회일까? 그것은 현재 사회의 시스템을 유지하고 있는 물질적·사회적 기반을 무너뜨리지 않고 미래를 내다보면서 유연하게 대처할 수 있는 사회를 지속가능한 사회라고 한다. 그리고 지속가능한 사회는 현대를 살아가는 사람들의 욕구 만족을 위해 미래 세대가 누려야 할 것을 훼손하지 않으면서 욕구에 잘 대응하는 사회라고도 할 수 있다. 또한 지속가능한 사회는 양적으로 확대하는 것보다 질적인 발전을 도모하는 것에 관심을 가지고 있어야

한다.⁴⁵

또한, 지속가능한 사회는 자연과 사회가 부담해야 할 부분, 성장을 위한 계획, 현재의 지구 자원과 기반, 폐기물 처리 능력, 현재의 불공평한 분배 형태 등을 따져보면서 가난한 사람들이 가난 속에 계속 갇혀 지내지 않게 하려는 것이다. 지속가능한 사회가 기술이나 문화 측면에서 현재보다 뒤떨어질 이유는 전혀 없다. 오히려 지속가능한 사회는 인류가 근심과 탐욕에서 벗어나 타고난 창의성을 충분히 발휘할 기회를 줄 것이다.⁴⁶ 그렇다면 지속가능한 사회를 만들어가기 위해 우리는 어떤 역할을 해야 할까? 교종 프란치스코(2014)⁴⁷는 『가슴속에서 우러나온 말들』에서 그리스도 신자 개개인과 각각의 공동체를 선교사로 보면서 복음을 살아가는 척도에 따라 어려움에 봉착한 사람들에게 하느님의 사랑을, 하느님의 자비를 전하는 선교사가 되기를 간곡하게 부탁했다.

· 3 ·
연대와 협력

1) 평등하게 살아가고픈 人

한나 아렌트는 "인간이란 개개인을 가리키는 게 아니라 공통성과 평등의 상황을 가리키며, 공통성과 평등은 변화와 행위를 구축하는 기본이다"[48]라고 했다. 이에 더하여, 교종 프란치스코(2015)는 『찬미받으소서』 189항에서 "공동선을 고려할 때 오늘날 정치와 경제는 반드시 서로 대화를 나누어야 하며, 특히 인간의 삶에 봉사해야 한다"고 했다.[49] 그런데 많은 사람은 각자가 속한 공동체에서 행복을 꿈꾸며 살아가고 싶어 하는데, 이러한 삶을 살아가기 위해서는 정치와 경제가 이를 뒷받침해주어야 한다. 그리고 이러한 삶을 꿈꾸는 사람 중에는 장애가 있거나 없거나, 재산이 많거나 적거나, 나이가 많거나 적은 것이 방해되지 않아야 한다.

헬렌 켈러는 선천적으로 장애를 지니고 태어난 것이 아니라, 19개월 때 성홍열과 뇌막염으로 인해 시각과 청각을 잃어 장애를 가지게 되었다. 헬렌은 장애가 있었지만, 지적 수준이 뛰어나다는 평가를 받았다. 이러한 헬렌은 래드클리프 대학에 입학한 후 최선을 다해 공부하면서 새로운 정신세계에 대해 알게 되었고, 그 정신세계에서는 자신이 장애와 상관없이 자유를 누릴 수 있다고 생각했다.[50]

많은 사람이 헬렌 켈러에 대해 중복장애를 지녔지만 동시에 불굴의 의지를 지녔고, 자신의 생명과도 같았던 앤 설리번Anne Sullivan 선생님의 사랑과 협력으로 기적을 만들어낸 여인이라고만 알고 있다. 하지만 사실 헬렌 켈러는 많은 사람과 함께하려는 세계관과 연대감을 가지고 있었다. 헬렌 켈러는 자서전에서 회고하기를 그 시대 유명인들의 얼굴은 만져보았으나 정말 만져보고 싶은 얼굴은 노동자의 얼굴이었는데, 한 번도 만져보지 못했다고 하면서 기회가 될 때마다 노동자들을 알고 싶어 했다.[51] 이에 더하여 평범한 사람들의 삶에 대한 관심과 궁금함으로 인해 자동차보다는 대중교통 수단인 기차와 지하철, 버스 등을 이용하면서 사람들을 알고 싶어 했다.

또한, 어렸을 때부터 헬렌 켈러는 다른 장애를 지닌 이들을 돕는 데도 적극적이었는데, 제1차 세계대전 때도 확고한 반전운동을 지지했으며, 제2차 세계대전 후에는 전쟁 후 눈이 보이지 않고, 귀가 들리지 않고, 다리를 다쳐 절름발이가 된 많은 군인에게 희망의 상징이 되기도 했다. 그녀는 "유럽에서 벌어지는 극악무도한 사건들과 나치 침략의 위험성, 그리고 이러한 갈등의 특수성을 생각하면, 자유를 지지하는 우리 모두는 영혼을 말살하고 인간 권리를 박탈하는 정치·사회 체제에 굴복하느니, 차라리 조금 죄를 짓더라도 전쟁으로 가난해지거나

육체의 죽음을 맞는 것이 훨씬 낫다"고 했다.[52]

이렇게 중복장애를 지녔지만 사회운동을 적극적으로 한 헬렌 켈러에 대해 1950년대에는 살아있는 미국 여성 가운데 가장 위대한 사람이라고 생각했고, 그녀는 시각·청각장애와 언어장애를 지녔음에도 불굴의 의지로 모든 것을 극복한 용감한 승리자라고 여겼다.[53] 또한, 헬렌 켈러는 1964년 미국 최고 시민상인 자유 메달을 받았으며, 1년 뒤 뉴욕 세계박람회에서는 여성 명예의 전당에 선정되기도 했다.[54] 더 나아가 헬렌 켈러는 장애인이 더 나은 삶을 살아갈 수 있는 내일을 꿈꾸었고, 서로 연대하여 사회정의가 실현되고 모든 사람이 더 좋은 세상에서 살게 되기를 바랐다.

2) 모두를 위한 공동체

공동체 안에서 살아가면서, 공동체의 성장을 도모하기 위한 시작은 역시 개인적인 차원에서의 이익을 넘어서야 한다는 것이다. 하지만 현재 우리 사회는 이기가 만연해지고 있기에 이 부분은 우리 사회에서 인간 서로 간의 관계, 성숙, 변화의 걸림돌이 될 수 있다. 제2차 바티칸 공의회 문헌 「사목헌장」 10항에서 "인간은 자신 안에서 분열을 겪으며 그곳에서 수많은 분쟁이 일어나고 있다"고 했다.[55] 이렇게 자신 안에서 분열을 겪고 있는 인간이기에 관계를 맺거나 변화에 있어서도 어떤 선택을 해야 할지 번민하면서 기로에 서기도 할 것이다. 그렇다면 선택의 기로에 서 있는 각 개인에게 공동체 안에서 우리가 함께 성장할 수 있도록 제안할 수 있는 것이 있을까? 개인적인 삶의 무게가 다르고, 처해 있는 환경이 다르다 보니 똑같은 걸 요구하기에는 불평등이 대두될 수 있을 것이다. 하루하루 힘겹게 살아가는 사람들에게 그것은 짐이 될 수도 있고, 무기력함이 될 수도 있을 것이다. 그리고 때로는 던져버리고 싶은 힘겨움이 될 수 있을 것이다.

지금 우리의 공동체는 어디쯤에 서 있는 걸까? 나와 너의 관계, 우리의 관계, 인간과 생태계와의 관계, 모든 관계를 둘러싸고 있는 그 중심에 있다고 생각하는 인간으로서 우리는 영속적인 시선이 아니라 현재의 시선에서 무엇을 할 수 있을까? 이 질문에서 인간의 의미, 우리가 함께 살아가고 가꾸어야 할 공동체에 대해 한 번 더 고민해보게 된다. 이러한 고민은 오늘날만의 문제는 아니었기에 헬렌 켈러도 우리 모두가 공동체 안에서 하나로 연결되어 있음을 인식해야 한다고 자서전에 기술하고 있다.

19세기에 장애를 지니고 살아간 한 여인은 결코 사회의 부조리 앞에 멈추어 있지 않았고, 방관하지도 않았다. 그녀는 자신이 할 수 있는 방법으로 자아를 실현해나갔으며, 도움이 필요한 이들을 위해 기꺼이 손을 내밀었다. 그리고 구조적인 문제 앞에서는 당당히 소신껏 발언하고 글로써 자신의 의견을 피력한 용감한 인간이었다. 헬렌 켈러는 자신에게 주어진 인간으로서의 삶, 그 삶의 가치와 신념, 그리고 인간으로서의 의미를 계속해서 찾으려고 노력했고, 생을 마칠 때까지 방법들을 구축하고 만들었으며, 길을 만들어간 훌륭한 인격인이었다.

교종 프란치스코(2015)는 『찬미받으소서』 48항에서 인간환경과 자연환경은 함께 악화된다고 하면서, 인간과 사회가 훼손되어가고 있는 원인들에 주의를 기울이지 않으면 적절한 방법을 찾아서 맞설 수 없다고 했다. 그리고 이러한 환경과 사회의 훼손이 가장 가난한 이들에게 영향을 미치는 것이기 때문이라고 했다. 또한, 회칙 49항에서는 "오늘날 참된 생태론적 접근은 언제나 사회적 접근이 된다는 것을 깨달아야 한다"고 했다. 또한, "그러한 접근은 정의의 문제를 환경에 관한 논의에 결부시켜 지구의 부르짖음과 가난한 이들의 부르짖음 모두에 귀를 기울이게 해야 한다"[56]고 하셨다.

바티칸 공의회(제2차) 「사목헌장」[57] 66항에서는 정의와 평등의 요구를 충족시키려면 개인의 권리와 각 민족의 고유한 특성을 존중하면서, 개인적·사회적 차별과 결부되어 증대하고 있는 기존의 경제적 불평등을 제거하도록 노력해야 한다고 했다. 또한, 급변하는 오늘날의 경제사회, 자동화가 이루어지는 산업사회에서 모든 사람에게 충분하고 적합한 일자리를 마련해주고, 적절한 직업 기술의 교육 기회를 제공하며, 질병과 노령으로 어려움을 겪는 사람들의 생계와 인간 존엄을 안전하게 보장해야 한다고 기술되어 있다.

우리는 살아가면서 혼자이고 싶은 적은 있으나, 진정한 혼자가 된 적은 없다. 우리가 살아가고 있는 현시대는 지구가 탄생한 이후 극도로 심각한 위기를 겪고 있다. 이 위기를 극복하고 불평등을 해소하기 위해 가난한 이, 가난한 나라와의 연대와 협력이 필요하며, 우리의 감각을 일깨워 나와 우리, 그리고 자연을 민감하게 바라보아야 한다. 소중한 것은 잃기 전에 알아차려야 그것을 영영 잃지 않을 수 있다. 지금 우리가 소중하게 여기고 있는 것은 무엇일까? 함께 생각해보아야 할 시점이다. 그리고 인간과 더불어 살아가고 있는 자연의 모습을 통해 일상을 살아가고 있는 나를 돌아보면서, 가톨릭 신앙인으로서 어떻게 살아가야 할 것인지를, 어떻게 연대할 수 있는지를 고민하게 된다. 그리고 성경에서도 신앙을 지닌 우리가 어떻게 해야 할지 명확히 말씀하고 있다.

> "너희는 이방인을 억압하거나 학대해서는 안 된다. 너희도 이집트 땅에서 이방인이었다. 너희는 어떤 과부나 고아도 억눌러서는 안 된다. 너희가 그들을 억눌러 그들이 나에게 부르짖으면, 나는 그 부르짖음을 들어줄 것이다." (탈출 22,20-22)

성경 말씀처럼 우리는 "약자들을 억압하거나 학대와 더불어 억눌러서는 안 된다"는 분명한 메시지를 받았다. 현대사회에 팽배해져 있는 불평등을 완화하기 위해 우리 신앙인이 각자의 삶 안에서 '평등하게 살아가고픈 人'의 벗이 되기 위해 연대해야 하는 것, 이를 위해 적극적으로 도움의 손길을 나누는 것은 바로 우리가 신앙인으로서 계속 풀어가야 할 과제가 될 것이다. 이 장을 마치며, 저자가 일상 안에서 우연히 개미의 모습을 바라보다가 사람의 발자국 소리에 놀란 개미가 잰걸음으로 방향 전환을 하는 모습을 보면서 나는 언제 저렇게 빠른 방향 전환을 하고 있는지에 대해 생각하게 되었다. 이후, 방향 전환을 해야 한다면 그 시점은 언제인지에 대해 고민하면서 쓴 짧은 시를 공유하고자 한다. 이 시를 나누며 우리가 함께 살아가고 있는 이들에 대한 불평등이 감소되고, 점점 훼손되고 있는 지구공동체를 향한 시선이 따뜻해지기를 기원하며 함께 연대하며 살아갈 수 있기를 소망해본다.

〈개미의 발자국 그리고 나의 발자국〉

보도블록 사이로
쏙쏙 고개 내민 작은 풀꽃들을 보노라면
왠지 측은한 마음이 든다

어여쁜 모습으로
자신을 피워내기 위해
얼마나 고군분투하며
땅을 뚫고 올라왔을지
그래서 한 번씩 더 눈길을 주게 된다

풀꽃을 보고 있자니
오늘은 유난히 작은 개미들의 분주한 움직임이 보인다
내가 발걸음을 옮길 때마다
그 작은 개미들은
잰걸음으로 방향을 바꾸어가며 이동한다
잠깐 멈추어 선 채 그 모습을 들여다보았다

개미에게는 나의 발자국 소리가
얼마나 크게 울릴까?
생명의 위협도 느끼는 것일까?
왠지 미안해서 발자국을 조심히 옮기게 된다

생각해보게 된다
개미처럼 잰걸음으로 방향을 바꾸고
분주하게 움직이게 될 때가 언제인지를

오늘 나의 발걸음은
어떠한 움직임일지
내일은 또 어떨지
분주해지는 일상에 따라 달라지는 발걸음

오늘은 지나가는 개미의 발자국 따라
나의 발자국을, 그 움직임을 관찰해보아야겠다

그리고
내가 옮기는 발자국마다 꽃들이 피어났으면 좋겠다
기쁨의 꽃
희망의 꽃
사랑의 꽃
그래서 좀 힘들고 지쳐서 발걸음이 무거워질 때
피어나는 꽃을 보며 웃을 수 있으면 좋겠다
너와 내가
자연과 함께 살아가고 있다는 것을 기억하면 좋겠다

주님을 찬양하여라

시편 148,1-14

¹할렐루야! 주님을 찬양하여라, 하늘로부터. 주님을 찬양하여라, 높은 데에서. ²주님을 찬양하여라, 주님의 모든 천사들아. 주님을 찬양하여라, 주님의 모든 군대들아. ³주님을 찬양하여라, 해와 달아. 주님을 찬양하여라, 반짝이는 모든 별들아. ⁴주님을 찬양하여라, 하늘 위의 하늘아 하늘 위에 있는 물들아. ⁵주님의 이름을 찬양하여라, 그분께서 명령하시자 저들이 창조되었다. ⁶그분께서 저들을 세세에 영원히 세워 놓으시고 법칙을 주시니 아무도 벗어나지 않는다. ⁷주님을 찬미하여라, 땅으로부터. 용들과 깊은 모든 바다들아 ⁸불이며 우박, 눈이며 안개 그분 말씀을 수행하는 거센 바람아 ⁹산들과 모든 언덕들 과일나무와 모든 향백나무들아 ¹⁰들짐승과 모든 집짐승 길짐승과 날짐승들아 ¹¹세상 임금들과 모든 민족들 고관들과 세상의 모든 판관들아 ¹²총각들과 처녀들도 노인들과 아이들도 함께 ¹³주님의 이름을 찬양하여라. 그분 이름 홀로 높으시다. 그분의 엄위 땅과 하늘에 가득하고 ¹⁴그분께서 당신 백성 위하여 뿔을 세우셨으니 당신께 충실한 모든 이에게, 당신께 가까운 백성 이스라엘 자손들에게 찬양 노래이어라. 할렐루야!

EPILOGUE

"우리는 언제 알게 될 것인가? 너와 내가 모두 이어져 있다는 걸.
우리가 모두 한 몸뚱이를 이루고 있다는 걸.
인종, 피부색, 종교에 상관없이
모든 인류를 사랑하는 정신이 세상을 채우는 그날
사회정의가 이루어진다."

— 헬렌 켈러, 1981[59]

미주

1. 국립국어원, 2023 인용.
2. 법제처, 대한민국 헌법 세2장 국민의 권리와 의무 2023 인용.
3. 국립국어원, 2023 인용.
4. 위의 자료.
5. 예란 테르보른, 『불평등의 킬링필드』, 이경남 역, 문예춘추사, 2014.
6. 『찬미받으소서』 90항, 74쪽 인용.
7. 『찬미받으소서』 51항, 44쪽 인용.
8. 『모든 형제들』 12항, 19쪽 인용.
9. UN, 10 Reduced inequality: Reduce Inequality Within and Among Countrie, 2022. 번역 후 일부 발췌 및 각색.
10. 『모든 형제들』 39항, 36쪽 인용.
11. 통계청 통계개발원(2024), 한국의 SDG 이행보고서 2024. Http://sri.kostat.go.kr
12. 『모든 형제들』 18항, 22쪽 인용.
13. 법제처, 2023, 장애인복지법 | 국가법령정보센터 | 현행법령〉법령명(law.go.kr)
14. 국립국어원, 2023 인용.
15. Rousseau, 2003, 78쪽 참조.
16. 『찬미받으소서』 47항, 40~41쪽 인용.
17. 『찬미받으소서』 47항, 40쪽 인용.
18. 제2차 바티칸 공의회 문헌(개정판, 2016), 215-218쪽, 8항, 10항 인용.
19. 양창아, 『한나 아렌트, 쫓겨난 자들의 정치』, 이학사, 2019, 222쪽 참조.
20. Sandrine 외, 2023, 55쪽 인용.
21. 『모든 형제들』 111항, 82쪽 인용.
22. 『복음의 기쁨』 66항, 63쪽 인용.
23. 제2차 바티칸 공의회 문헌(개정판, 2016), 235-238쪽, 24항, 25항, 26항, 27항 인용.
24. 『모든 형제들』 22항, 25쪽 인용.

25 『모든 형제들』21항, 24쪽 인용.
26 『찬미받으소서』43항, 38~39쪽 인용.
27 『찬미받으소서』81항, 66쪽 인용.
28 『복음의 기쁨』60항, 58쪽 참조.
29 『모두를 위한 지구』, 69쪽 참조.
30 『모두를 위한 지구』, 81쪽 참조.
31 『복음의 기쁨』53~55항, 53~55쪽 참조.
32 『모두를 위한 지구』, 130-131쪽 참조.
33 『복음의 기쁨』189항, 154쪽 인용.
34 『모두를 위한 지구』, 132쪽 참조.
35 제2차 바티칸 공의회 문헌(개정판, 2016), 287-289쪽, 65항, 66항 인용.
36 『모두를 위한 지구』, 85쪽 참조.
37 『모두를 위한 지구』, 133쪽 참조.
38 『모든 형제들』110항, 81~82쪽 인용.
39 『모두를 위한 지구』, 138쪽 참조.
40 『모두를 위한 지구』, 87쪽 참조.
41 『모든 형제들』112항, 83쪽 인용.
42 『티핑 포인트』, 8쪽 참조.
43 『티핑 포인트』, 24쪽 참조.
44 『모든 형제들』88항, 69쪽 인용.
45 도넬라 H. 메도즈, 데니스 L. 메도즈, 요르겐 랜더스, 『성장의 한계』, 김병순 역, 서울: 갈라파고스, 2012, 387-389쪽 참조.
46 위의 책, 390-391쪽 참조.
47 교황 프란치스코, 『가슴속에서 우러나온 말들』, 성염 역, 서울: 소담출판사, 2014, 211쪽 인용.
48 양창아, 앞의 책, 247-248쪽 참조.
49 『찬미받으소서』189항, 136쪽 인용.
50 헬렌 켈러, 『새로운 빛을 향하여: 헬렌 켈러 자서전』, 정명구 역, 명문당, 1988,

163쪽 참조.

51　도로시 허먼, 『헬렌 켈러: A Life』, 이수영 역, 미다스북스, 2012, 548쪽 참조.
52　위의 책, 554-555쪽 참조 및 인용.
53　위의 책, 597쪽 참조.
54　위의 책, 637-638쪽 참조.
55　제2차 바티칸 공의회 문헌(개정판, 2016), 10항, 215~218쪽 인용.
56　『찬미받으소서』 48~49항, 42~43쪽 인용 인용 및 참조.
57　제2차 바티칸 공의회 문헌, 66항, 288쪽.
58　헬렌 켈러, 『새로운 빛을 향하여: 헬렌 켈러 자서전』, 예지원, 1981, 653쪽.

참고문헌

CUK인성교육사업단 엮음. 「불평등감소」. 가톨릭대학교 인간학연구소, 2023.

국립국어원. 표준국어대사전. 검색일: 2023.2.22.

국제개발협력시민사회포럼(KoFID). 알기쉬운 지속가능발전목표 SDGs. 협력: 한국국제협력단(KOICA). 서울: action/2015 Korea.

나카마사 마사키. 『왜 지금 한나 아렌트를 읽어야 하는가』. 김경원 역, 갈라파고스, 2015.

도넬라 H. 메도즈, 데니스 L. 메도즈, 요르겐 랜더스. 『성장의 한계』. 김병순 역, 서울: 갈라파고스, 2012.

도로시 허먼. 『헬렌켈러-A Life』. 이수영 역, 미다스북스, 2001.

말콤 글래드웰. 『티핑 포인트』. 임옥희 역, 서울: 이글리오, 2000.

법제처. 대한민국헌법 제2장 국민의 권리와 의무. 검색일: 2023.2.22.

_____. 장애인복지법. 검색일: 2023.8.25.

상드린 딕손-드클레브 외. 『모두를 위한 지구』. 추선영·김미정 역, 서울: 착한책가게, 2023.

양창아. 『한나 아렌트, 쫓겨난 자들의 정치』. 이학사, 2019.

예란 테르보른. 『불평등의 킬링필드』. 이경남 역, 문예춘추사, 2014.

장 자크 루소. 『인간 불평등 기원론』. 주경복·고봉만 역, 책세상, 2003.

제2차 바티칸 공의회 문헌. 한국천주교중앙협의회, 1969.

프란치스코 교황. 『모든 형제들: 프란치스코 교황 회칙』. 한국천주교주교회의, 2021.

_____. 『복음의 기쁨: 현대 세계의 복음 선포에 관한 교황 권고』. 한국천주교중앙협의회, 2014.

_____. 『찬미받으소서: 프란치스코 교황 회칙』. 한국천주교중앙협의회. 2015.

프란치스코 교황, 카를로 무쏘. 『희망: 프란치스코 교황 공식 자서전』. 이재협 외 역, 가톨릭출판사, 2025.

헬렌 켈러. 『사흘만 볼 수 있다면』. 이창식·박에스더 역, 서울: 산해, 2005.

_____. 『새로운 빛을 향하여: 헬렌 켈러 자서전』. 예지원, 1981.

Aesop. *Aesop's Fables: Wordsworth Children's Classics*. Wordsworth Editions Ltd., 1994.

성서 인용. https://bible.cbck.or.kr/ 한국천주교중앙협의회.

유엔 지속가능발전 웹사이트. https://www.un.org/sustainabledevelopment/cities/, 검색일: 2023.2.17.

UN. 10 Reduced Inequality: Reduce Inequality Within and Among Countrie, 2022. https://unstats.un.org/sdgs/report/2022/Goal-10/, 검색일: 2023.2.17.

희망 메시지

"우리는 모두 같은 하느님을 믿는 형제이거나, 같은 창조주께서 지으신 평등한 존재입니다. 형제애 안에는 이미 평등이 내재되어 있습니다. 어떤 경우에도 우리는 이 평등 이하로 내려가서는 안 됩니다. 진정한 발전과 평화의 길은 결코 이분법적이거나 대립적일 수 없습니다. 오직 포용과 깊은 존중만이 그 길이 될 수 있습니다."

ⓒ 2025 가톨릭출판사,『희망』, 이재협 외 3인 옮김.

집필진 소개

1장 조경자
현재 가톨릭 수도자로서 28년 동안 그리스도의 사람으로서 헌신적인 삶을 살아오고 있다. 종교학과 신학을 전공하며 가톨릭 영성을 중심으로 한 JPIC(Justice Peace & Integrity of Creation)의 방향성 안에서 생태영성 교육과 생태환경운동에 힘써왔다. 영성과 실천을 삶으로 일치시키며 교회와 사회를 잇는 활동을 이어가고 있다.

2장 김석신
식품공학을 전공하고 가톨릭대학교에서 교수로 재직하며 학생들에게 가톨릭 신앙을 바탕으로 한 교육을 꾸준히 실천해 왔다. 현재는 가톨릭대학교 식품영양학과 명예교수로 있으며, 식품공학자이자 음식윤리학자로 활동하고 있다. 또한 착한목자수녀회의 미션 파트너로서 학문과 신앙이 어우러진 삶을 실천하며 가톨릭 정신을 사회 속에서 구현하고자 노력하고 있다.

3장 심가가
간호학을 전공하고 가톨릭 신앙과 생명윤리를 바탕으로 간호교육을 실천해 왔다. 생명의 소중함과 돌봄의 가치를 무엇보다 중요하게 여기며, 교육자로서 후학들에게 생명 존중의 자세를 가르치고 이를 실천할 수 있도록 안내하고 있다. 삶과 죽음의 경계에서 인간의 존엄을 지키는 일을 삶의 중심에 두며, 간호와 교육의 만남을 통해 생명문화 확산에 기여하고 있다.

4장 김경이
교육학 전공자로서 가톨릭 교육이란 '생명을 위한 교육', '생명의 교육'이라는 신념을 중심에 두고 교육활동을 이어오고 있다. 배움이 단순한 지식 전달을 넘어서 학생들이 배움의 기쁨 속에서 자신의 가능성을 발견하고 지혜롭게 성장할 수 있도록 돕고자 노력한다. 참된 자아에 대한 앎을 바탕으로, 학생들이 생명력 있게 살아가도록 격려하고 동행하고 있다.

5장 오현화

생명과학 전공자로 현재 가톨릭기후행동 공동대표이자 대전교구 생태환경위원회 위원으로 활동하고 있다. 가톨릭기후행동의 평신도 대표로서 생태영성을 바탕으로 교회와 세상을 잇고 기후 위기 대응과 생태 회복의 길을 꾸준히 모색하고 있다. 생명과 창조질서 보전을 위한 통합적 생태적 삶을 실천하고 있는 활동가이다.

6장 허인

경제학 전공자로 현재 가톨릭대학교 경제학과 교수로 재직 중이다. 거시경제, 국제금융, 계량경제 등의 분야를 강의하며, 학문이 단지 이론에 머무르지 않고 하느님의 뜻을 세상 안에서 실현하는 도구가 되어야 한다는 신념으로 교육에 임하고 있다. 학생들에게도 이러한 통합적 가치관을 전하며, 본당에서는 사목위원으로 신앙 공동체 안에서의 역할을 수행하고 있다.

7장 최영민

특수교육학 전공자로 유아세례를 통해 가톨릭적 가치와 신념을 어릴 때부터 배우고 체화해 왔다. 그리스도교 인본주의 사상을 교육의 이념으로 삼아, 학생들이 인간의 존엄성을 바탕으로 한 참된 삶을 살아갈 수 있도록 교육하고 있다. 교육을 통해 가톨릭의 핵심 가치를 전달하고, 함께 실천해 나가는 데에 힘쓰고 있는 교육자이다.